김일성과
박정희의
경제전쟁

김일성과 박정희의 경제전쟁

초판 1쇄 발행 2020년 4월 13일

지은이 정광민
펴낸이 강수걸
편집장 권경옥
편집 박정은 강나래 윤은미 이은주
디자인 권문경 조은비
펴낸곳 산지니
등록 2005년 2월 7일 제333-3370000251002005000001호
주소 부산시 해운대구 수영강변대로 140 BCC 613호
전화 051-504-7070 | 팩스 051-507-7543
홈페이지 www.sanzinibook.com
전자우편 sanzini@sanzinibook.com
블로그 http://sanzinibook.tistory.com

ISBN 978-89-6545-654-4 03300

김일성과
박정희의
경제전쟁

분단을 넘어 다시 보는 남북 통치경제학

정광민

산지니

해방 이후 우리는 지금까지 분단시대를 살아왔다. 분단시대를 특징짓는 것은 남북의 가열(苛烈)한 체제경쟁이었다. 이 체제경쟁을 선도했던 현대사의 위인이 바로 김일성과 박정희였다. 김일성과 박정희의 시대는 전면적인 경제전의 시대였다. 경제전은 남북의 체제와 민중생활에 상상을 초월할 정도로 깊은 영향을 미쳤다.

그렇지만 놀랍게도 한반도 현대사의 명운을 좌우한 이 경제전의 역사를 본격적으로 다룬 글은 없었다. 경제전史에 접근할 때 제일 먼저 부딪히게 되는 문제는 양극단의 분열적인 입장과 태도이다. 예컨대 김일성과 박정희는 지지자들로부터는 숭배의 대상이 되지만 역으로 비판자들로부터는 경멸의 대상이 되고 있다는 점이다. 이러한 극단적인 입장은 남북 간에만 존재하는 것이 아니며 남한 내에서도 좌우(左右)의 정치지형에 따라 극단적인 시각이 존재하는 것이 사실이다.

이런 양극단의 태도를 극복하기 위해서는 일방에 대한 숭배 또는 경멸이 아닌 새로운 인식과 접근 방식이 필요하다고 생각한다.

필자는 이것을 제3의 인식이라고 부르고 싶다. 제3의 인식은 정권과 권력자의 입장이 아니라 남북 민중의 입장에서 분단시대를 통합적·역사적으로 인식하는 것이다.

필자는 이런 입장에서 김일성과 박정희의 경제전쟁을 보려고 하였다. 양자의 경제전은 처음에는 민생개발 경쟁에서 출발하였지만 나중에는 전쟁을 위한 국방개발 경쟁으로 흘렀다. 김일성과 박정희는 상대를 향해 총력전을 전개하였다. 이 과정에서 남과 북에서 각각 국방개발 총력전체제가 출현하였다. 이 총력전체제를 필자는 국방국가로 규정하였다. 국방국가는 1인독재의 정치신체제(=유일체제와 유신체제)와 경제신체제(=신국방경제체제), 그리고 복지체제의 구조물이었다. 본서는 양자의 경제전이 총력전적 시스템의 전쟁으로 비화하고 북과 남에서 김일성의 국방국가, 박정희의 국방국가가 출현하는 과정에 초점을 맞추었다.

필자는 이 글을 쓰면서 여러 번 난관에 봉착했다. 현대사의 두 위인들이 구축한 총력전체제가 난해(!)하고도 완강한 역사적 구조물이었기 때문이었다. 그럴 때마다 필자는 우공이산(愚公移山)의 심정으로 이 구조물과 대면하였다. 이 구조물을 넘어서는 키는 남북의 민중이었다. 이 구조물을 보면 볼수록 총력전체제 속에서 고단한 삶을 살아야했던 남북 민중의 모습이 선명하게 보였다. 나는 쓰고 또 썼다. 이 책은 지난 수년간에 걸친 이런 고행의 결과물이다. 이 책이 얼마만큼 성과를 거두었는지 자신하기 어렵다. 그렇지만 분단시대의 구조물을 넘어서 한반도사의 전체상을 인식하는 데 조금이라도 기여할 수 있다면 다행이라고 생각한다.

이 책을 내는 데 많은 분들의 신세를 졌다. 이흥록 변호사님을 비롯하여 가까운 선후배, 동기들께서 격려하고 성원해주셨다. 특히 1979년 부마항쟁의 역사적 현장을 함께했던 부산상대 동기들은 물심양면으로 출판을 후원해주셨다. 이화여대에서 서양사를 전공한 방문숙 박사는 장시간에 걸쳐 문장을 다듬는 수고를 해주셨다. 책이 나오기까지 성원하고 수고해주신 모든 분들께 감사의 인사를 올린다.

남한산성 아래 寓居에서
2012년 3월 5일

이 책이 처음 나온 것은 2012년 3월이었다. 그 무렵 남북의 비교 체제론 연구는 드물었다. 남북의 경제전을 다룬 연구서는 아마도 이 책이 처음일 것이다. 동학(同學)도 없었다. 상당히 외로웠다.

그러는 동안 8년의 세월이 흘렀다. 이름난 연구자들이 전에 없이 남북의 체제를 논했다. 격세지감이 느껴진다. 독문학자 김누리 교수는 북을 봉건사회주의라 불렀고 남을 헬 조선이라 불렀다. 북도 남도 병든 사회라고 했다. 거침이 없었다. 도올 김용옥 선생도 가세했다. 북은 주체를 한다고 했지만 빈곤과 독재에서 벗어나지 못했고, 남은 사대를 했지만 경제발전과 민주화를 이루었다!

필자는 고무되었다. 아! 이제 세상이 바뀌려는가. 남북의 역사를 통관(通觀)하려는 움직임이 도처에서 일어나고 있다.

남북의 체제경쟁은 끝났다. 지난날의 체제경쟁은 정치적이고 군사적인 현상이었다. 지금도 정치적이고 군사적인 현상이 없지는 않다. 남북의 정치적 군사적 불협화음이 아무리 크더라도 그것이 주류가 될 수는 없다. 현대사의 통관은 문화적인 현상이다. 남북을 아우르는 하나의 흐름, 문화적 현상이 조용하면서도 격렬하게 진행 중에 있다. 이 책이 분단을 넘어서 남북의 현대사를 돌아보는 데 조금이라도 기여할 수 있다면 더 이상 바랄 나위가 없겠다.

개정판이 나오기까지 산지니 여러분의 도움을 받았다. 강수걸 대표는 흔쾌히 개정판 출간을 수락하셨다. 편집팀장 박정은 씨는 출판 계약과 진행을 도와주셨고, 편집자 강나래 씨는 저자와 교신하면서 교정을 보는 수고를 마다하지 않았다. 이 자리를 빌려서 감사 인사를 드린다.

2020년 3월 5일
금정산 산자락에서
정광민

차례

1부 지상낙원론 vs 실력배양론

2부 경제국방 병진노선 vs 일면국방 일면건설 노선

4장 김일성의 경제국방 병진노선 : 지상낙원에서 국방국가로!

5장 박정희의 일면국방 일면건설 노선 : 국방국가로 가는 길

3부 유일체제의 신국방경제체제 vs 유신체제의 신국방경제체제

6장 김일성의 유일체제와 신국방경제체제

7장 박정희의 유신체제와 신국방경제체제

8장 결론

1장

서론

1. 김일성 vs 박정희인 까닭

책의 제목에서 김일성을 먼저 표기한 이유

이 책의 제목은 김일성과 박정희의 경제전쟁이다. 왜 박정희와 김일성의 경제전쟁이라 하지 않고 북한의 지도자 김일성을 먼저 거론했는가? 혹자는 이에 작게나마 불만을 품은 채 책장을 넘기는 것을 꺼릴지도 모르겠다.

작은 오해라도 생긴다면 그건 전적으로 필자의 책임이니 이를 피하기 위해 우선 본서의 제목 순서에 대한 설명부터 해두는 편이 좋겠다. 김일성은 전후복구 면에서나 민생복지, 그리고 군수공업이나 병기생산 모든 면에서 선두주자였다. 안타깝게도 박정희는 시간적인 순차관계로 그를 뒤따라갈 수밖에 없었으며, 이는 박정희로 하여금 김일성을 따라잡는 것을 필생의 목표로 삼게 하였다. '김일성과 박정희의 경제전쟁'으로 시작한 이유는 바로 여기에 있다.

한반도에서 최초의 전면적인 경제전 시대의 막을 연 인물은 김일성과 박정희였다

경제전을 먼저 시작한 쪽은 김일성이었다. 김일성은 1953년 전후 복구 시기 한 연설에서 북과 남의 경제적 차이를 천당과 지옥에 비유하며 그런 차이가 나도록 하자는 소위 지상낙원론을 역설하였다. 이것이 바로 김일성의 대남 경제전 선언이었다.

이후 1960년대 초까지 김일성이 독주하는 시대였다. 남한에는 김일성에 대적할 만한 인물이 없었다. 이때 홀연히 나타난 인물이 바로 박정희였다. 박정희의 5.16 혁명공약은 말하자면 김일성에 대한 도전장인 셈이었다.

이때부터 북과 남은 본격적인 경제전의 시대로 접어든다. 박정희 집권 18년은 사실은, 대북 경제전의 시대였다고 해도 과언이 아니다. 김일성도 물론 이에 지지 않았다. 김일성은 남한에서 박정희가 등장한 이후 군사적 색채를 강화시킨 대남 경제전을 보다 전면화하였다. 결과적으로 이 시기에 북과 남, 남과 북은 유사 이래 가장 치열한 경제전을 벌이게 되었다. 바로 이러한 경제전을 이끌고 선도했던 두 인물이 김일성과 박정희였던 것이다.

2. 본서의 문제인식

'성공이냐 실패냐'에 대한 관심보다는 '무슨 일이 일어났는가'에 대한 관심

아마도 많은 사람들은 남북의 체제경쟁은 끝났다고 생각할지도 모른다. 남은 성공하였고 북은 실패하였다! 북한에서 노동당 비서를 지낸 황장엽은 "남북 간의 체제경쟁에서 북의 실패는 확정되었다"고 단언하면서 다음과 같이 말하였다.

> 오늘 북한의 노동자, 농민은 헐벗고 굶주리고 있으며 최근에 와서는 무더기로 굶어죽어 가고 있다. 이와는 달리 자유민주주의 체제 하에 있는 한국의 노동자, 농민들은 북한의 노동자, 농민으로서는 상상하기 어려울 정도로 부유하고 행복한 생활을 누리고 있다.[1]

오늘의 북과 남에서 생활상의 큰 격차가 있다는 것은 누구도 부정하기 어려운 사실이다. 이런 현상을 놓고 북은 실패했고 남은 성공했다면 이 또한 크게 틀린 말은 아닐 것이다.

하지만 남한이 북한에 비해 상상하기 어려울 정도로 행복한 사회인가라고 묻는다면 NO라고 말할 수밖에 없다. 남한이 북한에 비해 물질적으로 성장을 한 것은 사실이지만 그만큼 행복한가 하면 그렇지 못하다. 남한은 양극화가 진행되고 자살률이 세계에서 가장 높은 국가이다. 북한이 먹을 게 없어서 죽어가는 사회라면 남한은 희망이 없어 죽어가는 사회이다.² 북도 남도 병든 국가이다.

몇 가지 현상적인 지표만으로 누가 성공하고 누가 실패하였는가를 말하는 것은 쉬운 일이다. 그렇지만 공허하다. 성공이냐 실패냐 이런 종류의 관심만으로는 오늘의 남북이 도달한 지점을 정확히 보기도 어렵고 또 남북이 함께 만들어가야 할 '행복 공화국'의 지표를 찾기도 어렵다.

본서는 누가 성공하였고 실패하였는가를 말하려고 하는 것이 아니다. 그보다는 우리가 살아온 시대가 어떤 시대였는가를 말하려고 하는 것이다. 해방 이후 남과 북은 크게 두 번의 전쟁을 치렀다. 그하나가 6.25전쟁이었고 다른 하나는 경제전쟁이었다. 그런데 6.25전쟁은 비교적 많이 알려져 있지만 경제전쟁은 그렇지 못하다. 6.25 이후 남북의 체제와 민중생활에 가장 큰 영향을 준 것이 경제전쟁이었다는 점을 생각하면 의외라고 할 수 있다. 우리 시대를 돌아보고 거기서 남북이 함께하는 새로운 비전을 찾기 위해서는 경제전의 역사를 알아야 한다.

김일성은 군사제일주의, 박정희는 경제제일주의?

우리 시대의 경제전의 역사를 인식함에서 있어서 첫 번째로 부딪히게 되는 유명한 통설이 있다. "김일성은 군사제일주의였고 박정희는 경제제일주의였다." 이를 주창한 자는 박정희 전기 저술로 널리 알려진 조갑제이다. 그는 "남북의 체제경쟁을 결정짓는 중요한 요인"이라고 단정짓는다.[3] 즉 김일성은 군사제일주의를 했기에 실패했고 경제제일주의를 주장한 박정희는 성공했다는 이야기이다.

그렇다면 군사제일주의는 무엇이며 경제제일주의는 무엇인가? 구체적인 설명이 없어서 두 용어가 무엇을 의미하는지 알기가 쉽지 않지만 그의 글을 간추리면 다음과 같다.

군사제일주의란 북한이 1962년에 채택한 군사노선 및 경제국방 병진노선과 관련이 있는데 이들 노선이 군사우선 정책이었다는 것이다. 반면 경제제일주의란 5.16 이후 1960년대 박정희의 경제개발 시책과 관련된 것인데 이 시책은 군사우선이 아니었다는 것이다. 즉 김일성은 군사우선이기 때문에 군사제일주의이고 박정희는 군사우선이 아니기 때문에 경제제일주의라는 이야기이다.

이러한 주장은 너무나 단순한 논리이다. 첫째, 군사우선인가 아닌가를 기준으로 한쪽은 군사제일주의이고 다른 한쪽은 경제제일주의라고 규정하는 것 자체에 무리가 있어 보인다. 경제·국방과 관련된 양자의 노선과 정책에 대한 성격 규정을 하려면 단순 요소로서의 비교가 아닌, 경제관, 정책, 제도에 대한 두 사람의 총체적인 비교·평가가 전제되어야 가능한 일이다.

둘째, 특정 시기의 노선만을 떼 내어 김일성을 군사제일주의자라 단정짓는 것은 지나친 데가 있다. 특정 시기가 아니라 남북 경제전의 전 시기를 놓고 본다면 김일성의 노선을 군사제일주의로 잘라 말하기 어려운 부분이 있기 때문이다. 김일성은 국방도 중시했지만 복지시책도 중시했다.

셋째, 1960년대 박정희의 노선이 경제제일주의였다는 것은 잘못된 이해이다. 박정희는 5.16 직후 경제제일주의라는 말을 한 적이 있으나 나중에는 이 말을 거의 사용하지 않았다. 1960년대 실력배양기의 박정희의 경제시책은 국방·중공업 중시의 시책이었고 그는 스스로 말했듯이, 안보제일주의자였다.

사실 김일성이나 박정희 모두에게 국사 중의 국사는 국방이었다. 그리고 국방 중시의 경제관을 가진 점에서도 두 사람은 같았다. 김일성이 경제국방 병진노선을 말하였다면 박정희는 일면국방 일면건설 노선(이하 국방건설 병진노선)을 제기하였다. 경제의 군사화, 즉 전면적인 국방경제의 재편을 추진했던 것도 둘은 다르지 않았다. 이점에서 두 사람 모두 국방주의자였다고 할 수 있다.

김일성과 박정희는 대포도 필요하지만 빵도 중요하다고 보았다. 양자는 국방과 경제를 양자택일적인 것으로 본 것이 아니라, 이 둘의 밀접한 관련성을 인지하고 있었고 그런 만큼 경제도 중시하였다. 이런 점에서 두 사람의 차이를 '군사 對 경제'로만 본다는 것은 참으로 이분법적인 단선적 논리라 아니할 수 없다.

그렇다면 양자의 차이는 어디에 있는 것일까? 이는 두 가지 차원에서 구분해 살펴볼 필요가 있다. 하나는 복지체제의 차이이고 다른 하나는 경제실적의 상위에서 기인한다.

먼저 전자를 놓고 볼 때 양자의 차이는 사회적 복지제도에 있었다. 김일성은 국방을 중시하면서도 일찍이 보편적 복지체제를 확립했지만 박정희는 국방을 중시하면서 복지경시의 생산지상주의를 그 내실로 삼고 있었다. 말하자면 저복지의 국방주의였던 셈이다.

후자와 관련하여 남북의 경제실적에서 차이가 나고 남한 우위로 역전되는 시기가 대체로 1970년대 초·중반이라고 볼 수 있는데 이것의 요인은 국방경제의 구조와 세계시스템에의 참입능력의 문제였다.[4]

북한은 국방경제의 구조가 강력한 군산학복합체의 형성과 발전에서는 효율적이었는지 모르지만 인민경제 전체라는 맥락에서 본다면 결코 효율적이지 못했다. 세계시스템적 관점에서 본다면 북한은 전후 세계적인 성장을 주도하였던 미국 중심의 자본주의 세계체제에 대해 친화적이지 않았고 무역을 중심으로 하는 성장체제를 만드는 데도 한계가 있었다.

반면 남한은 국방경제의 구조가 군수산업, 중화학공업, 수출산업이 하나의 시스템으로 통합되어 비교적 효율적으로 흘러갔다. 세계시스템의 중심부였던 미국과 일본이 배후국가로 있어 한미일의 3각 무역체제가 성장체제의 동력으로 작용하였다.

따라서 전체적 시각으로 본다면 김일성과 박정희의 국방주의는 긍정과 부정의 양면성 모두를 지니고 있었다는 해석이 설득력을 갖게 된다. 즉 김일성=군사제일주의는 그 부정적인 면만을 부각시킨 것이고 박정희=경제제일주의는 역으로 긍정적인 면만을 강조한 결과와 다름없는 것이다.

남북의 경제전을 인식한다는 것은 어느 일방의 부정적인 면만을 또는 긍정적인 면만을 보기 위한 것이 아니다. 경제전의 인식은 분단시대를 분열적으로 인식하는 것이 아니라 남북 민중의 입장에서 양 체제의 긍정과 부정을 통합적·역사적으로 보는 것이다. 남과 북은 한반도의 각기 다르면서도 닮은 얼굴이다. 우리 시대를 안다는 것은 한반도사의 전체상을 인식하는 것이어야 한다. 한반도 현대사의 주요한 일부인 경제전 인식의 의의는 여기에 있다.

'민생을 위한 경제전' 혹은 '전쟁을 위한 경제전'?

남북의 경제전에 대해 논의할 때 많은 사람들은 아마도 '잘 살기 위한' 개발경쟁을 연상할 것이다. 그리고 그 경제전의 내용으로 생활과 복지를 중시하는 민생개발을 위한 경쟁을 골자로 떠올릴지 모른다. 경제전에 대한 사람들의 통상적 사고가 이러하다고 가정해 볼 때 실제 경제전의 양상은 그 상식적인 이미지와는 전혀 다르게 전개되었다.

애초 남북의 경제전은 민생개발을 위한 경쟁에서 출발하였다. 이 경쟁에 최초로 불을 당긴 인물은 김일성이었다. 김일성은 생활과 제도 면에서 남한보다 월등히 잘사는 사회를 만들고 싶어했다. 이 것이 바로 그 유명한 지상낙원론이었다. 박정희도 5.16 직후 당시 남한이 북한에 비해 경제적으로 뒤처져 있다 생각하고 "국가 자립경제 재건에 총력을 경주하며 기아선상에서 방황하는 민생고를 해결하"고자 하는 민생개발의 지향성을 보이기도 하였다.

그런데 남북의 경제전은 시간이 갈수록 이상한 방향으로 흘러갔다. 언설로는 민생을 위한 개발경쟁을 하자는 소리가 높았지만 실제로는 더 많은 무기를 위한 경쟁이 중심이 되었다. 무기를 위한 경쟁은 1960년대 중·후반 이후부터 시작되었고 그것이 전면화된 것은 1970년대 들어서였다. 무기를 위한 경쟁을 여기서는 국방개발 경쟁이라고 부르기로 하자.

김일성과 박정희 두 사람의 경제전은 크게 보면 초기에는 민생개발 경쟁이 우세했지만 후기에는 국방개발 경쟁이 우세했다. 잘살기 위한 개발경쟁이 '민생을 위한 경제전'이었다고 한다면 그것은 '전쟁'에 대비한 것이었고 결국 국방개발 경쟁은 '전쟁을 위한 경제전'이었다.

'전쟁을 위한 경제전'이라는 것은 수사적인 표현이 아니다. 1960년대 말에서 1970년대 중반 사이에 북과 남은 전시적인 분위기가 지배적이었다. 김일성은 종종 전쟁을 암시하는 '혁명적 대사변'을 말하면서 국방건설을 독려하였고, 박정희도 '제2의 6.25전쟁'을 거론하면서 군수산업에 총력을 기울였다. 전쟁은 없었지만 전쟁 같은 분위기 속에서 경제전이 진행되었다. 이 시기에 북과 남 모두 경제는 사실상 '(준)전시경제'체제로 급격히 재편되었다. 말하자면 전쟁 없는 전시경제체제였던 것이다.

다시 말해서 김일성과 박정희의 경제전쟁의 정점은 '전쟁을 위한 경제전'이었다. 이 경제전은 (준)전시체제와 불가분의 관련성을 갖고 있었다. 따라서 양자의 경제전에 대한 논의는 당연히 양측의 경제개편이 어떤 방향으로 어떻게 진행되었는가를 심층적으로 분석하는 작업을 요구한다.

경제전은 '선의의 경쟁'이었던가?

'선의의 경쟁'이라는 말은 박정희가 1970년 8.15선언에서 언급한 연설용 언어였다.

북괴에 대하여 더 이상 무고한 북한 동포들의 민생을 희생시키면서 전쟁 준비에 광분하는 죄악을 범하지 말고, 보다 선의의 경쟁, 즉 다시 말하자 면 민주주의와 공산 독재의 그 어느 체제가 국민을 더 잘 살게 할 수 있 으며, 더 잘 살 수 있는 여건을 가진 사회인가를 입증하는 개발과 건설과 창조의 경쟁에 나설 용의는 없는가? 하는 것을 묻고 싶은 것입니다.[5]

박정희의 로직을 풀어보면 전쟁 준비와 관련된 경쟁은 나쁜 경쟁 이고 누가 더 잘사는가 하는 '개발경쟁'은 선의(善意)의 경쟁이라는 것이다. 이를 필자는 국방개발 경쟁은 나쁜 것이고 민생개발 경쟁 은 선한 것이라 해석하려 한다. 박정희 자신도 '전쟁을 위한 경제전' 은 민생의 희생을 가져오기 때문에 선하지 못한 경쟁, 나쁜 경쟁이 라는 인식이 있었던 것이다. 그렇다면 박정희는 정말 선한 경쟁을 생각하고 있었던가?

박정희는 이 연설을 한 바로 다음 날 비밀리에 '무기개발위원회' 를 만들고 무기공장 건설을 서둘렀다. 박정희의 제안이 처음부터 진정성을 결여한 것이었다는 점은 차치하고서라도 박정희는 김일 성 못지않게 '전쟁을 위한 경제전'에 박차를 가했던 인물이었다. 국 방개발 경쟁은 정도의 차이는 있을지언정 북과 남 양측에 모두 민생의 희생을 강요하였다. 이런 점에서 국방개발 경쟁은 체제를 불문하고 '선하지 못한 경쟁'이었다고 해야 할 것이다.

　그렇다면 민생개발은 어떤가? 결론부터 말하면 민생개발 경쟁에서도 '선의'는 없었다. 김일성이 지상낙원론을 말하면서 민생개발 경쟁의 깃발을 높이 들었을 때 이 경쟁의 궁극적 목표는 "한라산에 공화국 기를 꽂는" 것이었다. 김일성은 경제전을 통해 평화적인 방법에 의한 흡수통일을 염두에 둔 것이다. 박정희 역시 궁극적으로 "북한 공산세력을 뒤엎고" "민족의 숙원인 국토통일"을 달성한다고 하며 결국 흡수통일을 목표로 하고 있었다. 민생개발 경쟁에서도 양자는 상대 체제를 인정하지 않았고 팽창과 정복(=흡수통일)의 대상으로 보았던 것이다.

　김일성이든 박정희든 경제전에 임하는 궁극적 목표는 상대에 대한 팽창과 정복이었다. 팽창과 정복에서 민생개발이 평화적 방법과 관련이 있다면 국방개발은 군사적·무력적 방법과 무관하지 않다. 경제전은 경제전인 이상 무력을 동원한 '진짜' 전쟁과는 다른 것이다. 그렇지만 양자의 전략적 목표가 팽창과 정복에 있는 한 경제전은 평화적인 방법만이 아니라 군사적 방법을 확보하기 위한 경쟁이라는 면모를 내포할 수밖에 없게 된다. 경제전이 불가피하게 정치적이고 군사적인 성격을 갖게 되는 이유가 여기에 있다.

경제전에서 총력전적 시스템의 전쟁으로!

김일성과 박정희의 경제전쟁의 주요한 측면은 '전쟁을 위한 경제
전'이었다. '전쟁을 위한 경제전'의 단초는 북에서는 김일성의 경제
국방 병진노선이었고 남에서는 박정희의 국방건설 병진노선이었
다. 양자의 두 노선은 언술상 경제와 국방의 병진노선을 표방한 것
이었지만 실제로는 국방개발로 정책의 중심이 옮아간 것이었다. 두
노선의 핵심적인 과제는 국방에 있었는데 하나는 대중적 방위체제
수립이었고 대중적 무장화를 위한 군수산업의 신설·확충이 또 다
른 하나였다.

대중적 방위체제 수립에서 김일성은 전민무장화를 내걸었고 이에
박정희는 향토예비군 무장화로 대응하였다. 김일성이 전인민적 방
위체제 수립을 선언하면 박정희는 전국민적 방위체제 수립으로 이
에 맞섰다.

대중적 방위체제에서 핵심은 대중적 무장화였다. 대중적 무장화
를 위해서는 대량의 병기생산 확보가 필수요건이었다. 이를 위해
김일성은 1960년대 중·후반에서 말까지 군수산업을 신설·확충하
고 민수산업의 전시전환 체계를 정비하였다. 이것이 바로 평시경제
의 준전시경제로의 재편이었다. 박정희도 대중적 무장화를 위해 병
기공장 설립을 서둘렀고 1960년대 말 비밀리에 4대핵공장(병기공
장) 건설을 추진하였다.

흥미로운 사실은 이와 같은 '전쟁을 위한 경제전'의 와중에 양자
가 비슷한 시기에 총력전적 체제정비의 필요성을 역설했다는 점이

다. 먼저 김일성의 연설을 보자.

현대전에서의 승패는 전쟁수행에 필요한 인적 및 물적 자원을 장기적으로 원만히 보장하는가 못하는가에 많이 달려있습니다. 그렇기 때문에 우리는 후방을 공고히 하는 데 깊은 주의를 돌려야 합니다. 특히 군사전략상 중요한 지대들을 잘 꾸리고 군수공업을 발전시키며 필요한 물자의 예비를 조성하여야 합니다. 또한 일단 유사시에는 모든 경제를 급속히 전시체제로 개편하며 전시에도 생산을 계속할 수 있도록 평상시부터 준비하고 있어야 합니다.[6]

김일성 연설의 첫 문장은 총력전적인 현대전 인식을 잘 드러내주고 있다. 김일성은 유사시(=전쟁)에 대비한 총력전적인 체제 정비의 필요성을 역설한 것이다.
다음은 박정희의 연설을 들어보자.

현대는 군사·정치·경제·과학·문화 등의 총체적인 국력이 승패를 좌우하는 총력전의 시대입니다. 따라서 우리는 군사전과 경제전과 사상전과 심리전, 그리고 과학전이 하나로 융합된 새로운 형태의 투쟁에서 승리하기 위해 새로운 국방체제를 확립해야 합니다.[7]

오늘날 전쟁은 흔히 국가총력전이라고 합니다. 전쟁이 나면 우리가 가지고 있는 모든 인적·물적 자원을 최대한으로 가장 신속히 가장 효과적으로 동원해서 전쟁목적 수행에 사용할 수 있는 평소체제가 되어 있어야 하

겠다는 것입니다.[8]

박정희는 김일성보다 훨씬 체계적인 총력전 사상을 피력하였다. 즉 현대전은 총체적인 국력전, 총력전이라는 것이다. 그리고 두 번째 인용문은 앞의 김일성의 연설 내용과 흡사한데 역시 평시의 총력전적인 체제 정비의 필요성을 말하고 있다.

이처럼 양자가 총력전적 체제 정비를 역설하였다는 사실은 대단히 의미심장한 것이었다. 평시에 전쟁준비를 위해 인적·물적 자원을 동원하는 문제는 평시의 전시적 동원을 가능하게 하는 정치력의 문제이다. 평시에 최대한으로 가장 신속히 효과적으로 인적·물적 자원을 동원하기 위해서는 일원적인 동원체계 수립이 전제가 된다. 그리고 이 일원적인 동원체계는 권력의 집중을 필요로 한다. 따라서 인적·물적 자원의 동원문제는 정치의 문제가 되지 않을 수 없고 곧 정치개편이라는 문제가 중요한 과제로 제기되는 것이다. 박정희가 총력전을 말하면서 정치를 언급한 것은 바로 이러한 맥락에서 이해해야 한다.

실제로 양자가 총력전적 체제 개편의 필요성을 언급한 시점을 전후하여 북에서는 김일성의 유일체제 확립을 위한 대대적인 캠페인이 진행되었고 남에서는 박정희의 3선 개헌과 함께 총력안보체제를 향한 움직임이 나타났다. 이미 진행 중에 있었던 평시의 전쟁준비를 위한 경제체제, 즉 준전시경제로의 재편과 동시에 정치재편이 시작되었던 것이다. 이러한 정치재편의 극점은 1972년 12월 27일 같은 날 출범한 김일성의 유일체제였고 박정희의 유신체제였다.

유일체제와 유신체제하에서 북과 남에서는 군산학복합체가 경쟁적으로 출현하였고 이를 중심으로 하는 항구적인 '경제전적인 시스템'의 골격이 만들어졌다. 이것이 바로 총력전적인 시스템(total war system)[9]이었다.

3. 경제전쟁을 보는 시각

경제전쟁의 개념

본서는 김일성과 박정희의 경제전쟁을 다룬다. 따라서 경제전쟁이라는 개념을 정리해 볼 필요가 있겠다.

이 경제전쟁은 김일성과 박정희의 경제전 관념에 크게 좌우되었다. 경제전쟁의 개념을 이해하자면 김·박의 경제전이 어떻게 진행되었는가를 사실적으로 파악하는 것이 중요하다.

우선 앞의 글에서 나온 경제전, 체제경쟁, 개발경쟁 등 경제전쟁과 관련된 여러 용어들을 정리해두자. 역사적으로 볼 때 경제전이라는 용어는 2차대전 당시 혹은 전후 냉전체제하에서 광범하게 사용되었는데 이때 말하는 경제전의 기본형태는 금수조치, 무역봉쇄, 경제제재, 이 세 가지였다. 하지만 김일성과 박정희의 경제전쟁은 2차대전 혹은 냉전하의 국제적인 차원의 경제전과는 사뭇 달랐다. 금수조치나 무역봉쇄, 그리고 경제제재라고 하는 형태의 경제전은 존재하지 않았다.

다만 한 가지 고려해야 할 사항은 미국의 대북경제제재 조치이다. 6.25전쟁이 발발한 1950년 6월 미국은 「수출관리법」을 만들어 북한에 대한 일체의 수출을 금지하도록 하였으며, 동년 12월에는 「적성국교역법」의 시행령인 해외자산통제규정을 발효해 북한을 적성국으로 규정하면서 전면적인 경제제재와 봉쇄조치를 취하였다.[10]

여기서 문제는 미국의 대북제재가 남북의 경제전쟁에 어떤 영향을 미쳤는가 하는 것에 있다. 남북관계 면에서 본다면 김일성과 박정희가 경제전에 돌입했던 시기에는 남북 간 경제관계가 성립하지 않았기 때문에 특별한 영향을 받았다고 보기는 어렵다.

북측 입장에서 본다면 전후 부흥기 이래 북한의 경제개발은 미국보다는 오히려 소련이나 중국 혹은 동구 등 사회주의권과의 경제·무역관계에 의존하여 진행된 것이었다. 더욱이 북한은 세계경제체제에 전면적으로 편입하는 것을 경계하는 자립적 민족경제노선을 견지하고 있었다. 뿐만 아니라 1970년대 대서방무역의 사례에서 보듯이 미국의 대북경제제재에도 불구하고 북한의 대서방 경제·무역관계가 차단된 것은 아니었다. 북한이 서측과의 경제관계를 지속할 수 없었던 것은 다름 아닌 채무불이행이 그 주된 원인이었다.

다만 남북 간에 군비경쟁이 본격화하는 1970년대 초반에 북한판 군산학복합체인 제2경제위원회가 만들어지고 당 산하 기업그룹인 당경제가 대서방 군사기술·무역에 깊숙이 관여하면서 미국의 경제제재가 어느 정도 장벽으로 작용했을 수는 있다. 그렇지만 당경제 체제 출범 이후 미국의 경제제재가 어느 정도 영향을 주었는지 정확하게 진술하기엔 충분치 않다.

본서에서는 경제전쟁과 경제전을 같은 의미를 갖는 것으로 사용하되 그 범위를 김일성과 박정희의 경제전쟁에 한정시켜 논의를 전개해 나가고자 한다. 국제적 차원의 경제전 개념은 이에 포함되지 않는다는 점을 밝혀 둔다.

체제경쟁은 사회주의체제와 자본주의체제 간의 경쟁, 즉 체제의 정당성, 우월성을 다투는 경쟁이다. 이 경쟁은 정치·경제·사회·문화 또는 군사에 이르기까지 여러 부문에 걸쳐 있는 만큼 대단히 포괄적이고 복합적이라 단순하지 않다. 여기서 국민적 정당성과 관련하여 가장 중요한 쟁점은 '누가 더 잘사는가' 하는 민생·복지의 체제경쟁이었다.

이처럼 '누가 더 잘 사는가' 하는 문제는 바로 경제전쟁과 직접 관련성을 갖는 것이고 따라서 민생·복지와 관련된 경제전쟁은 체제경쟁적 의미를 지닐 수밖에 없게 된다. 그렇다고 해서 경제전쟁과 체제경쟁이 동의어를 뜻하는 것은 아니다. 체제경쟁은 경제전쟁보다 포괄적인 의미규정을 가진 것이고 경제전쟁은 체제경쟁에서 결정적인 중요성을 갖지만 결국은 체제경쟁의 한 부분이라는 점이다.

또 하나 중요한 차이점이 있다. 본서에서 경제전쟁의 기본개념으로서 제기하고 있는 총력전적 시스템의 전쟁을 놓고 보면 경제전쟁은 체제경쟁과는 다른 것이다. 총력전적 시스템은 국방을 최고의 가치로 하여 전 사회를 전시적 시스템으로 새롭게 편성한 것이다. 전시적 시스템의 전쟁은 자본주의 대 사회주의 시스템의 경쟁 개념을 넘어선 것이다.

개발경쟁은 일반적으로는 경제개발 경쟁을 의미하는 것이다. 경제개발이라고 할 때는 대체로 평화산업을 중심으로 하는 산업과 인프라의 개발, 인적 개발은 물론 제도의 정비 모두를 포괄적으로 담고 있다. 그리고 산업개발에는 다시 철강과 기계 등 중공업 부문이 이에 포함되는데, 이들 부문은 바로 군수산업과 떼려야 뗄 수 없는 관련성을 지니고 있는 것이다.

본서에서 말하는 경제전쟁은 개발경쟁의 요소도 있지만 개발경쟁과는 다르다. 예컨대 개발경쟁이 평시적 성격을 띠고 있는 반면에 경제전쟁은 전시적 성격을 지니고 있다. 또한 경제전쟁은 개발이라는 측면에서 볼 때 민생개발과 국방개발을 포함하고 있지만 양자의 관계가 병렬적이라기보다는 국방개발에 우선순위를 둔 것이다.

다시 말해서 김일성과 박정희의 경제전쟁은 민생개발 경쟁에서 출발하였지만 나중에는 국방개발 경쟁으로 무게중심이 이동하였고 결국 총력전적 시스템의 전쟁으로 발전하였다고 보는 편이 타당하다. 총력전적 시스템이란 국방개발을 우선하면서 그 속에서 민생개발의 과제를 포섭한 시스템을 의미한 것이기 때문이다. 그러므로 총력전적 시스템은 국방 우위의 개발체제와 다름없다.

이상의 논의를 정리하면 경제전쟁은 팽창과 정복(=흡수통일)이라는 전략적 목표를 실현하기 위해 상대 체제보다 우월한 국방 및 민생개발을 위한 총력전적 시스템의 전쟁을 의미한다고 할 수 있다.

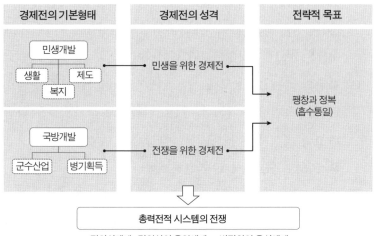

〈그림 1-1〉 경제전쟁의 개념도

경제전의 기본형태	경제전의 성격	전략적 목표

민생개발

생활　제도

복지

→ 민생을 위한 경제전 →

국방개발

군수산업　병기획득

→ 전쟁을 위한 경제전 →

팽창과 정복
(흡수통일)

총력전적 시스템의 전쟁

●정치신체제 : 김일성의 유일체제 vs 박정희의 유신체제
●경제신체제 : 북과 남의 신국방경제체제

경제전쟁의 시기구분

경제전쟁은 북과 남, 양 사회에서 각각 세 시기로 구분할 수 있다.

(1) 북한의 제1의 시기는 김일성이 지상낙원론을 제창하면서 전
후복구 및 평화적 경제건설에 매진했던 1953년 10월에서
1961년 4월까지로 잡는다. 이 시기에 김일성의 지상낙원론은
일본의 재일동포 사회에 큰 반향을 불러일으켰고 급기야 '재
일동포 귀국운동'으로까지 진전하였다. 북한은 남한에서 4.19
가 일어나자 대대적인 경제공세를 펼쳤고 이에 남한의 혁신세
력은 북과 연계한 경제개발 논의를 제기하기 시작하였다.

⑵ 남한의 제1시기는 5.16 쿠데타 이후 박정희가 반공·반북적 실력배양론을 말하면서 중공업 중시의 경제개발에 착수하고 한일협정을 맺고 대규모 베트남 파병을 단행했던 시기로서 그 기간은 1961년 5월에서 1967년까지이다.

⑶ 북한의 제2시기는 5.16 이후 김일성이 지상낙원론의 궤도를 수정하면서 경제국방 병진노선과 4대 군사노선을 확립하고 남조선해방전략을 실행에 옮겼던 때를 말한다. 기간은 1961년 5월에서 1969년까지이다.

⑷ 남한의 제2시기는 1968년 2월에서 1971년 11월까지로서 북의 무장게릴라 남파에 대응하여 박정희가 일면국방 일면건설 노선을 천명하고 1968년 4월에 향토예비군을 창설, 1969년부터 비밀리에 4대핵공장 건설을 추진했던 시기였다.

⑸ 북한의 제3시기는 1970년 제5차 당대회 이후 김일성이 1960년대 중반 이후 확립된 자신의 유일체제를 1972년 사회주의 헌법 제정을 통해 법화(法化)하고 1972년에서 1974년 사이에 신국방경제체제를 만들며 총력전적 군산학복합체 육성에 진력했던 시기였다. 기간은 1970년에서 1979년까지이다.

⑹ 남한의 제3시기는 박정희가 1971년 11월 국방경제의 사령탑인 경제 제2수석비서관실을 신설하고 1972년에 유신체제를 선포하고 군산학복합체 육성을 위해 세·재정(稅·財政) 및 금융을 동원하여 군수산업화, 중화학공업화, 수출산업화가 일체가 된 국방개발을 추진하면서 대북 경제전을 전면화했던 시기였다. 기간은 1971년 11월에서 1979년까지이다.

〈그림 1-2〉 경제전쟁의 시기구분

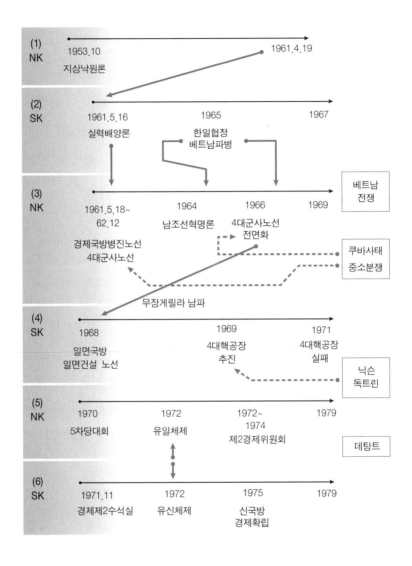

총력전적 시스템은 국방국가체제였다

김·박 경제전쟁의 가장 큰 특징은 시스템의 변동을 동반했다는 사실에 있다. 이 시스템의 변동은 남북 모두 평시경제의 준전시 경제체제로의 재편으로부터 시작되었다. 준전시 경제체제의 재편은 두 시기로 나누어진다. 북에서는 1960년대 경제국방 병진노선 시기[〈그림1-2〉의 (3)]와 1972~74년[〈그림1-2〉의 (5)]으로서, 이 시기에 각각 국방경제와 관련된 시스템의 재편 움직임이 나타났다. 남에서는 국방건설 병진노선하에서 4대핵공장 건설과 관련된 시스템의 재편이 있었고[〈그림1-2〉의 (4)] 1971년 11월 말 이후 전면적인 시스템의 재편이 일어났다[〈그림1-2〉의 (6)].

북과 남의 두 번째 시기의 시스템의 재편은 이전의 그것과는 질적으로 다른 것이었다. 김일성은 군수산업 육성을 위해 군산학복합체인 제2경제위원회를 신설하고 이것을 자신의 직할하에 두었다. 박정희도 군수산업의 사령탑인 경제 제2수석실을 신설하고 본격적으로 군산학복합체 육성에 나섰으며 군수산업 전반을 자신의 직할하에 두었다. 이것이 이 시기에 주종을 이룬 총력전적 시스템의 핵심이었다.

여기서 우리가 주의 깊게 살펴야 할 사실은 국방경제와 관련된 시스템의 재편과 함께 정치시스템의 변동이 있었다는 점이다. 이 변동의 극점이 바로 1972년 같은 날 출범한 김일성의 유일체제와 박정희의 유신체제였다. 알려진 바와 같이 유일체제와 유신체제는 1인 독재의 강권적 국가체제였다. 강권적 국가체제하에서 총력전적 시스템은 그 형태가 만들어지고 완성된다. 이 점에서 유일체제와 유신체제는 총력전적 시스템의 정치적 표현이라고 할 수 있다.

그렇다면 이 총력전적 시스템의 성격이 무엇인가 하는 것이 다음 문제로 떠오르는데, 필자는 남북에서 출현한 총력전적 시스템은 곧 국방국가체제였다고 말하고 싶다. 이를 위한 설명으로 필자는 남북의 총력전 시스템을 국방국가로 보는 준거틀로 전시 일본의 국방국가를 소개해 보고자 한다.

이시하라 칸지(石原莞爾)를 비롯하여 전쟁을 지도했던 일본 군부의 핵심 인사들은 총력전사상의 신봉자들이었고 이들은 전쟁을 앞둔 시기에 총력전체제로서의 정치·경제체제의 재편을 구상하였는데 일본 군부는 이것을 '국방국가'로 불렀다.

일본 군부가 구상한 국방국가란 구체적으로는 다가올 총력전에 대비하여 군비의 급속한 확충과 경제의 전면적 재편성(=통제)을 지렛대로 한 군사화·중화학공업화를 가능하게 하는 새로운 강권적 국가체제 구상을 말한다.[11] 국방국가 구상은 경제체제와 정치체제의 두 부분으로 구성되는데 전자는 준전시 체제로서의 국방경제체제 구상이었고 후자는 천황제 이데올로기에 입각한 일당독재의 정치체제 구상이었다.

역사적으로 나타난 일본 국방국가 체제는 성격상 크게 세 부분으로 나눌 수 있다.

하나는 정치신체제로서, 이는 다음과 같은 특징들을 갖는다. 첫째, 일당체제로서의 '익찬회(翼贊會)'체제의 확립이다. 둘째, 집행권 독재를 행사하는 국방국가를 등장시킨다. 예컨대 광범한 위임입법 등을 통해 의회를 형해화하거나 의회를 부정하는 경향을 보이게 된다. 셋째, 전쟁지도체제와 관련하여 국무(정부)와 통수(군부)의 대립을 해소하고 국무-통수가 일원화되는 체제가 구축된다. 넷째, 국방국가의 정치에 있어서 각계 각층의 관제 국민운동 조직과 이를 통한 대중동원체제 구축이 중요한 의미를 갖게 된다. 다섯째, 대중동원에 있어서는 전체주의 혹은 (초)국가주의 이데올로기가 전면에 등장한다. 일본에서는 천황주의 이데올로기가 구체화되었다. 여섯째, 여기서 일컫는 국방국가는 전쟁 혹은 국방목적 달성을 위해 궁극적으로 전 국민의 '강제적 동질화'를 추구하는 체제이다. 강제적 동질화는 여러 가지 부작용을 수반하기 마련이고 동질화의 과정에 순응하지 않는 개인이나 세력, 즉 반체제를 다스리는 장치로서 「치안유지법」을 제정하여 공권력에 의한 '테러'를 제도화한다.

다음으로는 경제신체제였다. 이는 다시 네 가지 특징으로 간추릴 수 있다. 첫째, 중화학공업 및 기계공업의 획기적 발전과 주요물자의 동원을 위해 국가가 경제에 대해 계획적 지도를 행하는 통제경제였다. 둘째, 통제경제를 뒷받침하는 국가적 이념으로서 공익우선, 봉공관념이 강조되었다. 셋째, 통제경제의 통로로서 '통제회'라는 경제단체가 조직되었다. 넷째, 산업보국적 이데올로기에 입각한 노동 동원이 이루어졌다.

마지막으로 복지체제였다. 첫째, 전시 일본은 전쟁국가 형성과 복지체제 형성이 동시에 이루어졌다.[12] 둘째, 중일전쟁 이후 근대적 복지제도가 정비되었다. 1938년에 「국민건강보험법」, 1939년에 「직원건강보험법」이 제정되면서 거의 전 국민을 대상으로 하는 의료보험

제도가 확립되었다. 1941년에는 「노동자연금보험법」이 제정되면서 노령연금의 지불이 규정되었다. 1944년부터 노령연금은 후생연금으로 되었다. 평시에는 실현할 수 없었던 사회보험이 전시에 체계화된 것은 전시에 동원된 대량의 노동력에 대한 최저의 생활을 보장해준다는 취지에서였다.[13]

김일성과 박정희의 총력전적 시스템의 구축과정에서도 정치신체제와 경제신체제가 출현하였고 사회적 제도가 확충되거나 복지국가 담론이 나타나기도 했다. 김일성과 박정희의 총력전적 시스템이 국방국가체제였다고 할 때 당연한 이야기지만 전시 일본의 국방국가론을 김·박의 국방국가에 그대로 적용할 수는 없다. 일본의 국방국가와 김·박의 국방국가는 유사한 부분도 있고 다른 부분도 있다. 이를 염두에 두어 본서에서는 북과 남의 국방국가를 편의상 '김일성의 국방국가', '박정희의 국방국가'로 표현하기로 한다.

전쟁을 하려면 일본의 전시동원체제 이상 가는 것이 없다!

김박의 국방국가를 생각하는 데 있어서 교과서적 인물은 박정희였다. 1972년 초, 오원철이 북한경제에 대해 안보정책회의에서 보고를 끝낸 직후 박정희는 다음과 같이 말한다.

임자 보고에서 "김일성은 일본식 전시동원체제를 그대로 쓰고 있다"고 했는데 그 말이 옳은 것 같애. 김일성은 정권을 잡은 직후부터 남침할 것을 생각하고 있었다고 보아야 할 것 같아. 전쟁을 하려면 일본의 전시동원체제 이상 가는 것이 없지 않았겠어? 그리고 김일성체제 유지에 이만큼 유용한 체제도 없을 거야. 일정식(日政式) 방법을 그대로 계속한다고 해서 북한국민이 반대하지도 못할 것 아니겠는가?[14]

박정희는 "김일성이 일본식 전시동원체제를 그대로 쓰고 있다"는 오원철의 보고를 수긍하면서 일본의 전시동원체제에 대한 인식을 솔직히 드러냈다. "전쟁을 하려면 일본의 전시동원체제 이상 가는 것이 없다." 그리고 일본의 전시동원체제가 "김일성체제 유지에 대단히 유용한 체제였다."

북한체제를 이렇게 보는 것은 박정희만이 아니다. 무엇보다 김일성체제에서 살아가는 북한 인민들이 위와 같은 인식을 가지고 있다는 것이다. 탈북자 출신인 안찬일 박사는 "오늘의 북한 인민들은 북한이 처한 현실이 일제 말기와 같다고 입을 모으고 있다."[15]고 적고 있다. 일제시대를 살았거나 혹은 일본의 전시체제를 잘 아는 일본 사람들 역시 "김일성 체제가 일본의 전시동원체제와 닮은꼴이 많다"는 데 대부분 동의하고 있다. 일본의 대표적인 북한 연구자의 한 사람인 기무라 미츠히코(木村光彦)는 북한의 전체주의나 군국주의는 전시 일본제국의 시책과 연속성을 갖는다고 지적하고 있다.[16]

또한 일본의 전시동원체제가 "김일성 체제 유지에 대단히 유용한 체제였다"는 말은 박정희 자신에게도 해당된다. 박정희는 해방 전 만주국에서 일본 군부와 혁신관료가 시행했던 '국방국가의 실험'을 체험했던 인물이었다. 사실 경제전과 관련된 언술을 보면 박정희야

말로 총력전체제론자였다. "전쟁을 하려면 일본의 전시동원체제 이상 가는 것이 없다"는 발언도 박정희가 곧 총력전체제론의 신봉자였다는 것을 돌려 말한 것이었다. 박정희는 전쟁을 준비하는 데 있어서 '총력전체제'와 '국방국가'의 유용성을 누구보다 잘 인지하고 있던 인물이었고 무엇보다도 일본 총력전체제론자의 '국방사상'이 일본의 근대화를 가능케 한 결정적인 힘이었다고 확신했던 위인이었다. 그래서 박정희 역시 남한을 국방국가로 편성해갔던 것이다.[17]

4. 김일성의 국방국가

정치체제

북한이 국방국가로 가는 첫 번째 계기는 1962년, 6.25전쟁 시 설치되었던 '군사위원회'가 당 중앙위원회 산하로 편입되면서 전시적인 동원체제가 다시 기동하기 시작한 데 있었다. 전시기구인 군사위원회의 사실상의 부활을 의미하는 이 조치는 1962년 12월에 개최된 조선노동당 중앙위원회 제4기 제5차 전원회의에서 결정된 것이었다.[18] 군사위원회의 부활은 이 회의에서 채택된 경제국방 병진노선과 4대 군사노선의 확정과 밀접한 관련을 갖는 것으로서 사회경제의 군사적 동원을 강화하기 위한 조치였다. 김일성은 군사위원회 위원장으로서 군사위원회를 도·시·군 단위로 편제하고 1959년 창설된 노농적위대에 대한 지휘권을 확립하였다.[19]

정치체제 재편에서는 1966년 10월 당대표자회의가 중대한 전환점이 되었다. 이 회의에서 국방력 강화 방침이 재확인되었다. 그리고 조직개편이 뒤따랐다. 당 중앙위원회 정치위원회에 상무위원회를 설치하였으며 당의 직제를 총비서, 비서직제로 개편하고 비서국을 신설하였다.[20] 조직개편에 따라 당 지도부도 재편되었는데 경제 국방 병진노선에 소극적이었거나 반대했던 온건파 경제관료들이 탈락하고 군부인사가 대거 지도부에 진입하였다. 그리고 1967년부터 김일성에 대한 개인숭배와 김일성의 사상을 절대화하는 '유일사상체계' 확립운동이 대대적으로 전개되었다.[21] 1968년 말에는 김일성의 군사노선과 유일사상화에 소극적이었던 군 수뇌부가 대거 숙청되는 사건이 발생하였다. 김일성은 유일사상체계 확립운동을 통해 유일지배체제를 확립하고 당군정의 모든 실권을 장악하였다. 1970년 제5차 당대회는 김일성의 유일체제를 확인하고 공식화하는 자리였다.[22]

김일성의 유일체제는 정치사상에서는 김일성의 교시가 유일사상으로서의 위상과 권능을 가지고 무조건적으로 따르고 집행되어야 하는 체제였다. 이 체제에서 정치는 최고회의라는 대의기구가 있지만 이는 형식적인 것이고 조선노동당 일당체제는 당내 모든 이견세력이 절멸된 상태에서 최고뇌수인 '수령의 사상과 영도를 실현하는 무기'로 규정되었다.

김일성의 유일체제 확립과 관련하여 1974년 김정일이 주도하여 만든 '유일사상 10대 원칙'은 중요한 의미를 갖는다. '10대 원칙'은 전사회적으로 학습되고 신조화되면서 김일성의 혁명사상을 전당,

전사회를 관통하는 유일한 사상체계로 확고하게 자리 잡게 하였다.[23]

전시 일본의 국방국가를 설계했던 한 이데올로그는 "사상적·정치적으로 완전한 통일이 이루어지고 유기적 세포조직화를 실현하는 국가"를 이상국가(理想國家)로 불렀다.[24] 국방국가의 도달점은 궁극적으로 이와 같은 이상국가여야 한다는 것이다. 하지만 고도국방국가를 지향하였던 일본조차도 전쟁 중에 이상국가를 실현하지는 못하였다. 일본의 일당체제인 익찬정치회는 외견상 단일정당의 모습을 띠고 있으나 내면적으로는 여러 정파들이 분립하고 있었다. 유일사상에 입각한 정치사상적 통일성이라는 견지에서 본다면 김일성의 유일체제는 전시 일본의 일원적 정치기구를 훨씬 능가하는 것이었다.

전쟁지도체제와 관련해서 볼 때 김일성은 1962년 부활된 당 군사위원회 위원장, 1972년 「사회주의헌법」에서 신설된 국방위원회 위원장, 그리고 주석이 겸직하는 인민군 최고사령관직을 도맡아 오로지 독주하였다. 그는 끊임없이 자신에게 모든 군사적 권한을 집중하여 일원적인 체제를 구축하고 또 하였다. 북한의 일원적 전쟁지도체제는 당군정의 정치 및 군사적 권한을 모두 김일성 1인에게 집중하고 있다는 점에서 제2차 고노에 내각시기의 상설 간담회 수준의 일원적 체제를 훌쩍 능가하는 것이다. 김일성의 전쟁지도체제는 군인출신으로서 전시내각 총리였던 도조 히데키(東條英機)가 육군상을 겸직하면서 인적 결합에 의해 국무·통수 일원화를 실현한 태평양전쟁 시기의 전쟁지도체제와 유사하지만 전자가 후자보다도 1

인에의 권력 집중도는 비교할 수 없을 정도로 높다.

대중동원체제에 있어서는 6.25전쟁 시 형성된 전시동원체제가 기본적으로 연속되고 있다. 조직 면에서 조선노동당의 당 단체 및 정치기관이 세부 말단 행정기관, 부서까지 설치되면서 당의 지시와 명령이 일사불란하게 하부까지 전달될 수 있는 체계가 전시에 형성되었다.25 이러한 동원체제의 원형은 일본 본국의 대정익찬회에 상당하는 국민정신총동원조선연맹(혹은 1940년 이후의 국민총력조선연맹)이었다. 이 조직은 자신의 산하에 최하부 말단 주민조직인 애국반(10호 단위)을 조직하여 전 주민을 교육하고 훈련하고 동원하였다. 북한에서는 1958년 '5호 감시제'라는 이름의 말단 주민조직이 만들어졌고 1960년을 경과하면서 도시는 '인민반', 농촌은 '분조'로 명칭이 바뀌었는데 이는 사실상 전시 애국반의 부활인 것이다.

전체적으로 북한의 대중동원체제는 직장과 가정, 개인 모두에 대해 철저한 장악력을 가지고 있다고 할 수 있다. 이처럼 강력한 동원체제를 유지할 수 있는 것은 배급제를 비롯한 전시 복지체제와 강력한 사상교화 및 감시 체계가 그 요인이라고 할 수 있다.

북한 지배체제의 작동원리나 정책, 그리고 동원 이데올로기의 기본성격이 전체주의적이라고 하는 부분에 대해서는 별다른 이의가 없을 것이다. 기무라 교수는 북한 전체주의의 특징으로서 ① 개인의 자유로운 정치·경제활동 금지 및 국가에의 모든 권력 집중 ② 대외팽창주의(=남한 점령·해방) ③ 군국주의 세 가지를 들고 있다.26 기무라 교수는 북한에서의 이들 전체주의적 특징은 전시기 일본의 전체주의가 그 원류였다는 것이다.

여기서 한 가지 빠진 것이 있다면 가족주의 국가관이다. 가족국가관은 두 가지 구성요소를 가지고 있다. 첫째는 수령과 인민대중의 관계를 어버이-자식 관계로 규정하는 것이다. 이로써 자식으로서의 인민대중은 수령의 은덕을 갚기 위해 사랑과 충성으로 이에 보답해야 한다는 논리가 성립된다. 둘째는 세습에 의한 후계체제가 확정되면서 후계자에 대해서도 어버이-자식 관계의 지속성이 유지된다는 것이다. 달리 말하면 인민대중의 수령에 대한 충성은 대를 이어 계속되어야 한다는 것이다.

역사적으로 보면 2차대전 당시 국방국가들 중 유일하게 가족국가관이 등장하였던 국가는 천황제 전체주의로 규정되는 일본이었다. 북한의 수령제는 가족국가의 로직에서 천황제와 유사한 부분이 있지만 천황은 절대권력을 행사하는 독재자는 아니었다.[27] 이 점에서 수령제는 천황제를 능가한다. 김일성의 국방국가는 말하자면 국방국가를 넘어서는 '초국방국가'였다.

북한에서의 '테러의 제도화'에서 가장 핵심적인 부분은 정치범수용소의 존재이다. 파시즘형 국방국가에서 강제수용소가 있었던 국가는 나치 독일이었는데 수용소와 관련된 기본법제를 든다면 '보호구금' 제도가 있다. 나치법에 의하면 보호구금은 '국가에 적대되는 분자에 의해 야기되는 위험'을 제거하기 위한 '예방적'인 경찰조치라는 것이다. 요컨대 정부와 나치당에 의해 '국가의 적'으로 규정된 자는 구체적인 '범죄' 행위에 대한 혐의가 없더라도 사법부의 판결 없이 검속의 대상이 될 수 있다는 것이다. 나치는 이와 같은 초법적 제도를 집행하기 위해 비밀경찰인 친위대가 통상경찰, 정치경찰, 강제수용소를 지배하는 이른바 '친위대 국가' 체계를 구축한 것이다.[28] 일본은 강제수용소가 없었지만 국방국가가 제도화되는 초기에 이탈리아의 '경찰감시'와 비슷한 사상범보호관찰 제도, 나치의 보호구금과 비슷한 예방구금 제도를 도입하였다.

북한의 정치범수용소를 나치의 강제수용소와 동일한 차원에서 비교할 수는 없지만 반국가 혹은 반혁명에 대한 예방적 조치로서 강제적인 구금이 진행되고 있다는 점을 고려한다면 성격 면에서 비슷하다. 북한은 노동적위대의 무장을 위해 1966년부터 1년간 주민재등록사업을 통하여 주민성분을 분류하고 이를 바탕으로 1970년까지 전 주민을 3계층 51부류로 나누는 작업을 진행하였다. 이 결과 성분이 나쁜 적대계층으로 분류된 사람들은 처형되거나 수용소에 내몰렸다. 범죄행위의 혐의 없이 성분이 나쁘다는 이유만으로 구금이 행해진 것이다. 이것은 북한의 정치범수용소가 나치의 보호구금이나 일제의 예방구금과 유사한 제도적 요소가 있다는 것을 보여주는 것이라고 할 수 있다. 북한에서 정치범수용소가 지금과 같은 체계를 갖추면서 확대된 모습을 띠기 시작한 시기(1966~70)가 전쟁준비가 정점에 도달하였던 시기이자 북한의 유일지배체제가 확립되는 시기와 겹친다는 점에도 유의할 필요가 있다.

테러의 제도화는 후계체제와도 관련이 있었다. 김정일은 1973년에 '공포적 정보기관'인 국가정치보위부를 신설하였다.[29] 그리고 사회적 적대세력을 색출하고 후계체제 반대세력을 숙청하기 시작했다. 1972년 2월부터 1974년까지 주민요해사업, 1975년에는 주민재등록사업이 진행되었고 신원에 이상이 있는 자들을 분류해서 정치범수용소에 수용시켰다. 국가정치보위부는 수령유일체제를 보위하고 반(反)김일성·김정일 세력을 색출해서 제거하는 일을 담당했다.[30] 후계체제의 확립과정에서 전체주의적 통제체제가 더욱더 강화된 것이다.

경제체제

1962년 김일성의 경제국방 병진노선 채택은 준전시 경제체제로의 전환을 알리는 신호였다. 이후 북한경제는 준전시 경제체제로 급속히 재편되기 시작하였다. 1965년의 김일성의 한 연설에서도 이를 확인할 수 있다.

> 현대전에서의 승패는 전쟁수행에 필요한 인적 및 물적 자원을 장기적으로 원만히 보장하는가 못하는가에 많이 달려 있습니다. 그렇기 때문에 우리는 후방을 공고히 하는 데 깊은 주의를 돌려야 합니다. 특히 군사전략상 중요한 지대들을 잘 꾸리고 군수공업을 발전시키며 필요한 물자의 예비를 조성하여야 합니다. 또한 일단 유사시에는 모든 경제를 급속히 전시체제로 개편하며 전시에도 생산을 계속할 수 있도록 평상시부터 준비하고 있어야 합니다.[31]

김일성이 지시한 평시의 전시체제 준비, 바꾸어 말하면 준전시경제로의 전환은 주요 군수공장을 후방 산악지역에 지하화하고, 국방공업을 급속히 발전시키며, 평시의 전시생산 준비를 갖추도록 하는 것이었다. 준전시경제에서 가장 중요한 부문은 기계공업, 특히 병기공업의 생산력 확충이었다. 북한은 1960년대에 병기공업에 힘을 집중하였고 일부 재래식 병기의 자체생산이 가능하게 되었다. 그렇지만 1960년대 북한의 병기공업은 대부분 소련제 재래병기를 모방생산 하는 것에 그쳤고 자체의 연구개발을 통한 병기생산은 저수준에 있었다.[32] 미그기와 같은 첨단병기는 수입에 의존하였다.

이런 상황에서 북한은 1970년대 초부터 군수산업 전반에 대한 대대적인 재편을 단행하고 군산학복합체인 제2경제위원회를 출범시키게 된다. 제2경제위원회는 인민경제와는 분리된 독립적인 병기생산체계라는데 중요한 특징이 있었다. 전시 일본의 군수공업 동원은 국민경제를 기반으로 하여 진행된 것이라는 점을 상기하면 인민경제와 분리된 제2경제위원회는 전시 일본과도 다른 국방경제체제였다고 할 수 있다.

기업차원의 동원체제는 1961년 당위원회를 중심으로 하는 정치·사상 우위의 기업지배체제인 '대안의 사업체계'가 수립되면서 일단 기본골격이 만들어졌다고 할 수 있다. '대안의 사업체계'는 군대식 작업조직과 물자공급 방식, 전시적인 후방공급체계를 구비한 것이었다.

노동동원체계에 있어서도 전시적 성격이 한층 강화되었다. 전시성을 보여주는 일례가 병기공장의 분위기였다. 김일성은 병기공장의 노동규율을 군대와 같이 할 것을 지시하면서 "병기공장 안에는 한 사람의 낙오분자도 한 놈의 이색분자도 있어서는 안 된다"[33]고 강조하였다.

북한에서 이색분자란 "당의 노선과 정책을 반대하고 당의 노선을 거부하면서 색다른 요소를 퍼뜨리거나 당을 허물려고 책동하는 사람" 혹은 "불순한 목적을 가지고 집단이나 조직체 안에 끼어 들어온 사람"을 말한다. 전자를 '반당' 이색분자라고 부르고 후자는 '불순' 이색분자라고 불린다. 북한에서 반당과 불순으로 몰리면 살아남기 어렵다. 김일성의 '이색분자' 발언은 일색(一色)이 아닌 다른 부분은 모두 이색(異色)으로 규정되고 사회적으로 축출 또는 처벌 대상이 되는 사회통제의 한 단면을 적나라하게 보여주는 것이라고 할 수 있다.

이러한 사회적 분위기 속에서 노동자의 자주조직인 직업동맹(직맹)의 위상에서도 큰 변화가 있었다. 1964년에 직맹의 감독통제적 기능이 취소되면서 형식적으로나마 존재하였던 단체계약 제도가 완전히 폐지된 것이다.[34] 나아가 직맹은 대안의 사업체계가 확립된 이후 당위원회 산하에 위치하는 근로자들의 사상교양단체로 재규정되었다. 직맹은 국가정책 관철을 위한 사상 및 노동동원 기구로 전락한 것이다. 노동동원체계와 관련하여 특기할 만한 사실은 전시배급제와 함께 전쟁 직후 노동이동을 통제하기 위해 도입한 노동수첩제도가 지속되었다는 점이다. 이 제도는 일본의 국방국가체제 확립기에 종업자이동방지령(1940.11)에 이어 제정된 「국민노무수첩법」(1941.3)과 유사한 것이다.

국방경제의 또 다른 표식은 통제경제이다. 북한경제가 물가나 식량배급 등 많은 부문에서 통제가 이루어지는 경제체제라고 하는 것은 재론을 요하지 않지만 문제는 북한의 통제경제가 사회주의적 통제경제인가 아니면 일본형 통제경제의 궁극적 발전 형태인가, 아니면 제3의 형태인가 하는 점에 있다.

사회주의적 통제경제는 국유화와 계획경제를 기본 지표로 하는 것이다. 북한은 소유형태면에서 국가소유가 기본이다. 그리고 오래전부터 기능부전 상태에 빠져 있지만 계획시스템도 형식적으로는 존재한다. 따라서 소련과 같은 사회주의적 통제경제로 볼 수도 있다.

그런데 기무라 교수는 다르다. 그는 북한경제는 계획시스템을 결여한 무계획의 통제경제체제였다고 주장한다. 더 나아가 그는 북한에서 진행된 농업이나 중소상공업의 집단화, 경제의 전 부문에 대한 국가지배의 완성을 통제경제가 최종단계에 도달한 지표로 간주한다. 이를 두고 기무라 교수는 일본제국의 일부 군인과 관료가 지향한 경제체제의 변혁이 김일성의 손에 의해 완성된 것이라고 표현한다.[35]

제3의 시각은 수령의 직할체제와 관련이 있다. 북한 통제경제의 중요한 특징 중 하나는 당경제나 제2경제와 같은 경제의 주요 부문이 수령 직속하에 놓여 있고 이 부분에 대한 지도체계(통제체제)가 수령을 중심으로 이루어지고 있다는 것이다. 또한 기업동원이나 노동동원에서 수령의 현지지도가 중요한 위상을 점하고 있다. 이런 현상을 여기서는 수령 직할체제로 부르기로 한다. 이 직할체제는 계획에 의한 통제보다는 수령의 직접적인 지시나 명령에 의한 통제가 주요한 형태이다. 특히 군수산업 부문인 제2경제위원회에 대한 통제는 군사위원회의 명령에 의한다. 전체적으로 보면 수령제국가의 출현 이후 북한은 경제에 대한 수령의 유일적 지휘(통제)체제가 구축되었다고 할 수 있다.

수령의 지휘체제는 국가지배를 기반으로 하면서도 국가지배를 넘어서는 것이다. 예컨대 김일성이 군수공업의 생산력 확충에 있어서 어떤 제약도 없이 무제한적으로 북한기업을 동원할 수 있었던 것은 국가가 지배하는 국영기업 체제였기 때문이다. 북한의 기업동원체제에서 사영기업의 존재를 전제로 한 전시 일본의 통제회와 같은 매개적인 경제단체는 필요하지 않았다. 김일성의 현지지도에 의해 언제든지 기업동원이 가능한 시스템이었다.

생산단위에서의 근로자·농민의 동원과 관련해서는 '혁명초소의 전사'로서의 근로자상, '나라의 쌀독'을 책임진 주인다운 입장을 갖는 농업근로자상이 강조되었다. 김일성은 기업을 혁명초소로 불렀는데 기업이 혁명초소라면 근로자는 혁명전사가 되어야 하는 것이다. 혁명전사로서의 근로자상에 있어서 노동자의 개별적 권익에 대한 관심은 철저히 부정되고 혁명의 대의, 수령의 명령에의 무조건적인 충실성이 중시된다. 농민에 대해서도 마찬가지였다. 북한의 농민은 법적으로는 협동조합적 소유하에 있는 농민이다. 이들에게는 협동조합적 이해관계, 또는 부분적으로 허용되고 있는 소토지경영에 대한 이해관계가 있다. 이런 농민에게 '나라의 쌀독'(전시적 요구)이라고 하는 국가적 이해만을 생각하는 농업근로자가 될 것을 요구하고 있는 것이다. 이런 것들은 전시 일본의 봉공관념이나 보국의식의 강조와 유사한 면이 있지만 사적 소유와 경영을 철저히 부정한다는 점에서 차원이 다른 것이었다.

복지체제

북한은 국방국가화 이전에 복지체제를 어느 정도 제도화하고 있었다. 사회보험, 사회보장, 무상치료제 등의 제도는 해방 직후 또는 6.25전쟁 시에 이미 시행 중에 있었다. 전후 복구기간에 김일성은 생활과 제도 면에서 북한을 지상낙원으로 만들자고 하는 '지상낙원 건설론'을 제창하였다. 지상낙원의 생활지표는 "이밥에 고기국, 비단옷과 기와집(이·고·비·기)"이었다. 제도적 지표는 무상의료, 의무교육 등이었다. 김일성의 지상낙원론은 말하자면 북한식의 복지국가 건설론이었다.

북한의 복지체제는 인민들의 최저생활을 보장하는 수준이었다고 보는 것이 정확할 것인데, 국방국가화 이후 생활의 질적 수준은 정체 또는 후퇴하는 모습을 보였다. 사회적 제도 면에서는 일부 확충이 있었지만 농민들은 여전히 사회보장에서 제외되고 있었다. 생활지표에서도 이·고·비·기는 실현되지 못하였다. 대신 김일성이 강조한 것은 '사회주의의 제도적 우월성'이었다. 하지만 생활지표의 달성이 지체되는 가운데서 '제도적 우월성'론은 온전하게 빛을 발하기 어려웠다.

5. 박정희의 국방국가

정치체제

앞서 언급한 바와 같이 박정희는 "전쟁을 하려면 일본의 전시동원체제 이상 가는 것이 없다"고 말할 정도로 일본 전시체제의 유용성을 신봉했던 인물이었다. 박정희가 즐겨 사용했던 '일면건설 일면국방' 혹은 '일면국방 일면건설' 등의 슬로건도 따지고 보면 일본 국방국가의 전시 슬로건이었다.

사실 '일면국방 일면건설'이라는 슬로건은 국방국가로 가는 중요한 시그널이었다. 국방건설 병진노선이 국정지표가 되었던 시기는 1968~1970년이었는데 이 기간에 박정희는 총력전사상을 자주 피력하였고 총력전체제로의 재편의 필요성을 역설하였다. 체제 재편과 관련된 움직임 중 주요한 것은 '새로운 국방체제' 수립과 관련된 것으로서 여기서 근간이 되는 것은 대중적 방위체제였다. 대중적 방위체제는 1968년의 향토예비군 창설로 구체화되었다. 이와 동시에 국가안전보장회의는 비상시 군사동원체제 검토를 본격화하였다.

이 시기에 주목되는 것은 국민정신동원에 입각한 대중동원체제가 가동되기 시작하였다는 점이다. 박정희는 1968년 한 연설에서 전쟁에서 적을 이기기 위해서는 경제력이나 국방력 기타 여러 요소가 필요하지만 가장 중요한 요소는 '정신력', '정신무장'에 있다고 말하였다.[36] 같은 해에 정신개조운동인 '제2경제운동'이 출범하였고 '반공 국민화 이데올로기'[37]로서 기능한 국민교육헌장이 공포되었다. 국민교육헌장은 유기체적 국가관을 담은 것으로서 종종 천황제 이데올로기의 헌장인 '교육칙서'에 비견되는 것이었다. 1970년에는 박정희식 대중동원 양식을 상징하는 새마을운동이 개시되었다. 대중동원에 있어서의 중심적 가치는 '사적이익 추구의 극복', 즉 '공익과 국가를 앞세우는 정신적 자세'에 두어졌다.[38] 국가주의적 가치에 입각한 대중동원체제가 모습을 드러낸 것이다.

정치재편과 관련해서는 1969년 '3선 개헌'이 하나의 전환점이었다. 3선 개헌은 박정희 1인지배체제로 가는 서곡이었다. 3선 개헌에서 1971년 대선, 그리고 재집권에 이르는 과정에서 집권당 내 반대파는 축출되었고 유신 이전에 이미 대통령을 정점으로 중앙정보부, 비서실, 군정보기관이 권력의 핵심을 독점하는 1인지배의 권력구조가 형성되었다.[39]

유신 이전 박정희의 1인지배체제는 국방국가적 정치체제는 아니었다. 국방국가적 정치체제 재편의 출발점은 1971년 12월 6일 비상사태가 선언되고 12월 27일 「국가보위에 관한 특별조치법」이 통과된 시점이었다. 「국가보위법」은 국방을 목적으로 한 법으로서 전쟁이 발생하지 않은 상황, 즉 '가상의 전쟁' 상태하에서도 인적·물적 동원을 가능하게 하는 총동원법이었다. 박정희는 총동원법 제정 이후 정치신체제 수립에 착수하였고 1972년 10월 17일 유신을 선포하고 12월 유신헌법을 공포하여 유신체제를 출범시켰다.

「국가보위법」 이후 유신체제에 이르는 과정은 전시 일본의 「국가총동원법」(1938) 제정 이후 정치신체제 확립과정과 유사한 흐름이라고 할 수 있다. 전시 일본의 국방국가체제 확립에서 중요한 지표는 「국가총동원법」이었다. 이후 1940년 제2차 고노에 내각과 도조 내각을 거쳐 정치신체제로서 익찬회체제가 확립된다. 일당체제로서 익찬회체제에서 눈여겨볼 것은 정부의 후보자추천제도(1942.2), 그리고 익찬정치회의 결성(1942.5)을 거쳐 '익찬의회체제'가 출범한 것이다. 익찬정치회는 정부 제출법안을 수정 없이 신속하게 가결하여 전쟁수행에 협력하는 것을 정치활동의 목표로 내걸었다. 의회의 총여당화를 상징하는 익찬정치하에서 익찬의회체제란 곧 총여당적인 의회체제를 의미하는 것이었다. 이로써 의회정치는 철저히 형해화되었다.

박정희의 유신체제는 일당체제는 아니었다. 그렇지만 의회를 형해화한 조치는 일당체제를 능가하고도 남음이 있었다. 유신헌법은 전시 일본 국방국가의 후보자추천제도보다 훨씬 개악된 의원 1/3의 임명권을 박정희에게 부여하였고 의회의 기능을 크게 축소하였다. 그리고 박정희가 임명한 의원들로 구성된 어용적인 원내단체인 유신정우회를 제도화하였다. 유신체제 출범 이후 박정희는 유정회와 집권당인 민주공화당을 포함하여 전체 의석의 2/3에 달하는 방대한 수의 의원집단을 자신의 의도대로 움직일 수 있게 되었다.[40]

그런데 유신헌법은 전쟁수행과는 무관한 법이었다. 유신헌법은 법조문 상으로는 평화통일을 목적으로 한 법이었다. 유신헌법은 평화통일을 위한다는 명분으로 국방국가적 제도를 도입하여 의회를 형해화하고 박정희 1인 지배체제를 만든 것이었다.

「국가보위법」 제정 이후 국방국가의 제도화에서 중요한 것은

1975년의 「방위세법」, 「사회안전법」 등의 4대 전시입법이었다. 이 중 「사회안전법」은 국가보안법, 반공법 등을 위반하여 처벌받은 사상범에게 전향을 강요하고 이를 거부할 경우 그를 재범할 위험성이 없을 때까지 무한정으로 수감할 수 있게끔 하는 법이었다. 이 법은 일제하의 조선사상범보호관찰령(1936)의 보호관찰제도와 1941년 개정된 치안유지법 3장의 예방구금제도를 고스란히 승계하여 규정해 놓고 있다.[41] 전시 일본 국방국가의 악명 높은 「치안유지법」이 유신체제에서 「사회안전법」으로 부활한 것이다.

1970년대 중반, 4대 전시법 제정을 전후한 무렵 박정희는 손수 전쟁지도지침을 구상하였다. 박정희는 대통령으로서 "나라를 보위하고 국군의 통수권자로서 전군을 지휘해야 하는 것"은 헌법상 당연하지만 여기서 더 나아가 "북한을 상대로 한 전쟁 수행에 있어서는 전략본부의 사령관도 겸하기로" 결심했다고 한다.[42] 이는 박정희가 자신을 정점으로 하는 일원적인 전쟁지도체계를 구상했다고 볼 수 있는 부분이다.

대중동원에서는 관제운동으로서 총력안보 국민운동이 전면적으로 전개되었다. 국민운동의 조직체는 1975년 5월 결성된 총력안보 국민협의회였다. 이 조직에는 대한교련, 민방위, 향방군 등 준군사 조직을 비롯하여 각계 각층 대중단체들이 총망라되었다. 이 무렵부터 새마을운동 등 기존의 관제운동도 안보체제를 중심으로 기능적인 재편을 단행하고 총력안보 국민운동에 합류하게 된다.[43]

박정희시대 대중동원이 국가주의적 가치에 입각한 것이었다는 것은 앞서 언급한 바와 같은데 총력안보(국민총화)의 이데올로기는 국가주의에 전시동원적 색채가 가미된 것이었다. 박정희가 직접 지도하여 작성한 「총력안보의 지도요강」은 마치 전쟁 전야를 방불케 할 정도의 전시동원적인 언술로 가득 찬 것이었다. 이 「요강」에는 "국가는 가족 내지 가정의 확대 발전된 형태"라고 하는 가족주의 국가관, "국가는 개인의 모태적 존재" "국가·개인의 일심동체론" "대아를 위해 소아를 버린다"고 하는 전시 국가주의적 언술이 적나라하게 표현되어 있다. 이런 언술들은 전시 일본의 천황제 이데올로기의 언술을 연상시킨다. 뿐만 아니라 식민지 조선에서 '국민'을 전쟁으로 동원하기 위해 사용한 언술과도 유사한 것이었다.

경제체제

박정희가 무기공장 건설을 직접 언급한 것은 1968년 경전선 개통식 연설에서였다. 이 연설에서 박정희는 일면국방 일면건설 노선을 천명하였다. 이후 박정희는 미국의 원조에 의한 M16공장 건설을 추진하였다. 동시에 박정희는 당시 정세를 준전시로 인식하고 경제를 "전쟁을 밀고 나갈 수 있는 국가의 경제"로 재편하고자 하는 열망을 피력하였다.[44] 이어서 군수산업 구상을 담은 '메모'를 통해 국방적 관점에서의 경제재편의 필요성을 역설하였다. 이것이 준전시적인 국방경제체제 구상의 일단이었다.

준전시적 국방경제의 핵심은 병기를 만들 수 있는 군수산업의 정비·육성이자 이를 위한 중화학공업의 생산력 확충이다. 그런데 이

노선이 나온 1968년 초 남한은 군수산업의 기반산업인 종합제철소도 없었고 기계공업도 병기를 만들 수 있는 수준이 아니었다. 이런 상태에서 준전시경제로 가기 위해서는 제철소와 기계공업의 토대를 구축하고 병기공장을 창설하는 것이 급선무가 되지 않을 수 없었다. 박정희가 이 시기에 포항제철 설립을 서두르고 이와 연계된 병기공장 창설(4대핵공장)을 비밀리에 추진했던 까닭은 여기에 있었다.

그런데 이 시기에 M16공장 건설은 지체되었고 군수산업 건설은 포철 착공식을 가진 것 이외에는 실질적인 진전이 없었다. 4대핵공장 건설 추진이 실패로 끝났기 때문이다. 이 시기의 병기공장 건설은 실패했지만 박정희식의 특이한 국방경제체제가 출현하였다는 사실에 주목할 필요가 있다.

박정희식의 국방경제체제란 첫째, "경제는 김정렴 비서실장이 맡고 박정희는 국방·안보외교에 치중하"는 이원적 국정운영체제하에서 박정희가 군수산업의 총사령관이 된다는 것이다. 다시 말하면 국방경제를 우선하는 국정운영체제가 출현하였다는 것이다. 둘째, 4대핵공장 건설과 관련된 군수산업 개발·추진기구를 박정희의 직할하에 두는 체제가 출현한 것이다. 셋째, 국방부 산하에 신설된 국방과학연구소가 병기개발의 중핵기구가 된 것이다. 넷째, 부분적이기는 하지만 현대건설 등 민간 대기업이 군수산업의 담당자로서 인입된 것이다. 다섯째, 경제기획원장관, 국방부장관, 상공부장관, 대통령 안보담당특별보좌관으로 구성되는 '한국경제공업위원회'가 만들어지고 이 기구를 통해 군수산업을 위한 국가적 자원의 동원

(통제)을 위한 체제가 형성된 것이다. 여섯째, 군수산업의 국내적 기반이 취약한 여건에서 자본과 기술을 미·일에서 구하는 대외의존적인 병기개발체제가 초출하였다는 점이다.

국방건설 병진노선하에서의 국방경제체제는 총동원적인 체제는 아니었고 4대핵공장 건설에 한정된 부분 동원의 체제였다. 그렇지만 박정희가 군수산업의 총사령관 역을 맡고 있는 국방경제체제의 특성상 언제든지 국가총력적인 동원체제로 나아갈 수 있는 잠재력을 갖춘 부분 동원 체제였다.

4대핵공장 실패 직후 박정희는 새롭게 국가총력적인 국방경제체제의 수립에 착수하는데 신국방경제체제는 위에서 설명한 국방경제체제의 코어가 연속하면서 대폭 확대·강화된 것이었다.

유신체제하에서의 신국방경제체제(=경제신체제)의 코어는 신설된 청와대 경제 제2수석비서관실이었다. 경제 제2수석실은 처음에는 군수산업(=병기개발 및 생산)이 주 업무였으나 점차 업무범위가 확대되어 수출, 중화학공업화와 관련된 계획수립, 병기의 선정 및 조달(율곡사업) 등의 업무를 담당하게 되었다. 경제 제2수석실은 군수산업을 중심으로 한 국방경제의 총사령탑이었다. 경제 제2수석실이 가장 심혈을 기울였던 업무는 군산학복합체를 통한 병기개발 및 생산, 그리고 병기획득이었다.

병기개발·생산, 획득에는 막대한 재정이 필수조건이다. 이 무렵 박정희는 스스로 '목돈작전'을 구상하였다. 박정희가 구상한 '목돈작전'이란 전시적인 재정·금융 동원책과 다름없었다. 군수업체로 지정된 기업에 대해서는 「군수조달에 관한 특별조치법」(1973)을 제정하여 금융지원을 하도록 하였고 군수산업과 밀접한 관련을 갖는 중화학공업의 6대 중점분야에 대해서는 「국민투자기금법」을 제정하여 시설자금 등을 특혜 지원하도록 하였다. 「군수조달에 관한 특별조치법」이나 「국민투자기금법」은 명칭은 다르지만 전시 일본 국방국가가 시행했던 군수산업(중화학공업)에 대한 금융지원제도와 유사한 것이었다. 병기획득을 위해 제정된 「방위세법」은 전시부가세의 성격을 갖는 재정동원책이었다.

뿐만 아니라 기업차원의 지원제도에서도 국방국가적 제도들이 다수 시행되었다. 예컨대 군수업체 지원을 위해 '적정이윤 보장'과 '원가계산제도'가 도입되었는데. 이들 제도는 과거 전시 일본이 기업동원을 위해 채택한 제도였다. 유신정권하에서 시행되었던 '계획조선'제도 역시 전시 일본이 전쟁 막바지에 전선(戰船) 건조 촉진을 위한 제도였다.

박정희의 '목돈작전'에는 전시적 색채가 짙다. 이는 통제경제적 색채가 강하다는 것과 일맥상통하는 것이다. 박정희는 일찍이 개발의 이념으로서 '지도받는 자본주의' 혹은 '기업지도주의'를 내걸었다. 이러한 이념은 일본 군부의 통제경제 사상과 맥이 닿는 것이었다. 실제로 박정희가 시행한 제도와 정책들에는 통제경제적인 것들이 많았다. 물자동원적 색채가 강한 경제계획을 비롯하여 국가재정을 중요산업에 배분하는 개발세·재정, 한국은행법 개정을 통해 금융을 사실상 국유화하여 금융통제제도를 확립한 것 등이 모두 통제경제에 속하는 주요한 사례였다.

복지체제

박정희는 복지국가라는 말을 즐겨 사용하였다. 5.16 쿠데타 직후 최고회의 의장 취임사에서 그는 "진정한 민주복지국가를 건설하"자고 하였고 민정이양을 앞둔 시점에서는 "동방의 복지국가를 창건하"자고도 하였다. 유신체제 출범 이후에는 "10월 유신의 목표는 복지국가 건설에 있다"고까지 하였다.

군정기나 유신체제하에서 박정희가 복지국가를 언급하기는 했지만 복지국가에 대한 '특별한' 관념을 갖고 있지도 않았고 강력한 실행의지가 있었던 것도 아니었다. 어떤 학자가 평가하듯이 박정희의 복지국가 담론은 '복지적 수사'에 가까운 것이었다.[45]

박정희 집권 18년이란 긴 시간대를 놓고 보면 크게 세 번의 복지제도 시행과 관련된 움직임이 있었는데 그때마다 박정희는 복지의 시행을 크게 축소하거나 혹은 유보하였고 혹은 제한적인 조치를 취하였다.

첫째, 민정이양을 전후한 시기의 의료보험의 강제성 삭제 조치였다. 민정이양(5대 대통령선거)을 전후하여 「사회보장에 관한 법률」, 「의료보험법」, 「생활보호법」, 「군인연금법」, 「산업재해보상보험법」 등이 제정되었는데 이때 제정된 복지제도는 국민복지의 관점에서 본다면 다분히 장식적인 것이었다. 「사회보장에 관한 법률」은 자유주의 복지철학과 유사하게 자조와 자립을 강조하며 복지국가의 역할을 분명하게 제한하는 것이었다. 또한 「공무원연금법」과 「군인연금법」이 곧바로 실행되어 공무원들과 군인들에게 사회적 보호를 제공할 수 있었던 것과는 대조적으로 일반국민들에게 중요한 사회보험으로 출발할 수 있었던 의료보험은 그 강제성이 삭제됨으로써 명목상의 복지제도로만 남게 되었다.[46]

둘째, 유신체제 출범 이후의 국민연금제도 시행 유보 조치였다. 박정희는 유신체제가 출범한 그다음 해인 1973년 연두기자회견에서 1974년부터 '국민연금제도'를 시행하고 1970년대 후반에는 '의료보험제도'를 도입하겠다고 선언하였다.[47] 이에 따라 1973년 12월 국민복지법안이 국회에서 최종 통과되어 1974년부터 시행에 들어가게 되었다. 그런데 1974년 1월 긴급조치 3호로 국민연금제도의 시행은 갑작스럽게 유보되었다.

셋째, 제한적인 의료보험 실시였다. 개정 의료보험법에 의해 1977년부터 시행된 의료보험은 500인 이상의 대기업에 한정된 것이었고 정부부담을 최소화하는 기업복지적 성격이 강한 것이었다.

박정희는 전후복구 이후 북한의 경제발전상을 강하게 의식하였고 복지체제의 확충에 대해서도 민감하게 반응하였다. 그렇지만 박정희는 북한에 대응하는 전면적인 복지정책을 시행하지는 않았다. 박정희는 복지보다는 경제성장을 우선시 여겼다. 그는 안보와 정신규율을 강조하는 안보복지관의 소유자였고 자유주의의 희생 위에서 위로부터 시혜적으로 주어지는 관헌국가적 복지관을 지니고 있던 인물이었다.[48] 박정희는 근로자에게 '참고 기다릴' 것을 주문하였다. 그러면서 '몇 년 후의 또 몇 년 후'에 복지국가가 온다고 하였다. 그렇지만 복지국가는 오지 않았다. 박정희의 복지체제는 잔여적인 것이었고 저소득층의 근로국민은 복지로부터 배제되어 있었다.

6. 국방국가와 남북관계

북과 남의 국방국가화는 시차는 있지만 1단계: 안보위기 또는 위협인식의 고조, 2단계: 신국방노선의 제기 및 준전경제로의 재편, 3단계: 정치개편(또는 움직임), 4단계: 경제신체제(=신국방경제체제), 5단계: 정치신체제(유일체제 및 유신체제)의 수립이라는 양상으로 전개되었다. 1단계는 국방국가화의 단초라고 할 수 있고 2단계와 4단계는 편의상 구분하였지만 연속하는 국방경제의 재편과정이다. 3단계의 정치개편은 국방경제의 재편과정 혹은 그 이후 그리고 신국방경제체제의 수립에 앞서 진행되었다. 5단계의 정치신체제는 북과 남에서 1972년 12월 27일 같은 날 공식적으로 출범하였다.

전체적으로 남북의 국방국가화에 영향을 미친 요인은 체제내적 요인 이외에 북에 대해서는 남한요인—남에 대해서는 북한요인—이 작용하였고 여기에 각각의 동맹모순 혹은 국제정치경제적 요인이 작용하였다. 본서는 국방국가화의 요인분석에서 동맹모순이나 국제정치경제적 요인분석은 제한된 범위에서 기술하였고 남북관계적 측면에 중점을 두었다.

여기서 적대적인 경제전의 맥락과 너무나 다르게(!) 진행된 한 가지 '문제적 사실'을 정리해두기로 하자. 그것은 다름 아니라 김·박 경제전의 극점에서 같은 날 출현한 정치신체제(=유일체제와 유신체제)를 어떻게 볼 것인가 하는 문제이다. 1972년 12월 27일 같은 날, 북과 남에서 유일체제와 유신체제가 출현한 것은 결코 '우연의 일치'가 아니었다. 이종석 박사는 이 문제에 대해 다음과 같이 말하였다.

> 이런 맥락에서 북한 지도부는 새로운 헌법에 규정된 김일성 절대권력의 제도화가 남한의 정치변동과 전혀 무관하다는 것을 보여주기 위해서 세심한 신경을 썼다. … 그러나 이같은 남한 정치상황에 대한 이례적인 침묵은 역설적으로 주석제의 신설이 유신체제와 어느 정도 상관성이 있음을 나타내는 것으로 볼 수 있다. 즉 1인 권력독점을 명기한 유신헌법이 한층 강력한 주석제의 신설에 상승요인으로 작용했음에 틀림없다. 이런 점에서 우리는 법적으로 남북한의 유신체제와 유일체제가 성립하는 1972년 12월 27일을 '적대적 쌍생아의 탄생일'이라고 부를 수 있다.[49]

최근 공개된 비밀 외교자료나 이를 토대로 한 연구결과는 대야합이 실재했을 개연성이 높다는 것을 보여주고 있다.[50] 미국 측 비밀 외교자료에 의하면 남한 정권은 "미국 정부에게보다도 더 일찍 북한에게 박정희의 계엄령 선포 의지와 집권 연장계획을 미리 알렸"다.[51] 박명림 교수는 "유신이 북한의 위협 때문이 아니라 북한의 양해하에 진행됐을 가능성"이 높다고 주장한 바 있다.[52]

남북의 지도자는 안보위기를 강조하면서 나라를 전시적인 국방국가로 재편, 전쟁을 위한 경제전에 자국의 국민(인민)을 동원하였지만 그것을 구실로 한편에서 야합하고 다른 한편에서 자신의 절대권력을 강화하고 있었던 것이다.

7. 본서의 구성

제1부는(제2장 및 3장) 경제전의 제1시기에 나타난 김일성의 지상낙원론과 박정희의 실력배양론을 다루었다. 제2장은 김일성의 지상낙원론의 구조, 실적, 그리고 재일동포 사회와 남한에 미친 영향을 정리했다. 제3장은 박정희의 실력배양론의 구조, 초기 중공업중시론과 그 좌절, 그리고 베트남전쟁 파병 이후의 중공업 중시노선의 부활을 다루었다.

제2부는(제4장 및 5장) 경제전의 제2시기에 북과 남의 국방국가화에 불을 지핀 김일성의 경제국방 병진노선과 박정희의 국방건설 병진노선을 다루었다. 제4장은 신국방노선하에서 북한이 지상낙원론의 궤도를 수정하고 전시적 유일체제를 확립하면서 급진적 국방국가화의 길을 걸은 과정을 살펴보았다. 제5장은 지금까지 잘 알려지지 않았던 국방건설 병진노선하에서 진행된 4대핵공장 건설 추진과 실패의 과정을 정리하였다.

제3부(제6장 및 7장)는 국방국가로서의 북과 남의 유일체제와 유신체제의 성립과정에서 출현한 신국방경제체제를 다루었다. 제6장은 북한판 군산학복합체인 제2경제위원회와 당경제로 구성되는 신국방경제체제의 구조와 성격을 분석하였다. 이 장은 "김일성의 유일체제와 경제시스템의 변동"(『국방정책연구』, 2009년 겨울호)을 대폭

수정한 것이다. 제7장은 경제 제2수석실을 사령탑으로 하는 국방경제의 재편과정을 거쳐 출현한 신국방경제체제의 구조와 성격을 살펴보았다.

1부

지상낙원론 vs 실력배양론

2장

김일성의 대남 경제전:
지상낙원론과 그 파장

1. 김일성의 대남 경제전–독특한 이중구조

김일성의 대남 경제전은 이중적이었다. 김일성은 잘 알려진 바대로 중공업중시론자였다. 그는 남한을 압도하는 강력한 중공업기지 건설을 열망하였다.

김일성이 중공업을 중시한 것은 당시 사회주의 진영의 일반적인 경제발전관에 입각한 것이기도 하지만 그것이 국방경제적 의의가 크다는 이유에서였다. 김일성이 말하는 중공업이란 민생 관련 중공업은 물론이고 병기공장 건설을 포함한 것이었다. 따라서 김일성의 중공업중시론은 넓은 의미의 경제건설 차원에서 제기된 것이면서도 동시에 유사시 남한을 압도할 수 있는 무장력·군사력의 건설을 염두에 둔 것이기도 하였다. 김일성의 중공업중시론은 6.25전쟁 이

전부터 견지했던 입장으로 이는 전후에도 여전히 고수되었다.

김일성은 중공업건설만으로 대남 체제경쟁에 임했던 것은 아니었다. 김일성은 휴전 직후 조선인민군의 한 부대를 찾아가 북한을 지상낙원으로 만들자고 연설하였다.[1] 지상낙원론은 사실상 경제전을 중심으로 한 본격적인 대남 체제경쟁 선언이었다.

이로 인해 김일성의 대남 경제전은 중공업중시론과 지상낙원론의 이중구조를 갖게 되었는데, 이는 시기별로 특성이 달랐다. 본 장에서 서술하려고 하는 1953년 휴전 이후 1960년 4.19를 전후한 시기의 김일성의 대남 경제전은 지상낙원론이 전면에 부각된 시기였다. 따라서 이 시기의 대남 경제전은 경제건설을 중심으로 하는 체제경쟁이 중심이었다.

김일성의 지상낙원론은 구성상 세 가지로 나눌 수 있다. 첫째는 경제건설론이고 둘째는 북한이 남한에 대해 하늘과 땅의 차이가 나게 하자는 발전격차론이고 셋째는 북한 주도 평화통일론이다. 요컨대 지상낙원론은 경제건설에서 대남 우위를 확보하고 이를 바탕으로 북한이 주도하는 평화통일을 구상한 것이었다. 이 점에서 지상낙원론은 경제건설론인 동시에 더 나아가 평화통일론이라고도 볼 수 있다.

부연하자면 경제건설이 기초되지 않은 상태에서 지상낙원이란 상상할 수도 없지만, 그렇다고 해서 경제건설 그 자체만을 목적으로 삼는 것도 아니다. 북한을 지상낙원으로 만든다는 것은 다시 말해 '북반부 민주기지'를 경제적으로 강화하는 것을 의미한다. 이것은 궁극적으로 북한 주도의 통일과정을 염두에 둔 것이다.

2. 지상낙원론은 대남 경제전 선언

2.1 김일성, 전쟁의 폐허 속에서 지상낙원을 꿈꾸다

김일성은 휴전 후인 1953년 10월 23일 조선인민군 제256 군부대를 찾아가 "조국해방전쟁의 역사적 승리와 인민군대의 과업에 대하여"라는 연설을 하였다. 여기에서 김일성은 그 유명한 '지상낙원'이라는 말을 처음으로 사용하였다.

제목이 말하듯이 이 연설은 휴전 이후 6.25전쟁을 총괄하는 의미를 지니고 있었다. 김일성은 이 전쟁을 조국해방전쟁이라 불렀고 북한이 승리한 전쟁으로 규정하였다. 이와 같은 취지에서 김일성은 전쟁에서는 승리하였지만 조국통일이라는 미완의 과업이 남아 있다고 하면서 민주기지를 강화할 것을 주장하였다.

아래는 김일성이 지상낙원에 대해 말한 부분들로서 첫째 부분 a는 경제건설론이고 둘째 부분 b는 북과 남의 발전격차론이고 셋째 부분 c는 북의 지상낙원화가 남한 인민들의 반미, 반이승만 투쟁을 촉발하고 평화적 통일로 이어지는 과정이므로 조국통일론이라고 말할 수 있다.[2]

a

3개년 계획을 수행한 다음에 우리는 공업의 단순한 복구가 아니라 필요한 공장을 대규모적으로 신설하고 인민경제를 기술적으로 개건하는 방향으로 나아갈 것이며 공업화의 기초를 쌓는 단계에 들어설 것입니다. 이렇게 되면 우리 인민경제는 뒤떨어진 기술에서 벗어나 새로운 기술에 기초하여 발전할 것이며 우리는 인민들의 물질문화 생활수준을 더욱 높이고 나아가서 인민들의 의식주 문제를 기본적으로 해결할 수 있게 될 것입니다.

b

우리가 계획한 대로 경제건설을 승리적으로 수행하면 경제 및 문화 발전과 인민들의 생활처지에서 북조선과 남조선은 하늘과 땅과 같은 차이를 가지게 될 것입니다.

c

하물며 공화국 북반부가 지상락원으로 전변되여 가고 그 반면에 남반부 경제는 파탄되여 인민들의 생활이 더욱 비참해가면 남반부인민들은 가만히 있지 않을 것이며 미제와 리승만 도당을 반대하여 우리와 함께 싸우게 될 것입니다. 이렇게 되면 우리 조국을 평화적으로 통일할 수도 있을 것입니다.

2.2 지상낙원의 경제건설론

전후복구 노선과 지상낙원

김일성이 휴전 이후 지상낙원을 처음 언급한 시점은 전후복구 건설의 기본노선이 확정된 이후였다.[3] 따라서 김일성의 지상낙원론도 전후복구의 기본 노선과 무관할 수가 없었다. 그가 1954년 7월 6일에 한 연설을 들어보자.

우리가 근로자들의 앙양된 기세를 옳게 조직·동원하여 중공업도 발전시
키고 경공업도 발전시키며 농업도 발전시키고 문화도 발전시키면 공화국
북반부는 인민의 지상락원으로 전변될 것입니다.[4]

이 연설에서 김일성은 중공업 발전을 가장 먼저 거론하고 난 후
경공업 및 농업의 발전을 차례로 언급하였다. 이는 전후복구의 총
노선으로 정식화된 부분인 중공업우선론과 경공업 및 농업의 동시
발전론을 완곡하게 표현한 것으로 해석할 수 있다.

이처럼 김일성이 중공업우선론자이면서도 경공업과 농업의 동시
발전론을 언급하지 않을 수 없었던 데는 국내외적인 사정이 있었
다. 김일성은 전후복구의 최대의 원조국이었던 소련과 원조 내용을
협의하기 위해 1953년 9월 소련을 방문하였으나 소련의 반대에 부
딪혀 이를 수정하지 않을 수 없었다. 스탈린 사후 소련에서는 말렌
코프 신노선이 등장, 인민생활을 중시하는 경공업과 농업 및 중공
업의 균형발전론이 공식화되었다. 소련은 김일성의 중공업중시노
선을 비판하였고 중공업중시노선과 동전의 양면과 같은 관계에 있
는 농업집단화에 대해서도 기계화가 이루어진 이후에나 가능하다
는 반대 입장을 표명하였던 것이다.[5]

이러한 소련의 새로운 정책 흐름은 북한에도 분명히 영향을 미쳤
다. 박창옥, 최창익 등이 중심이 되어 김일성의 중공업중시노선에
대해 반대하는 세력이 대두된 것이다. 김일성의 표현에 의하면 이

들은 "아무것도 없는 잿더미 우에서 어떻게 중공업을 우선적으로 발전시키면서 경공업과 농업을 동시에 발전시키겠는가, 인민생활이 어려운데 중공업 건설에 치우치면 되는가, 기계에서 밥이 나오는가"하면서 당의 노선에 반대하기에 이르렀다.[6]

전후복구 노선에 대해 절충적 표현을 쓰지 않을 수 없었던 까닭은 바로 여기에 있었다. 그만큼 인민들의 생활개선에 대한 요구가 거셌고 어떤 형태로든 이를 반영해야만 하였다. 그래서 김일성은 중공업 우선에 의한 경제건설이 인민들의 생활개선과 무관하지 않으며 이 길이 오히려 지상낙원을 실현하는 지름길임을 강조하였던 것이다.

그렇지만 중공업 우선론이 곧 지상낙원론으로 직결되는 것은 아니었다. 김일성의 지상낙원론은 '인민생활의 풍족함'을 최고의 가치로 하는 것이었다. 중공업 우선에 치우칠 경우 지상낙원의 실현은 제약될 수밖에 없다. 혹자는 전후복구 3개년계획 기간 중에 농업과 경공업의 동시개발 추진은 중공업의 선차적 발전에 의하여 무시되었다고 평가한다.[7] 이런 평가가 나오는 데는 나름대로 이유가 있을 것이다. 그럼에도 불구하고 김일성은 전후복구기에 중공업중시론을 기본노선으로 견지해 나가면서도 북한을 지상낙원으로 만들어 보겠다는 열망 또한 품고 있었다.

지상낙원의 경제 지표

그렇다면 김일성이 꿈꾼 지상낙원이란 무엇인가. 김일성이 구상한 지상낙원의 경제적 지표는 두 가지로 요약될 수 있다. 하나는 생활상 지표이고 다른 하나는 제도적 지표이다. 전자는 의식주 문제 해결과, 후자는 사회적 제도와 관련된 것이다.

위의 연설문에서 볼 수 있듯이, 김일성은 처음에는 '의식주 문제의 기본적 해결'을 말하였다. 같은 무렵 김일성은 다른 연설에서도 "전체 인민들이 비단옷을 입고 이밥에 고기국을 먹으며 기와집에서 살도록 하여야" 한다고 외쳤는바, 이는 곧 그가 의식주 문제의 해결 수준을 이밥에 고기국, 비단옷과 기와집으로 생각하고 있었다는 것을 의미한다.[8] 이후에도 김일성은 '이밥에 고기국, 비단옷과 기와집'을 인민생활 향상의 기본지표로서 일관되게 언급하였다.

김일성이 제도적 지표에 대해 언급하기 시작한 것은 1957년부터이다. 이 시기는 농업집단화의 완료 및 개인상공업의 사회주의적 개조를 눈앞에 둔 시점으로 이때부터 김일성은 사회주의 지상낙원을 말하기 시작하였다.[9] 그리고 1961년의 한 연설에서 다음과 같이 말하였다.

> 나는 얼마 전에 라지오에서 우리나라는 화목하고 단합된 나라이며 가는 곳마다에서 웃음꽃이 피여나는 명랑한 나라이라고 노래하는 것을 들었는데 그 노래가 우리나라의 현실과 우리 인민의 생활을 잘 반영하였다고 생각합니다. 전체 인민이 다 같이 배우고 일하고 무상치료를 받으며 행복하게 사는 우리나라는 문자 그대로 사회주의 지상락원입니다.[10]

김일성이 이 연설에서 사회주의 지상낙원을 말하면서 그 지표로

든 것은 다 같이 배우고(=무상의무교육), 일하고(=실업자가 없는 나라), 무상치료를 받으며 행복하게 산다는 것이었다. 지상낙원의 제도적 지표란 바로 이런 것이다. 지상낙원의 두 지표는 상호보완적이기 때문에 어느 것이 더 중요하다고 말하기 어려우나 김일성이 이 무렵 역점을 두었던 것은 생활상 지표였다. 그런데 생활상 지표의 달성이 지체되는 반면 제도적 지표는 1950년대 말에서 1960년대 초에 골격이 완성되었다. 이때부터 김일성은 은연중 지상낙원의 제도적 지표를 더 강조하기 시작한 것으로 보인다.

2.3 발전 격차론: 지상낙원 대 생지옥

김일성은 지상낙원을 말하면서 북과 남의 차이를 하늘과 땅만큼의 차이가 나도록 하자고 힘주어 말했다. 다른 연설에서는 천당과 지옥이라는 표현을 사용하였다. 김일성은 1953년의 연설에서 북한이 지상낙원으로 되어가는 반면, 남한은 생지옥으로 전락하고 있다고 단정지었으며[11] 이후 낙원과 지옥은 오랫동안 북과 남을 상징하는 용어가 되었다.

여기서 한 가지 주목해야 할 사실이 있다. 김일성이 북과 남이 낙원과 지옥의 차이로 벌어지고 있다고 한 시점이 1953년 말이었다는 것이다. 지금까지 북한의 대남 경제우위는 전후복구 시기 이후부터였다고 이야기되어왔다. 김일성의 지상낙원론도 성공적인 전후복구에 따른 자신감의 표현이라고 평가하는 경우가 많았다. 하지만 김일성은 이미 본격적인 전후복구가 이루어지기 전에 북과 남을 낙원과 지옥으로 묘사하고 있었다.

이는 두 가지 요인이 작용했다고 볼 수 있다. 하나는 북측 요인이다. 지상낙원의 두 지표 중 생활상 지표는 아직 부족한 점이 많았지만 제도적 지표는 이미 6.25전쟁 시기에 확충되기 시작하였다. 그 중 하나가 1952년 11월 시행된 무상치료제였다. 북의 문헌에 의하면 무상치료제 실시는 "세계역사상 처음으로 되는 그것도 전쟁을 하는 어려운 조건에서" 실시한 것이었다.[12] 전시동원과 관련된 복지제도라는 점에서 이를 전시 복지제도라고 부를 수 있는데 김일성은 6.25전쟁을 통해서 전시복지제도의 '생활력'을 확인하였고 이 부분에 대해 상당한 자신감을 가지고 있었던 것이다. 이것이 전후복구를 앞둔 시점에서 북한을 지상낙원으로 표현할 수 있는 좋은 근거가 되었다고 볼 수 있다.

다른 하나는 남측 요인이다. 당시 남한은 전후복구가 지체되고 농촌에서는 수많은 농가가 먹을 양식이 없어 보릿고개를 넘어야 하고 도시에서는 일자리가 없는 실업자가 넘쳐나고 인플레와 식량부족으로 고통을 받고 있었다. 김일성은 이를 '기아와 빈궁의 인간생지옥'이라 폄하하였다. 그가 당시 남한을 인간생지옥으로 표현한 것은 전혀 근거가 없다고 말할 수는 없다. 이 차이는 생활수준의 격차라기보다는 김일성의 말대로 제도적 차이가 결정적 역할을 하였다.

남한의 두 번째 요인으로서는 김일성이 남한경제를 바라보는 시각에서 비롯된다. 김일성은 남한경제는 미국의 식민지 예속경제에 처해 있기 때문에 파탄을 면할 수 없는 것으로 파악하였다.

'남한경제 파탄 예정론'이라고 부를 수 있는 그의 이런 비극적 시각에 입각한다면 남한은 그야말로 필연적으로 지옥으로 전락할 수밖에 없게 된다.

여기서 김일성의 독특한 남한경제 재생론이 제기되는바, 남한경제가 파탄을 면하는 유일한 길은 북한의 중공업을 기반으로 하는 자립경제 기반과 남한경제를 통합하는 데에 있다는 것이다. 이것은 4.19 이후 김일성의 8.15 15주년 기념연설에서 연방제 제의의 핵심 내용으로 이어진다.

김일성의 낙원 대 지옥의 구도는 나름대로 설득력을 지니고는 있었다. 하지만 남한=지옥론은 남한경제의 발전가능성을 원천적으로 부정하고 있다는 점에서 엄밀하게 말하면 발전론적 시각에 입각한 것이라고 보기는 어렵다. 김일성의 시각은 앞서 언급한 대로 남한 필패론 혹은 파탄 예정론이라고 할 수 있다. 남한=지옥론은 다분히 이데올로기적이고 선전적인 색채가 강한 것이었다. 하지만 북과 남의 낙원과 지옥 규정은 최소한 1950년대와 1960년대 초·중반에 일본의 재일동포 사회와 남한 일각에 큰 파장을 불러일으켰다.

2.4 지상낙원론과 평화통일론

지상낙원론은 평화통일론과 불가분의 결합관계에 있다. 김일성은 북이 지상낙원이 되고 남한이 경제적으로 비참해지면 남한에서 반미, 반이승만 투쟁이 촉발되고 북한을 지지하는 투쟁이 벌어지고 종국에는 평화통일이 이루어진다고 보았다.

이를 정리하면 다음과 같다. a) 북의 경제건설과 대남 우위(낙원 對 지옥) → b) 남한에서의 반미, 반정부(반이승만) 투쟁 + (북을 지지하는 투쟁) → c) 평화통일.

여기서 말하는 평화통일이란 김일성의 표현에 의하면 "한라산에 공화국 기를 꽂는" 것이다.[13] 요즘 식으로 말하면 북한의 남한 흡수통일론인 셈이다.

이때의 흡수통일은 6.25전쟁과 같이 북한이 무력적으로 통일을 하겠다는 것과는 다른 것이었다. 당시 흡수통일론은 경제건설 → 평화통일의 코스를 구상한 것이었다. 경제건설의 성과를 바탕으로 체제경쟁에서 승리하고 이를 활용하여 북이 주도하는 통일을 달성해 보겠다는 것이다. 김일성은 이를 '평화적 통일'이라고 불렀다. 즉 경제건설을 중심으로 하는 지상낙원론이 김일성의 평화통일론의 핵심이었다고 할 수 있다. 김일성의 지상낙원론의 의의는 바로 여기에 있었다.

요컨대 지상낙원론은 경제건설을 중심으로 하는 대남 체제경쟁 선언이었고 여기에 평화통일론이 결합된 것이다. 지상낙원론이 경제건설론이자 평화통일론의 양면을 가지고 있다고 분석할 수 있는 이유가 바로 이것이다.

그런데 양자의 관계는 상황에 따라 가변적이었다. 초기 전후복구 시기에는 어디까지나 경제건설이 선행하는 것이고 경제건설이 있고서야 통일이 있을 수 있다는 논리였다. 선(先) 경제건설 후(後) 평화통일로 볼 수 있는 여지가 있었다. 하지만 김일성의 평화통일론은 경제주의적인 것은 아니었다. 때때로 평화통일론은 경제와는 무관하거나 혹은 독자적인 것처럼 간주되어 왔다. 1950년대 중반 이후 김일성이 평화통일론을 본격적으로 제기하면서 이런 성향은 더욱 강해졌다. 이에 따라 지상낙원론도 다분히 정치적인 것으로 변질되어갔다.

3. 지상낙원의 경제실적: 북한이 남한을 앞서다

3.1 김일성의 평가

중공업 건설

북한은 전후복구 과정은 물론이고 제1차 5개년계획에서도 중공업 건설에 역점을 두었다. 김일성은 "조선로동당 제4차 대회에서 한 중앙위원회사업총화보고"에서 '빛나는 총화'라는 소제목을 달고 '중공업 부문의 성과'에 대해 다음과 같이 말하였다.

중공업은 모든 인민경제발전의 기초입니다. 강력한 중공업을 창설하지 않고는 인민경제의 기술적 개건을 실현할 수 없으며 나라의 자립적 경제 토대를 튼튼히 할 수 없습니다. 우리 당은 국내의 풍부한 자연부원에 의거하여 우리 인민경제의 발전에 필요한 자재, 원료림, 연료, 동력 및 기계 설비들을 기본적으로 국내에서 생산보장할 수 있는 자체의 중공업기지를 창설하는데 모든 힘을 돌렸습니다. … 1957년부터 1960년까지의 4년 동안에 전력공업은 1.8배, 연료공업은 2.8배, 광석 채굴업은 2.6배, 야금공업은 3배, 화학공업은 4.5배, 기계제작공업은 4.7배로 각각 늘어났습니다.

총결기간 공업부문에서 이룩한 가장 큰 성과의 하나는 기계제작공업을 창설한 것입니다. 우리 당은 이미 전쟁시기부터 기계제작공업을 발전시키기 위하여 힘썼으며 전후복구 시기에 적지 않은 기계제작공장들을 새로 건설하였습니다. 5개년계획 기간에 우리는 우리나라에서 요구되는 기계설비들을 기본적으로 국내에서 생산보장하기 위하여 이미 있는 기계공장들을 더욱 완비하고 그 생산능력을 높이는 동시에 새로운 공장들을 건설하여 기계제작공업을 대대적으로 확장하였습니다. 공업총생산액에서 기계제작공업이 차지하는 몫은 1956년의 17.3%로부터 1960년에는 21.3%로 높아졌으며 기계설비의 국내자급률은 46.5%로부터 90.6%에 이르렀습니다. 지난날에 우리나라에는 기계제작공업이 없었지마는 오늘 우리는 중소형 기계설비뿐만 아니라 야금설비, 발전설비, 자동차, 뜨락또르, 엑스까와또르[14]를 비롯한 대형기계설비들도 능히 국내에서 생산할 수 있게 되었으며 우리나라에서 기술혁명을 전면적으로 밀고나갈 수 있는 자체의 기계제작공업을 가지게 되었습니다.[15]

김일성은 북의 중공업이 갖는 취약점에 대해서도 언급하길 잊지 않았다.

우리의 공업은 골격은 섰으나 아직도 살이 붙지 못하였으며 기본적이고 중요한 것은 갖추었으나 부차적이고 소소한 것들을 갖추지 못하여 제대로 움직이지 못하고 있습니다. 이것은 사람으로 말하면 손발이 없거나 귀와 코가 없어서 온전한 사람구실을 못하는 것과 같습니다.

기계제작공업부문에도 이빠진 것이 많습니다. 뜨락또르와 자동차 공장은 있는데 부속품공장이 없기 때문에 뜨락또르나 자동차들이 얼마간 뛰다가는 부속품이 없어서 제대로 움직이지 못하고 있으며 선반은 많은데 볼반이나 치절반[16], 연마반이 부족하여 일부 설비는 놀리면서도 전반적으로는 설비부족을 느끼고 있는 형편입니다.

우리의 공장들이 완비되지 못한 것은 짧은 기간에 자체의 힘으로 많은 것을 건설하다보니 힘이 미치지 못하여 아직 일부 설비들을 채 만들지 못하였거나 또 나라의 형편이 넉넉지 못하여 필요한 설비를 사오지 못한 데 주요한 원인이 있습니다. 그리고 어떤 설비들은 우리 일군들이 몰라서 빼놓은 것도 있습니다.[17]

1960년대 초반 무렵 북한의 중공업은 김일성의 평가대로 중공업의 뼈대만 갖추었을 뿐 제대로 완비되지 못한 상태에 놓여 있었다.

생활상 지표 및 제도적 지표

전후복구 이후 1960년 4.19를 전후한 시기의 북한의 경제실적에 대해서는 북의 공식발표도 있고 그에 대한 여러 가지 추론이 있을 수 있지만 이 중에서도 김일성의 평가가 역설적이게도 솔직하게 와

닿는다. 김일성의 1960년 8월의 한 연설을 소개해 보기로 하자.[18]

우리는 전후 짧은 기간에 전쟁의 상처를 가시고 사회주의의 기초를 건설
하였으며 인민들의 먹고 입고 사는 문제를 기본적으로 해결하였습니다.
오늘 우리 근로자들은 다같이 일하며 먹고 입고 사는 데에 대한 아무런
근심 걱정도 없이 편안히 살 수 있게 되었습니다. 모든 근로자들은 일하
면서 배우고 있으며 자녀들을 무료로 공부시키고 있으며 병이 나면 언제
나 무료로 치료를 받을 수 있습니다.
지난날 오래 동안 천대받고 가난에 시달리던 우리 인민이 오늘 어떠한 압
박이나 착취도 없는 좋은 세상에서 즐겁고 희망에 가득 찬 생활을 누릴
수 있게 된 것은 우리나라 력사에서 커다란 전변입니다. 그러나 우리는
거둔 성과에 만족할 수 없습니다. 지금까지 우리는 사회주의 건설과 인민
생활 향상에서 기본적인 문제를 해결한 데 지나지 않습니다.

김일성은 여기서 지상낙원의 두 지표, 즉 생활상 지표와 제도적
지표의 실적에 대해 말하고 있다. 전자와 관련해서는 "먹고 입고 사
는 문제를 기본적으로 해결"하였다고 자신있게 말하였고 후자에 대
해서는 "모든 근로자들은 일하면서 배우고 있으며 자녀들을 무료
로 공부시키고 있으며 병이 나면 언제나 무료로 치료를 받을 수 있
다"고 확언하였다.
그럼에도 불구하도 북한이 거둔 실적에 대해 "만족할 수 없"고
"인민생활 향상에서 기본적인 문제를 해결한 데 지나지 않는다"고
했다. 김일성 자신도 북의 경제실적에 대해 여전히 부족한 점이 있

음을 솔직히 인정한 대목이라 하겠다.

그렇다면 여기서 쟁점이 되는 것은 과연 기본적 해결이란 어떤 수준인가 하는 것이다. 김일성은 문제의 해결 수준을 말할 때 때때로 '기본적 해결'과 '완전한 해결'이라는 말로 구분하였다. 기본적 해결이란 완전한 해결 수준에 도달하지 못한 것을 의미한다. 김일성은 어느 연설에서 기본적인 해결이란 초보적인 해결 수준이라고 하였다. 따라서 이 시기 생활상 지표나 제도적 지표의 실적은 초보적인 수준이었다고 보는 편이 정확하다. 먹는 문제와 관련해서는 극단적인 기아는 면하였지만 결코 풍족하다고 볼 수는 없었다. 입는 문제도 충분히 해결되지 못하였다. 주택건설도 급속한 공업화와 도시화에 따른 인구증가에 훨씬 못미쳤다. 여러 세대가 한집에 동거하거나 신혼부부가 집이 없어 별거하거나 하는 일도 있었다. 무상치료를 자랑하지만 의료수준은 낮았다.

그래도 1950년대 말에서 1960년대 초 GNP 100달러대의 발전도상국가인 북한이 전체 인민들에게 최소한의 먹을 양식과 의복, 주거를 보장하고 중등의무교육과 무상의 의료서비스의 제공이 가능했었다는 사실은 그것만으로도 평가할 만한 중요한 성과임에 틀림없었다.

3.2 중앙정보부도 북한 우위를 인정

한국에서 남북의 경제력 수준을 비교분석하는 작업에 제일 먼저 손을 댄 곳은 중앙정보부였다. 중앙정보부는 1969년부터 수십 명의 학자를 동원하여 분석 작업을 진행하고 1974년에 『南北韓經濟力比較(1~9권)』라는 제목의 비밀 보고서[19]를 간행케 하였다. 이 보고서는 남북경제의 총량적 평가를 비롯하여 계획실적, 산업분석, 국민소득, 재정, 무역, 인구·고용, 주민생활 등 광범한 분야에 걸쳐 비교·분석을 행한 것이다. 보고서는 그 자체로서 적지 않은 의의가 있지만 생활상 지표나 제도적 지표의 비교·검토라는 측면에서는 제한적이었다. 때문에 이 보고서만으로 남북의 실질적인 생활상의 격차나 제도적 차이를 파악하기란 쉽지 않은 일이다.

그럼에도 이 보고서는 1인당 GNP 비교에서 1960년대 후반까지 북한이 남한을 앞섰다는 것을 인정했다. 보고서에 의하면 1인당 GNP에서 1960~68년 기간은 북한이 남한에 1.2~1.5배 앞서 있었다. 남한이 북한에 역전하는 시기는 1969년부터였다.(〈그림2-1〉 참조) 당시 반공법 체제하에서 북한의 우월성에 대한 논의가 금기로 되어 있던 엄혹한 사회적 분위기를 감안해 보면 중앙정보부의 북한 우위라는 자체 평가는 대단히 이례적인 것이라 아니할 수 없다.

하지만 중앙정보부의 추정치는 미국 CIA 추정치보다는 낮은 수치이다. 중앙정보부가 북한의 GNP를 의도적으로 낮추어 평가하였다는 지적도 가능하다.[20] 남한이 북한을 앞서가기 시작한 시점도 CIA는 중앙정보부와는 달리 1976년부터라고 평가한다.[21]

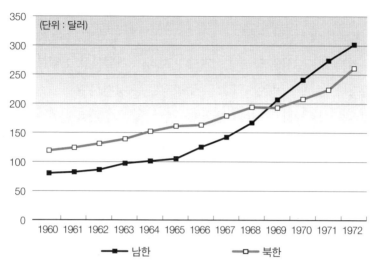

〈그림 2-1〉 한국 중앙정보부의 남북 1인당 GNP 추정(1960~1972)

자료: 『南北韓經濟力比較(1~9권)』(중앙정보부, 1974).

3.3 일본, 서방세계의 평가

일본의 지상낙원 찬미론

김일성의 지상낙원론이 해외에서 가장 먼저 큰 파장을 불러온 나라는 일본이었다. 휴전 직후 북한과 일본은 왕래가 극히 제한되어 있었다. 그런 가운데서도 일본의 좌우 정치가 혹은 지식인들이 드문드문 북한을 방문하였고, 그들이 쓴 방문기가 지상낙원론을 전파하는 주요 루트가 되었다.

전후 최초의 북한 방문자로 기록되고 있는 오오야마 이쿠오(大山

郁夫)는「평화순례」(1954.2)라는 방문기를 남겼고,[22] 일조(日朝)우호운동의 선구가 되었다. 본격적인 지상낙원 찬미론에 불을 지핀 인물은 노농당 당수 구로다 히사오(黑田壽男)였다. 구로다는 1954년 8월 평양을 방문한 후 이듬해 1954년 『세카이(世界)』12월호에「조선평화의 여행」이라는 방문기를 게재하였다. 구로다는 북한 당국이 공표한 통계를 인용하면서 북한의 경이적인 발전상을 전하였다. 그는 특히 주민생활의 향상에 감탄하면서 다음과 같이 적고 있다.

노동자 아파트는 위생적인 수세변소가 설치돼 있고 겨울에는 난방설비로 스팀이 완비돼 있고 한 세대가 살아가는 데 필요한 모든 도구가 구비돼 있어서 노동자는 트렁크 하나만 가지고 입주하면 바로 그날부터 가정생활을 영위할 수 있을 정도로 완벽하다. 이러한 아파트는 노동자에게 거의 무료로 공급된다.[23]

구로다는 북한주민의 생활수준은 향상될 것이고 반대로 남한경제는 침체하고 주민의 삶은 점차 어려워질 것으로 내다보았다. 그리고 남북격차가 벌어지면 결국 통일로 이어질 것이라고 하면서 다음과 같이 기술하였다.

앞으로 (남북의) 격차가 어떻게 나타날 것인가는 조선 남북의 전 대중이 눈이 있는 이상 보게 될 것이다. … 평화주의와 평화경제를 기초로 하여 발전하는 방향으로 마음을 열지 않을 대중은 없을 것이다. 무엇이 좋아서 위험한 무력남진을 취할 필요가 있겠는가. 평화만 있다면 평화가 계속된다면 인심은 하나의 방향으로 모이고 통일될 수밖에 없다. 인민공화국 사람들은 이를 꿰뚫어 보고 있고 또한 확신을 가지고 있다. 그것은 실로 강력한 확신이다. 북한 지도자들은 이 확신을 바탕으로 평화적인 정책에 전념하고 전 조선에 평화주의를 침투시키기 위해 노력하고 있다. 그리고 그들의 평화주의가 남한 대중의 마음을 사로잡을 수 있다고 확신하고 있다. 인민공화국의 정치가들이 이승만과 같이 '무력' 남진정책을 주장하지 않고 평화통일을 부르짖는 것은 이와 같은 물질적이고 현실적인 기초가 있다.[24]

구로다의 평화통일론은 북한 주민생활 향상 → 남북격차 확대 → 평화통일의 코스를 말하는 것이었다. 이런 논리는 김일성이 지상낙원론에서 말한 평화통일론과 흡사한 것이다.

1950년대 말에는 데라오 고로(寺尾五郎)의 방문기가 유명하였다. 데라오는 일조협회 방조(訪朝) 사절단의 일원으로서 1958년 8월 15일부터 10월 20일까지 평양을 비롯하여 지방의 여러 도시를 방문하고 그다음 해 『38도선의 북쪽(38度線の北)』이라는 방문기를 출판하였다.[25] 이 책은 베스트셀러가 되었고 재일동포 사회에 큰 반향을 일으켰다. 책을 읽고 그 무렵 시작된 북송을 자원한 청년교포들이 수없이 많았다.

처음에 북송사업에 참여했다가 실망을 하고 돌아선 이도 많은데 재일교포 오귀성은 『장막(帳幕) 속의 실낙원(失樂園)』이라는 책을 출간했다. 이 책에서 그는 데라오의 방문기는 북한 구가(謳歌)에서 시작하여 북한 찬미로 끝난다고 비판하였다. 이런 찬미론이야말로 북

한 현실에 비추어보면 "하늘과 땅의 차이를 갖는 것"이었다.[26]

데라오의 방문기는 일방적인 지상낙원 찬미론과는 조금 달랐다. 그는 무엇보다도 북한의 실상을 있는 그대로 정확하게 말하였다. 데라오는 당시 북한이 여전히 '뒤떨어진 국가'라는 것을 숨기지 않았다. 그는 "조선의 생활(수준)은 낮고 경제는 뒤떨어져 있고 아무리 좋게 보더라도 모던한 사회라고는 말할 수가 없다. 그야말로 수준이 낮고 뒤떨어져 있다"고 실토하였다.[27]

데라오가 북한을 찬미한 것은 무엇 때문일까? 그는 경제건설에 동원되는 북한주민이 보이는 적극성과 헌신성, 그리고 말로는 설명하기 어려운 강렬한 에너지를 목격하였다. 전후복구와 그 후의 경제건설에서 실현한 빠른 발전속도는 바로 이러한 주민의 힘이 주요 원동력이었다. 북한이 자랑하는 천리마의 기세란 바로 이런 주민들이 있었기에 가능한 것이었다. 데라오는 이를 보고 감명받은 것이다. 그는 북한이 지금은 뒤떨어져 있지만 조만간 '높은 수준의 발전국가'가 되리라고 전망하였다. 아마도 당시 데라오의 방문기를 보고 북송을 자원한 수많은 청년교포들도 이점에 공감을 하고 희망을 안은 채 북으로 향했을 것이다.

데라오가 비교적 순수하게 북한의 지상낙원을 찬미하였다면 정치적으로 찬미론을 이용한 인물은 자민당 의원이자 '재일조선인 귀국협력회' 대표인 이와모토 노부유키(岩本信行)였다. 이와모토는 1960년 3월 13일부터 4월 4일까지 북한을 방문하고 그 방문기록을 『세카이(世界)』 1960년 6월호에 게재하였다. 이와모토의 방문 목적은 재일교포, 특히 조선인과 동행한 일본인의 북송 후 북한에서의 생활상을 시찰하기 위한 것이었다.

한상일 교수는 "북한 찬미로 일관된 그의 방북기는 당시 일본 정부가 추진한 소위 '귀국사업'을 정당화하고 선전하는 역할을 하는 것"이었다고 지적한다.[28] 실제로 이와모토가 『세카이(世界)』에 실은 글은 거의 프로파간다 수준이었다.

결론적으로 말해서 귀국자들은 물심양면으로 완벽한 대우를 받고 있다. 즉 귀국자들은 모두가 희망에 따라 취직하고 주택을 공급받고 어린이의 교육은 전액 국가가 부담하고 사회보장은 철저히 실시되어 생활에 대한 불안은 전혀 없다. 일본에서 실업상태에 있었던 귀국자들은 정말로 극락 정토에 안착했다고 할 수 있다.[29]

이와모토가 북송을 독려하기 위해 북측의 선전을 그대로 전파하거나 또는 그 이상으로 과장하였던 면이 있다는 것은 사실이다.[30] 그럼에도 이와모토의 방문기는 일면에서는 사실을 바탕으로 지상 낙원을 적극적으로 평가한 면도 있었다. 이와모토는 북한사회가 아직 전쟁으로 인한 파괴를 완전히 극복하지 못했고, 또한 중화학공업에 치우친 산업구조로 소비물자가 풍족하지 못하다는 점을 인정하였다. 또한, 기획경제, 통제경제, 배급경제이기 때문에 서비스가 결핍되었고 소비행위에서 선택의 여지가 없다는 점도 인정하였다.

그러나 그는 다른 나라에서는 볼 수 없는, 빈부의 격차 없이 모두가 평등한 생활을 하고 있다는 점을 높이 평가했다. 교육비, 의료비가 무상이고 주택임대료도 거의 무료 수준이며 무상에 가까운 쌀 배급제가 시행되고 있었기 때문이다.[31] 요컨대 부족하지만 평등하고 이를 제도적으로 뒷받침하는 시스템이 갖추어져 있었다는 것이다.

이와모토는 이런 북한을 '극락정토'로 묘사하였다. 이와모토의 극락정토론은 지금에 와서는 말도 되지 않는 이야기로 비칠 수 있지만 당시는 일면적이지만 진실성이 있었다. 앞서 언급한 대로 북의 전반적인 생활수준은 낮았지만 사회적 제도들이 정비되고 있었던 것이 사실이고 이와모토는 이 측면을 강조했던 것이다.

수십만의 재일교포들이 북송을 자원했던 것은 이와 같은 지상낙원 찬미론이 광범하게 성공적으로 침투하고 있었다는 것을 보여주는 것이다. 재일교포들의 북의로의 행렬은 사실상 체제선택의 결과였다. 이 무렵 북한은 동아시아, 특일 일본에서 교포를 상대로 한 체제경쟁에서 우위에 서서 수십만의 교포를 한 명씩 차례대로 자신의 체제로 포섭하는 데 성공한 것이다.

서방세계의 지상낙원 찬미론

김일성의 지상낙원론에 대해서는 서방세계의 진보진영에서도 상당히 높이 평가하였다. 대표적인 사례로서는 영국의 저명한 여성 경제학자인 조앤 로빈슨(Joan Robinson)을 들 수 있다. 그녀는 1964년 10월 북한을 방문하고 "KOREAN MIRACLE"이라는 제목의 방문기를 남겼는데, 평양의 도시건설을 보고 '슬럼이 없는 도시'라고 썼다. 또한 의무교육, 무상의료, 연금 등 사회보장제도의 실시를 보고 '빈곤이 없는 국가'라 감탄하였다. 그리고 당시 북한이 달성한 경제실적을 '조선의 기적(Korean Miracle)'이라고까지 불렀다.[32]

세계적인 경제학자가 북한을 방문하고 북의 경제실적에 대해 조선의 기적이라고 평가를 내렸다는 것은 김일성으로서는 더 이상 바랄 나위가 없을 정도로 흡족한 최상의 찬사였다. 이는 김일성의 지상낙원론이 국제적으로도 큰 호응을 얻고 있다는 것을 입증하는 것이었다. 뿐만 아니라 남북의 체제경쟁에서 북한이 사실상 우위에 있다는 것을 서방세계로부터 평가받은 상징적인 일이었다.

4. 지상낙원론의 파장(1): 재일동포 사회에 미친 영향

4.1 재일동포의 귀국 실현은 북의 승리!

앞서 이야기한 바와 같이 북의 지상낙원론에 대해 가장 먼저 큰 반향을 보인 곳은 일본이었다. 재일동포들은 지상낙원론의 강력한 자장(磁場) 속에 있었고 이것이 북송문제로 점화된 것이다.

1956년 7월 재일 조선인의 거주지 선택의 자유에 관한 국제적십자사의 서한 발송으로 시작된 이 문제는 1958년 8월 조총련이 '집단귀국에 관한 요청서'를 결의하고 이를 일본정부 내각총리에게 발송하면서 본격화되었다.[33] 조총련의 요청서 결의에는 북한이 관여한 흔적이 있다. 이때부터 북한도 적극적인 움직임을 보였다. 김일성은 9월 8일 공화국 창건 10주년 기념 연설에서 "공화국 정부는 재일동포들이 조국에 돌아와 새 생활을 할 수 있도록 모든 조건을 보장해 줄 것"이라고 공언하였다.[34] 남일 외상도 9월 16일 성명을 통해 일본정부에 '재일동포의 귀국'을 공식 요청하였다.

일본에서는 사회당이 이를 적극 지지하고 나섰다. 일본정부는 처음에는 유보적인 태도를 취하였지만 1959년 1월 29일 후지야마 외상의 북송 지지 발언을 기점으로 북송문제를 본격적으로 추진하였다.[35]

이처럼 일본과 북한이 재일동포의 북송에 의견의 일치를 본 것은 서로의 이해관계가 맞아떨어졌기 때문이었다. 일본정부는 '거주지 선택의 자유는 인간의 기본적 인권'이라는 명분하에 재일동포의 북송을 추진하였지만 북송사업은 실은 일본정부가 주도한 '가난하고 범죄율이 높은 골치 아픈 존재'인 재일교포를 일본영토 밖으로 몰아내는 '사실상의 추방사업'과 다름없었다.[36]

한편 북한은 6.25전쟁 이후 노동력이 절대적으로 부족한 상태에 처해 있었기 때문에 북송을 통한 노동력 확보에 일차적인 이해관계를 두고 있었다.

1959년은 한국에서도 북송문제가 최대의 이슈가 되었다. 2월 14일 외교부는 북송문제를 강력 규탄하는 성명서를 발표하였다. 이에 따르면 "북한 괴뢰는 재일 한인의 북한 수용을 실현하여 소위 주권국가로서의 권리를 북한 괴뢰가 가진다는 인상을 줌으로써 해외 한인 중 괴뢰가 보호하는 한인도 존재한다는 인상을 주어, 즉 '두개의 한국'을 억지로 만들어 국제적으로 그 지위의 비중을 높이고 나아가서는 한국 전역을 공산화하려고 획책하고 있는바, 이러한 북한 괴뢰의 음모에 동조하는 것은 자유민주 진영에 대한 명백한 배신행위"라는 것이다.

2월 20일 국회에서도 재일한인 북송에 관한 결의문을 채택하였다. 그 주요 내용은 다음과 같다.

주지하는 바와 같이 공산독재 지배권에서 무슨 '인도주의'가 있고 무슨 인간의 '기본자유'가 허용될 수 있으며 또 무슨 '인권'의 보장이 있을 수 있습니까? 한국전쟁 중 약 4백만 명으로 추산되는 피난민이 자유를 찾아서 월남하였습니다. 이 한 가지 사실만으로도 북한의 생지옥상과 적색공포를 능히 알 수 있는 것으로 일본정부 결정의 허구성은 폭로되는 것입니다. 거기에는 강제노동, 강제수용의 노예생활이 있을 뿐입니다. 즉 재일본 한국인의 공산지역 송환은 그들이 주장하는 인도적 입장과는 정반대로 곧 자유국민을 노예화하는 비인도적 처사라 할 것입니다.

재일본 한국인은 그 대부분이 일본이 도발했던 침략전쟁 중 강제징용되었던 노무자들로서 종전 전후를 통하여 비인도적 강압과 학대로서 빈곤에 지친 처지에 놓여 있는데 일본정부는 이 불우한 한국동포들을 대량 추방할 목적으로 일본 재류 공산 측 공작원들이 거액의 금품과 조직적 위협 및 갖은 감언이설로 선동하는 데 동조해서 소위 귀환 희망자로 조작해 가지고 우리 동포를 송환하려 함은 목적을 위하여 수단방법을 가지지 않는 간악한 만행이요, 자유에 대한 적대행위라고 규정하지 않을 수 없습니다.[37]

북송사업은 두말할 것도 없이 일본정부의 재일동포 추방의도에서 비롯된 처사에 불과하다는 것이다.[38] 이후 국내에서는 북송을 반대하는 대규모 시위가 잇따랐다. 이승만 정부는 일본에 대해 공식적으로는 외교적인 압력을 가하면서 비공식적으로는 비밀리에 '북송저지대'를 파견하여 북송을 저지하는 테러활동을 계획하기도 하였다.[39]

하지만 이런 저지활동에도 불구하고 흐르는 물길처럼 거침없이 진행되는 북송을 막을 수는 없었다. 1959년 12월 14일, 최초의 귀국선이 니가타(新潟)항을 출발한 이래 1984년까지 북송사업은 계속되었고 총 9만 3,344명의 재일동포가 북으로 돌아갔다. 중요한 사실은 이들 중 80%가 1959~61년, 3년 사이에 귀국선을 탔다는 것이다.

재일동포들의 북송사업은 조총련의 조직적인 선전사업, 일본정부, 진보적 정당 및 지식인의 지원이 함께 어우러져 가능한 일이었다. 여기서 중요한 것은 재일동포의 귀국 결정에 북의 선전이나 공작의 영향이 전혀 없었다고 볼 수는 없지만 기본적으로는 그들의 자발적인 귀국의사에 따른 것이었다.

재일동포들의 자발적인 의사 형성에 영향을 준 것은 바로 일본 정치가들과 지식인들의 지상낙원 찬미론이었다. 이 중에서 데라오의『38도선의 북쪽』, 북한방문 기자단이 쓴『북조선의 기록(北朝鮮の記錄)』[40]이 커다란 파문을 일으켰다. 당시 재일동포들은 일본인이라면 제3자의 입장에서 객관적으로 북한에 관해 기술하였을 것으로 믿었기 때문에 그 내용에 대해 한 치의 의심없이 이를 받아들였다. 한 북송교포는 당시를 이렇게 회상하였다.

데라오, 시마모토[41] 등은 그 책을 통하여 북한은 '발전하고 있을' 뿐만 아니라 꿈과 희망에 가득찬 '미래의 나라'라고 강조했다. 이들 책이야말로 재일동포들이 읽는다면 누구라도 북한에 가고 싶도록 서술되어 있었다. 북한은 일본과 다르게 차별이나 불평등이 '손톱만큼'도 없고 평등이 완전히 실현된 사회이며 취직 걱정은 말할 것도 없고 학교에는 학력만 있고 들어가겠다고 희망만 한다면 누구라도 들어갈 수 있다고 썼다.[42]

위의 회상에서 알 수 있듯이 당시의 찬미론은 재일동포들의 '북송열(北送熱)'을 자극하였다. 재일동포들은 일자리도 없었고 생계도 막막하였으며 배우고 싶어도 학교에 다니는 것조차 불가능했던 터였다. 이것이 재일동포들이 처한 냉혹한 현실이었던 것이다. 북송자 대부분이 고향이 남한이었지만 남한으로 돌아간다고 하더라도 이런 문제들이 해결될 가망이 없었다. 김일성은 재일동포들이 북한을 선택한 것은 "북과 남의 대조적인 현실" 때문이라고 말하였다. 그는 "몇백만의 실업자들이 거리를 헤매고 있으며 인민들이 가난과 무권리 속에서 비참한 생활을 하고 있다"면서 남한을 생지옥이라 묘사, 비난하던 차였다.[43]

재일동포들의 남한에 대한 생각은 김일성의 주장과 크게 다르지 않았다. 북한이 지상낙원이라고 하는 선전은 시기적으로, 상황적으로 모두 적중하였다. 당시 재일동포들은 북으로 가는 길만이 오직 '살 수 있는 길'이라고 생각하였다.[44] 재일동포의 북송사업(귀국사업)은 이런 분위기 속에서 진행된 것이다. 이 시기는 북한이 스스로 지상낙원이라고 부르고 외부세계가 이를 찬양할 정도로 '북의 최전성기'였다. 지상낙원론이 재일동포 사회에 미친 흡인력은 대단한 것이었다. 북송자 대부분이 고향이 남한임에도 불구하고 북의 공민이 되기를 자원한 데는 '지상낙원론'의 영향이 절대적이었다. 김일성은 고무되었다. 귀국 동포를 환영하는 연설에서 다음과 같이 말하였다.

재일동포들의 귀국실현은 우리 당과 인민의 커다란 승리입니다. 그것은 또한 모든 사회주의나라들의 승리로 됩니다. 세계력사에서 해외공민들이 이른바 자유세계로부터 사회주의 사회에로 집단적으로 이주한 실례는 없습니다. 나라가 남북으로 갈라져 있는 우리나라의 조건에서 재일동포들이 공화국 북반부의 사회주의 조국으로 집단적으로 돌아온다는 것은 우리 당과 인민의 승리일 뿐 아니라 모든 사회주의나라들의 승리로 되는 것입니다.[45]

이 연설에서 김일성은 "우리나라 사회주의제도는 세상에서 가장 우월한 사회제도"라고 주장하였다.[46] 또한 더 많은 경제건설이 필요하다는 것도 동시에 인정하였다.

우리나라에서는 특별히 뛰어나게 잘 사는 사람도 없고 그렇다고 또 못사는 사람도 없다. 우리는 지금 화려한 사치품보다도 우선 모든 근로대중들이 먹고 쓰고 사는 데 필요한 물품들을 대량적으로 만든다. 물론 앞으로 나라의 경제가 더 발전하면 화려한 물품들도 만들 것이다. 우리도 남

보다 못하지 않게 잘 살기 위하여 많을 일을 더 하여야 한다.[47]

재일동포 귀국사업은 나중에 많은 문제가 드러나게 되지만 최소한 1960대 초반 무렵의 남북의 체제경쟁에서 북의 완승으로 기록될만한 역사적 사건이었다. 김일성이 북의 사회주의의 승리라고 자부한 것도 그다지 틀린 이야기는 아니었다. 재일동포 귀국사업은 김일성으로 하여금 '부강한 사회주의 건설'에 대한 더 강한 동기를 심어주고 자신감을 불어넣어 주었다는 점에서 북한체제에 상당히 긍정적인 영향을 주었다.

5. 지상낙원론의 파장(2): 남한사회에 미친 영향

5.1 북송모델의 남한 적용 시도

여기서 말하는 '북송모델'이란 다음의 두 단계로 설명된다.

1단계는 북의 경제원조. 북한이 재일동포들의 마음을 사로잡는 첫 번째 계기는 북의 대규모 교육원조금의 제공이었다. 2단계는 지상낙원론의 선전. 이것이 재일동포들의 귀국 결심에 큰 영향을 미쳤다. 요컨대 북송모델은 북의 경제원조 → 지상낙원론의 영향 → 집단이주의 실현을 일컫는다.

여기서 한 가지 흥미있는 사실은 김일성이 재일동포의 북송사업을 추진하면서 북송모델의 남한 적용을 시도하였다는 것이다. 실업자와 유랑고아들을 북으로 보내라고 한 제안이 그것이다. 이 제안은 1958년에 처음 나왔다.[48] 김일성은 1959년 1월 10일 일조협회 이사장과 만난 자리에서도 이에 대해 언급하였다.

우리는 재일동포들에 대하여서 뿐 아니라 남조선에서 고통을 겪고 있는 혈육들에 대하여서도 가만히 보고만 있지 않습니다. 지금 남조선에는 400여만 명의 실업자와 수십만 명의 류랑고아들이 있습니다. 얼마 전에 공화국 내각에서는 남조선의 실업자들과 류랑고아들에게 구제물자를 보내주며 의탁할 곳 없는 류랑고아들을 전적으로 맡아서 키워줄 데 대하여 결정하고 남조선 괴뢰정부에 그 결정을 전달하였습니다. 그러나 그들은 이에 대하여 아직 아무런 대답도 하지 않고 있습니다.[49]

실업자들에게 구제물자를 주며 유랑고아들을 북으로 보내면 맡아서 키워주겠다는 제안은 북송모델과 흡사하다. 첫째는 북한이 구호물자라는 형태의 경제원조를 제공하겠다는 것이다. 둘째는 남한정부가 적절한 대책을 마련하지 못하고 사실상 방치하고 있는 상태에서 갈 곳 없는 실업자와 유랑고아들을 북으로 보내라고 하는 것이다. 남한정부가 이 제안에 대해 어떤 반응을 보였는가는 불문가지인데 제안을 받아들일 리가 없었다.

그런데 김일성은 재일동포의 귀국실현 이후 재차 반복해서 제안한다. 아래는 제2차 귀국동포 접견 자리에서 한 김일성의 발언이다.

우리는 이미 남조선 고아들을 다 받아 들이여 거둘 데 대하여 제기했고 실업자들도 모두 보내라고 제기하였다. … 남조선 실업자들은 여러분이 조국으로 돌아온 소식을 듣고 생각을 많이 하게 될 것이요, 또 북반부로 더욱 오고 싶어 할 것이다. 그들이 오기만 하면 우리는 다 받아들일 것이다.[50]

남한정부가 아무런 반응을 보이지 않았음에도 불구하고 김일성이 다시 이 제안을 되풀이한 것은 재일동포 귀국실현이 준 고무적 '영향' 때문이었다. 이 무렵 『로동신문』에는 북송사업이 남한주민에게 큰 영향을 주고 있다는 귀국동포의 수기가 실렸다. 1959년 12월 29일자 『로동신문』 기사에 실린 한 편지 내용을 들어 보자.[51]

여름에 나는 일본으로 건너온 몇 사람의 남조선 동포들을 만났다. 칼커타에서 조일 적십자 간에 귀국 협정이 조인되었다고 조그마하게 보도된 동아일보의 기사를 보고 자기들은 일본으로 밀항해 왔노라고 그들은 말하고 있었다. 남조선에 있는 모든 사람들이 공화국에 희망을 걸고 있다. 나의 부모도 또 그러하다. 금년 8월에 나는 고향에 계시는 노부모에게 공화국으로 귀국하겠다는 나의 다짐을 인편으로 알렸다. 후에 같은 편으로 부친의 편지를 받았다. ― 나는 80의 늙은이, 네가 간 후 내가 받을 탄압도 두려울 게 없다. 어서 가라. 너의 세대가 우리를 잘 살게 만들어 달라. 부친은 나에게 이렇게 말씀하셨고 부친의 편지 겉봉에는 처음으로 〈조선 제주도〉라는 주소가 씌어져 있었다. 나는 부친의 친서를 받고 눈물을 흘렸다. … 나는 자기의 모든 힘을 조국을 위해 바치련다.

이 편지는 북송사업이 "남조선의 모든 사람들이 공화국에 희망을 걸"게 하였다고 쓰고 있다. 그렇다면 남한 실상은 어땠을까? 당시 남한국민들 사이에서는 6.25전쟁의 상흔이 아직 크게 남아 있었고 반공의식이 지배적이었다. 앞서 국회 결의문에서 보듯이 오히려 북한을 적색공포의 공산 생지옥으로 생각하는 사람들이 적지 않았다. 이런 정황 속에서 남조선의 '모든' 사람들이 공화국에 희망을 가진다는 것은 있을 수 없는 일이었겠지만 이 글에서 문맥상 중요하게 받아들여야 하는 부분은 '일부'에서나마 '공화국에 희망을 갖는' 사람들이 나타났다는 사실일 것이다. 김일성은 이 현상을 남한정세에서 중요한 변화가 시작된 것으로 적극적으로 평가했을 가능성이 크다.

김일성이 북송모델을 남한에 적용하고자 했던 것은 이와 같은 적극적인 상황인식이 그 배후에 있었을 것이다. 김일성은 남한사회의 가장 '약한 고리'를 실업자와 유랑고아로 파악했고 이들을 대상화하여 북으로 보내라고 하면 여기서 더 나아간 어떤 변화가 파생할 수 있다고 생각하였을 것이다.

김일성이 북송모델의 남한 적용을 거론할 때 실업자와 유랑고아들만 그 범주에 포함시켰던 것은 아니었다. 김일성은 남조선동포구원론이라는 보다 원대한 꿈을 염두에 두고 있었다. 북송모델은 그것에 다가서기 위한 하나의 징검다리 역할을 했던 것이다. 북송모델은 점차 남조선동포구원론으로 확대되었다.

김일성은 1959년 12월 21일 귀국동포들을 환영하는 연설에서 "남조선 인민들도 다 같이 모여 살아야 한다"고 하였다. 이해 말부터는『로동신문』에 "헐벗고 굶주리는 남조선 동포들을 하루속히 구원하자!"는 구호가 등장하였다. 통일을 염두에 둔 발언이자 구호들인 것이다. 12월 21일의 귀국동포 환영연설에서 "조국통일의 혁명적 대사변을 승리적으로 맞이하기 위한 준비들을 더 잘할 것"을 호소하기에 이른 김일성은 지상낙원론에 입각한 평화통일이 바로 눈앞에 있다고 느꼈는지도 모른다.

5.2 4.19 이후 북의 경제공세

1960년 4월 19일, 이날 북에서는 제18차 귀국선이 청진항에 도착하였다. 남에서는 4.19혁명이 발생하였다. 북송사업과 남한의 4.19는 전혀 다른 성격의 것이다. 하지만 북은 그렇게 보지 않았다.

김일성은 재일동포 귀국과 관련하여 "재일동포들은 날로 융성·발전하는 조선민주주의인민공화국의 공민으로서 자기 조국에 돌아와 국내 동포들과 함께 행복한 생활을 누릴 수 있는 응당한 권리가 있다"고 말하였다. 4.19가 있었던 그해 8.15 15주년 기념연설에서 김일성은 "공화국 북반부에서의 사회주의 건설과 인민들의 행복한 생활은 남조선 인민들에게 커다란 혁명적 영향을 미치고 있으며 미제와 그 앞잡이들을 반대하는 남조선 인민들의 투쟁을 끝없이 고무추동하고 있다"고 말하였다.

말하자면 김일성은 북의 '융성발전'과 '인민들의 행복한 생활'이 재일동포의 귀국실현과 남한의 4.19에 영향을 미친 것이라고 말하고 있는 것으로 이렇게 본다면 귀국사업이나 4.19는 모두 북의 발전상에 영향을 받은 셈이 된다.

김일성의 발언은 분명 정치적인 것이었다. 북송사업은 확실히 지상낙원론의 영향이 컸다. 그렇다면 4.19는 어떤 것인가? 4.19는 지상낙원론의 영향 때문에 발생한 것이 아니었다. 굳이 말하자면 양자는 비슷한 환경적 조건에 있었던 것은 사실이다. 북송사업이나 4.19 모두 북한이 지상낙원을 구가하고 있는 시기에 발생하였고 이 시기는 재일동포나 남한 국민 모두 경제적으로 '생지옥'과 같은 환경에 놓여 있을 무렵이었다. 김일성의 발언은 바로 이 정세를 십분 활용하여 적중시킨 것이었다.

그 결과 재일동포는 북의 발전상을 동경하게 되었고 결국 북한 체제를 선택하였다. 남한 국민도 경제적으로 재일동포와 별반 다를 것이 없고 이들이 선택지는 명백하다고 하는 인식을 김일성이 갖고 있었을 수도 있다. 중요한 것은 김일성의 발언은 4.19 이후 남한국민들도 북한체제를 지지하는 움직임 내지는 호응도를 보일 것이라는 적지 않은 기대감을 내비쳤다는 사실이다. 이것이 김일성의 8.15 발언의 진의라고 할 수 있다.

김일성은 4.19가 북한을 지지하는 투쟁으로 전환되기를 기대했고 그 전환의 매개 고리가 경제에 있다고 확신하였다. 김일성은 4.19 시기에 경제에서 정치(=평화통일)로 나아가는 전술로 일관하였다. 이점은 지상낙원론이 상정한 평화통일 전술과도 유사한 것이었다.

하지만 4.19 시기 북의 경제제안은 지상낙원론의 프레임과는 차원이 다른 것이었다. 원래 지상낙원론은 대남 체제경쟁에서 북한이 경제건설을 통해 북과 남이 압도적 차이가 나면 남한에서 북한을 지지하는 투쟁이 일어나고 이어서 평화통일이 실현된다는 것이었다. 그런데 4.19는 북과 남의 경제격차 때문에 발생한 것이 아니었다. 더구나 북한을 지지하는 투쟁도 아니었다. 모름지기 4.19는 이승만 정권을 권좌에서 몰아내고 정권교체를 실현한 분단 이후 최초의 대규모 민중항쟁이었다.

김일성은 이를 평화통일의 절호의 기회로 포착하여 2단계 전략을 구사하였다. 1단계는 경제연합의 단계, 2단계는 자유총선거에 의한 평화적 통일의 단계였다. 김일성이 2단계 전략을 구상한 것은 4.19 시기의 남한정세가 정치적으로 고양되었다고 하더라도 북측 통일 방안의 즉각적인 실현을 기대하기 어렵다고 판단했기 때문이었다. 김일성은 1단계 전략에 주력하였고 8.15 15주년 기념연설에서 제안한 과도적 연방제는 사실상 1단계 전략이 중심이었다.

1단계 전략의 핵심내용은 "남북의 현재 정치제도를 그대로 두고 두 정부 간의 대표로 구성되는 '최고민족위원회'를 조직하여 남북한의 경제, 문화 발전을 통일적으로 조절하는 기능을 수행하도록 하는 것이다. 김일성은 "남한 정부가 만약 이러한 제안도 수용할 수 없다면 일단 남북한 실업계 대표로 구성되는 '경제위원회'라도 조직하여 경제건설에서 서로 원조하고 후원하자"고 하였다.

여기서 중요한 것은 '남북의 경제발전을 통일적으로 조절한다'는 것이 무엇인가 하는 것이다. 먼저 1960년 4월 21일 조선노동당 중앙위원회 호소문을 보자.

미제의 남조선 강점이 지속되고 남북 간의 협상이 지속되지 못하는 조건 하에서는 남조선에서 그 누가 정권에 들어 앉아도 조성된 심각한 정치적 위기와 경제적 파국을 수습할 수 없는 것이다. 북반부의 풍부한 부원과 강력한 경제토대에 의거하지 않고서는 여지없이 파산된 남조선경제를 복구할 수 없으며 극도에 달한 남조선 인민들의 비참한 생활처지를 개선할 수 없다.[52]

다음은 4월 28일 제정당·사회단체 연석회의 성명이다.

우리는 이 문제(남조선 인민의 생활안정)의 해결을 위하여 북조선 경제기관 대표들과 남조선 경제계 대표들로 되는 남북련합 경제위원회를 구성하여야 한다. 실업자들에게 일자리를 주어야하며 학생들은 무료로 공부시켜야 하며 인민들은 무료치료를 받아야 한다. 이 모든 것은 북조선의 강력한 경제력에 의존함으로써만 해결할 수 있다.

위의 두 성명은 남한경제의 파국을 수습하기 위해서는 북한경제에 의존하지 않고서는 불가능하다는 것을 주장하고 있다. 북한경제에 의존한다는 것은 강력한 경제토대를 건설한 북의 경제개발 경험을 수용하고 북한식 사회적 제도를 남한에 이식하는 것을 의미한다. 결국 북한이 4.19 시기에 말한 '남북 경제발전의 통일적 조절'이란 북한식으로 표현하면 '경제연합'이었지만 사실상 남한경제의 흡수통합론이었던 것이다.

김일성은 8.15 15주년 기념연설에서도 이런 입장을 개진하였다.

어떠한 나라를 막론하고 중공업이 없이는 경공업과 농업을 발전시킬 수 없고 인민생활을 개선할 수 없다는 것은 경제학의 초보적인 진리입니다. 우리나라에서 이러한 중공업은 북반부에 있습니다. … 우리에게는 경제 건설의 풍부한 경험이 있습니다. … 북반부의 강력한 경제토대에 의거하여야만 … 남조선의 민족산업을 발전시키고 … 농업생산을 빨리 높일 수 있습니다.[53]

김일성은 8.15 15주년 연설에서 경제교류와 협조를 말하면서 남한의 경제파국을 수습할 것을 제안하였지만 이것이 북한이 주도하는 경제통합을 제안한 것이라는 사실임엔 명백하였다. 이후 북한은 경제통합론을 전제로 한, 보다 구체화한 경제협력 제안을 내놓았다. 1960년 11월 22일 최고인민회의는 「남한 제정당·사회단체에 보내는 공개서한」과 「남북조선의 경제 문화 교류의 협력을 실현하여 남조선에서 민족경제의 자립적 발전을 도모할 데 대한 의견서」를 채택하여 공포하였다. 「의견서」에 의하면 남한이 원한다면 각종 공장과 수력발전소를 지어주겠다고 하였다. 또한 철강, 전기, 세멘트 등 각종 물자들도 제공하겠다고 하였다. 이러한 대남 경제협력 제안은 북한당국과 최고인민회의에 그치지 않고 북한의 각급 기관, 지역, 각종 단체의 교류 제안으로 이어졌다.[54]

5.3 북의 경제공세가 남한에 미친 영향

4.19는 이승만의 부정선거가 발단이 되었지만 그 저류에 흐르는 것은 경제개발의 지체와 빈곤문제였다. 이것이 대중의 정치적 분출을 가져온 가장 큰 요인이었다. 북의 경제공세도 이것을 겨냥한 것이었다. 북한의 경제공세가 남한에 미친 영향은 적지 않았다.

첫째는 학생층에 미친 영향이다. 대학생을 대표하는 통일운동 조직은 민통련이었는데 이들은 4.19 1주년을 맞이하는 행사를 마친 뒤 "실업자의 일터는 통일에 있다"는 플래카드를 들고 침묵시위를 벌였다. 민통련은 이북의 경제통합안을 지지한 것은 아니었지만 통일이 남한의 경제문제를 해결하는 첩경이라는 인식을 가졌던 것임엔 분명했다.

둘째는 혁신세력에 미친 영향이다. 혁신세력은 통일론으로 구분하면 크게 두 흐름이 있었다. 하나는 중립화통일론이었고 다른 하나는 남북협상론이었다. 전자는 '민족공동체의 회복'이라는 차원에서 서신, 문화교류에 강조점을 둔 것이라면 후자는 남북의 경제교류에 적극적이었다. 남북협상론자들은 "이남 쌀 이북 전기", "통일만이 살길이다"는 구호를 내걸었다. 이 구호에서 알 수 있듯이 남북협상론자들은 남한의 독자적 경제성장 가능성을 부정하였고 남북의 경제적 의존성을 회복하고 경제적 통합을 실현할 때만이 남한이 활로를 찾을 수 있다고 하였다. 따라서 이들은 통일이 불가피하다고 주장하였다.[55]

남북협상론자들이 주창한 경제교류론은 반향이 컸다. 홍석률 교수는 "'이남 쌀 이북 전기'라는 구호로 표현된 경제교류는 당시에 대단한 호소력이 있었다"고 평가하였다.[56] 당시의 많은 사람들은 남북의 경제적 통합이 자신들의 경제적 처지를 개선하는 데 도움이 된다고 믿고 있었다.[57] 전체적으로 본다면 남북협상론자들의 주장에 대한 대중적인 지지도는 그리 높지 않았다.[58] 혁신세력은 7.29 총선에서 참패하였다. 총선에서 압승을 거둔 쪽은 민주당이었다. 민주당은 남북교류론에 대해 '전쟁상태를 도외시한 망언'이라고 비판하는 입장을 취하였고 북한의 경제통합론을 배격하면서 자유시장경제에 입각한 경제재건을 공약하였다.

역설적이게도 민주당의 경제제일주의는 북한의 경제건설에 자극을 받은 것이었다. 북한의 경제통합론에 대해서는 입장의 차이가 있었지만 북의 경제건설은 남북의 좌우 정치세력 모두에게 큰 충격을 주었던 것임이 사실이었다.

3장

박정희의 대북 경제전:
북한 공산세력을 뒤엎을 수 있는 실력배양을!

1. 박정희의 대북 경제전 선언

1.1 5.16 혁명공약은 대북 경제전 선언

지금까지 5.16 혁명공약 중에서 가장 널리 회자된 부분은 '반공 국시'였다. 반공 국시라는 부분이 너무나 돌출적이고 이를 둘러싸고 여러 가지 비판적인 논의들이 일어났기 때문에 생긴 현상으로 해석할 수 있다. 그런데 혁명공약을 주의 깊게 읽어보면 그 중심 내용이 대북 경제전 선언에 있음을 알 수 있다.

혁명공약에서 중심내용은 4항과 5항인데 이를 하나로 묶으면 다음과 같은 문장이 된다.

국가 자립경제 재건에 총력을 경주하여 ⋯ 북한 공산세력을 뒤엎을 수 있는 국가의 실력을 배양함으로써 민족적 숙원인 국토통일을 이룩한다.

〈5.16 혁명공약〉

1. 반공을 국시의 제1의로 삼고 지금까지 형식과 구호에만 그쳤던 반공의 태세를 재정비 강화함으로써 외침의 위기에 대비하고

2. 국연(國聯)헌장을 충실히 준수하고 국제협약을 이행하며 미국을 위시한 자유우방간의 유대를 강화함으로써 국제적인 고립에서 벗어나야 하고

3. 구정권 하에 있었던 모든 사회적 부패와 정치적인 구악을 일소하고 청신한 기풍의 진작과 퇴폐한 국민도의와 민족정기를 바로잡음으로써 민족민주정신을 함양하며

4. 국가 자립경제 재건에 총력을 경주하며 기아선상에서 방황하는 민생고를 해결함으로써 국민의 희망을 제고시키고

5. 북한 공산세력을 뒤엎을 수 있는 국가의 실력을 배양함으로써 민족적 숙원인 국토통일을 이룩한다.

즉 박정희는 북한 공산세력을 뒤엎을 수 있는 국가의 실력배양이 긴요한데 그러기 위해서는 무엇보다도 경제재건이 중요하다는 것을 말하고 있는 것이다. 경제재건이 대북 경제전의 일환이라는 것은 박정희 자신의 발언에서도 확인할 수 있다. 박정희는 『국가와 혁명과 나』에서 다음과 같이 말하였다.

더구나 전투나 정치 이전에 앞장서는 경제전에 있어 강력한 대적을 38선 저쪽에 두고 있는 현정세 하를 생각한다면 일시라도 머뭇거릴 수도 없고 사고할 겨를도 없는 것이다.[1]

하루속히 자주경제를 확립하고 이렇게 함으로써 제1차적으로 경제전에서 공산 북한을 이겨내고 최소한도나마 국제사회의 일원으로서 대응할 수 있는 역량을 시현 행세하였어야 하였다. 다시 거듭 말하거니와 혁명은 이같은 경제적 사명감에서 거사되었다는 것이다.[2]

위 글에서 알 수 있듯이 박정희는 대북 경제전이 5.16의 주요한 동기였다는 사실을 분명히 밝히고 있다.

1.2 경제전 선언의 배경

적색위기?

5.16의 발생 원인에 대해서는 이미 많은 논의가 있어 왔다. 그 중 주요한 것을 꼽는다면 군 내부적 갈등요인, 군 외부의 정치사회적 상황요인, 그리고 미국의 대한정책 이 세 가지이다.[3]

여기서 북한과 내용적 관련성을 갖는 부분은 정치사회적 상황 요인이다. 5.16 군사 쿠데타의 동기 원인을 제공할 만한 정치사회적 불안정성이 과연 존재했는가 하는 것은 여전히 논쟁거리이다. 일부 학자는 당시의 정치사회적 불안정성이 반체제 혁신세력의 정치활동에 기인하는 것이라고 주장하기도 한다. 어떤 이들은 혁신계 활동이 용공적이었으며 좌익적이었다고 규정하기도 한다. 그러면서도 이들은 반체제 혁신세력의 배후에 북한이 있다거나 북의 사주를 받았다는 이야기를 명시적으로 밝히지는 않고 있다.

정치사회적 혼란과 북한 관련성을 적극적으로 주장하는 쪽은 5.16 주도세력들이다. 박정희는 5.16 당시의 혼란을 '긴박한 적색위기'라 규정하였다.[4] 이는 박정희가 5.16 직전을 공산화의 위험에 직면한 상황으로 보았다는 것을 의미한다.[5] 이런 시각에 입각하여 5.16 주도세력이 편찬한 『한국군사혁명사』는 5.16의 다섯 가지 원인 중 첫 번째로 '용공사상의 대두'를 적시하고 있다.[6] 5.16 주도세력은 혁신세력과 학생들이 추진한 평화통일운동을 용공사상의 대두로 인식하였고 이들이 북한정권의 사주를 받은 것으로 간주했다.[7]

당시 북한정권이 남한 혁신계 인사들에 대한 침투공작을 확대한 것은 사실이고 혁신계 일부 중에는 이들과 접촉한 사실이 있었다. 그렇지만 이들의 통일운동이 북한의 사주로 발생했다고 보기는 어렵다.[8]

박정희가 말한 긴박한 적색위기의 실체는 무엇이었을까? 『한국군사혁명사』는 수천 명에 이르는 이른바 '반국가적 용공분자'의 검거 숫자를 근거로 '당시의 위급했던 상황'을 대변한다.[9] 그런데 문제는 검거·처분된 인사들이 모두 용공분자는 아니었다는 사실이다. 예를 들자면 군사재판에서 사형을 선고받고 형장의 이슬로 사라진 민족일보의 조용수 사장은 친북적이거나 용공적인 인물이 아니었다. 수많은 민주·진보인사들이 용공분자로 내몰린 것이다. '긴박한 적색위기' 설은 어느 모로 보나 왜곡, 과장된 것이 분명하였다. 위기의 실체는 정확히 말하자면 적색위기가 아니라 남한체제의 위기, 남한 자체에 내재하고 있던, 정치·사회·경제적 위기 전체를 의미한 것이었다. 불순한 것은 시대상황이었다. 위기는 가공의 '용공분자' 때문이 아니라 실재하는 빈곤과 굶주림 때문이었다.『한국군사혁명사』도 '용공사상 대두'의 토양은 경제의 피폐, 절망과 민생고에 있다고 하였다.[10]

북한의 경제건설이 준 임팩트

역사적으로 보면 전후복구 이후 북한의 성공적인 경제건설은 남한 정치지형에 큰 임팩트를 주었다. 먼저 북의 경제건설은 남한의 좌파에 큰 정치적 영향을 주었다. 4.19 시기 남북협상론의 등장이 대표적인 예다.

당시 진보세력은 경제개발이나 근대화의 방향설정 문제를 통일문제와 관련지어 받아들였다. 이들은 통일문제를 경제개발 문제와 분리해 보지 않았고 외국자본에 의존하고 일본과 손잡기보다는 남북한 경제의 보완과 합작으로 경제개발을 하자고 주장하였다.[11] 진보세력이 이런 주장을 하게 된 배경에는 북한의 경제우위를 적극적으로 평가하고 남북협력을 통해 남한경제의 재건 방향을 모색하려고 하는 문제의식이 깔려 있었다. 4.19 이후 나왔던 "이북 전기, 이남 쌀", "북의 중공업, 남의 경공업", "통일만이 살길이다"는 구호는 이런 인식을 반영한 것이었다.

북한의 경제건설은 박정희에게도 큰 영향을 주었다. 박정희는 북한이 전후복구를 통해 경제에서 남한보다 앞서 있다는 사실을 인지하고 있었다.[12] 경제전을 말하면서 그 상대인 북한을 '강력한 대적'이라고 표현한 것이나 "북한보다 살기 좋은 나라를 만들어야 한다"는 생각을 했다는 것은 박정희가 북한의 경제우위를 인식하고 있었을 뿐 아니라, 인정하고 있었음을 방증하는 것이었다.

박정희는 북한의 경제우위를 결코 단순한 문제로 여기지 않았다. 북의 경제우위는 남한 내부에서 반체제적 사상을 부식하는 원천이 될 뿐 아니라 국방에서도 군사적 열세를 규정짓는 요인으로 작용하였다. 박정희는 경제건설이 긴요하다고 생각하였다.

이런 인식을 지닌 박정희의 경제재건책은 진보·혁신세력과는 다른 것이었다. 첫째, 박정희는 반공주의를 표방함으로써 남북협력에 의한 경제개발 가능성을 원천적으로 봉쇄하려 하였다. 둘째, 중공업을 중심으로 하는 독자적 공업화에 착수함으로써 북한 중심의 남북의 보완적 발전론을 부정하였다. 셋째, 한일협정을 통한 한일 경제협력을 적극 추진함으로써 일본자본 배척이 아니라 일본자본과 '손을 잡는' 개발노선을 정당화하였다. 넷째, 반공적인 북한 동포해방론을 주창함으로써 북한이 주도하는 통일노선을 철저히 배격하고 남한 주도의 흡수통일론을 천명한 것이었다.

다시 말해서 박정희는 남북협상에 의한 남한 경제재건론을 용공적인 것으로 규정함으로써 김일성의 지상낙원론이 남한에 미치는 영향을 미리 차단시키고자 하였다. 동시에 박정희는 남북협상론자

들의 주장과는 전혀 성격이 다른 개발노선에 의한 대북 경제 추격
전을 도모하였다.

2. 실력배양론의 구조

5.16 직후 박정희의 제1성은 대북 경제전적인 실력배양론이었다.
그런데 박정희의 실력배양론은 처음부터 하나의 체계를 갖고 제기
된 것이 아니었다. 박정희는 실력배양을 말하면서 때로는 국방을
때로는 중공업을 때로는 복지국가를 강조하였다. 산발적으로 제기
된 박정희의 실력배양론을 정리해 나가면서 그것이 어떤 성격을 띠
고 있었는가를 살펴보기로 하자.

2.1 실력배양론과 국방

한국에서 가장 크게 취급되어야 할 것은 방위력 증강문제

박정희의 실력배양론은 대북 경제전적 사고에서 나온 담론이었
다. 혹자는 박정희의 실력배양론이 경제제일주의를 지표로 삼고 있
다고 말하기도 한다. 즉 실력배양이란 국방과 무관하며 오로지 경
제건설에만 주력함을 의미한다는 것이다.

그런데 박정희의 실력배양론은 국방과 대치되는 것이 아니라 사
실상 국방을 제1의적인 것으로 하는 것이었다. 이것을 잘 보여주

는 것이 박정희가 국가재건회의 의장 자격으로 미국을 방문하였을 때 맥나라마(Robert Mcnarama) 미 국방장관 초청 오찬회에서 한 연설이다.

오늘날 한국의 중요한 문제 중 가장 크게 취급되어야 할 것은 공산군에 대비하는 방위력 증강과 경제건설의 두 가지 문제입니다. 한국의 오늘의 군사력은 한국의 최대의 우방인 미합중국의 절대적인 지원에 의하여 유지되고 있습니다.[13]

박정희는 5.16 직후 경제제일주의를 말하면서도 방위력 증강을 첫 번째로 언급할 정도로 국방을 중시하고 있었다.

재정지출의 30%대를 점하는 국방비

실력배양론이 국방을 가장 중시했다는 사실은 재정지출 구조에서도 드러난다. 먼저 경제기획원이 발표한 제1차 5개년계획의 국방비 관련 내용(원안)부터 살펴보자. 1차계획(원안)은 "국방비는 현재의 수준을 유지한다"고 하였다. 1차계획은 발표 직전 박정희의 지시에 의해 수정이 가해졌다. 수정내용은 "국군의 장비를 현대화함으로써 국방력을 강화하고 국방비는 불가피한 자연증액만을 인정한다"[14]는 것이다.

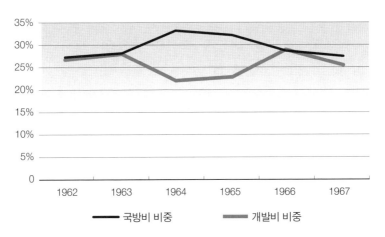

〈그림 3-1〉 국방비와 개발비 비중의 추이(1962~1967)

국방비 비중   개발비 비중

자료: 유한성, 『한국재정사』 (2002), p. 215.

일부 연구자들은 수정내용이 국방비의 억제에 방점이 있는 것으로 해석하거나 혹은 경제개발을 위하여 군축을 실시할 가능성을 담고 있는 것으로 해석하기도 하였다. 그런데 1962~67년의 국방비 추이를 보면 재정지출에서 차지하는 비중이 평균 29.4%인 반면, 개발비는 25.7%였다. 국방비가 재정지출의 30%에 달한다는 것은 어느 모로 보나 과중한 것이었다. 박정희도 당시의 국방비 지출이 큰 부담이 되고 있음을 다음과 같이 실토하였다.

만약 우리에게 이와 같은 병력유지가 필요없게 된다고 가정한다면 어떤 결과가 나타날 것인가? 연간 수백억 원이란 방대한 자금을 산업분야에 투자할 수도 있고 또 달리는 국민의 조세부담을 지금 선에서 훨씬 인하할 수도 있게 된다. 그러나 이것은 어디까지나 지금에 있어서는 한갓 백일몽에 불과하다. 군을 유지하려면 경제재건을 제약하여야 하고 경제를 재건하려면 군을 감축하여야 한다. 국가의 사정은 진퇴유곡, 이러지도 못하고 저러지도 못하고 있는 형편이다[15]

박정희는 방대한 병력유지에 따른 국방비 지출이 큰 부담이 되고 있다고 하면서도 군을 감축하려고 하지 않았다. 박정희는 '국토통일'이라는 점에서나 '아시아대륙에 구축된 유일한 교두보'라는 점에서 '60만의 군대는 오히려 소규모'라고 말하였다.[16] 바로 이 점이 박정희의 경제제일주의와 민주당의 경제제일주의가 대비되는 지점이었다. 일각에서는 박정희의 경제제일주의가 민주당의 경제제일주의를 계승한 것이라고 말하지만 군축이나 국방비에 대한 접근방식은 근본적으로 인식에 차이가 있었다.

민주당 정권은 출범 초기부터 경제제일주의를 천명하면서 재정적자 문제를 해결하기 위한 하나의 방법으로 국방비 절감과 군의 감축을 정책으로 채택했다. 민주당 정권의 감군계획은 연차적으로 실시한다는 것이었는데 1961년도에 약 10만 명을 예정하고 있었다.[17] 이러한 감군계획은 북한과의 체제경쟁을 무력·군사적 측면이 아니라 순수하게 경제력 경쟁으로 이끌어 가겠다고 하는 인식전환이 그 배경에 있었다.[18] 민주당 정권의 경제제일주의는 국방비를 감축해서라도 경제를 재건하겠다는 그야말로 경제 중시의 경제제일주의였다.

반면 박정희는 군의 감축을 전혀 고려하지 않았다. 박정희의 국방에 대한 입장은 기본적으로 국방강화 노선에 있었고 이것이 재정지출 구조에 그대로 반영되었다. 시기를 좀 길게 잡고 보더라도 1962~71년 일반재정 세출총액에서 40%를 상회하는 금액이 일반경비로 지출되었고 나머지 30% 정도는 국방비로 그 외 30%는 경제개발비로 사용되었다.[19] 유한성 교수는 이러한 현상을 토대로 "우리나라 세출구조의 특징은 경제건설과 자주국방 성취를 이룩하려는 데 있었다"고 단적으로 규정하였다.[20] 이것은 경제건설에 못지않게 국방비 지출이 컸었음을 잘 보여주는 것이다.

2.2 실력배양론과 중공업중시

'먹고 입는 주의' 배격

박정희는 『국가와 혁명과 나』에서 군사정부 2년의 경제시책을 중간평가하고 있는데 곳곳에서 중공업 중시의 입장이 선명하게 드러나 있다. 흥미 있는 것은 박정희의 중공업 중시관이 김일성의 그것과 흡사한 면이 있다는 점이다. 먼저 김일성의 발언부터 보자.

정전이 되자 당내에서는 여러 가지 구구한 의견들이 나왔습니다. 일부 사람들은 정전 후 우리의 생활이 곤란하다고 하여 형제국가들의 원조를 대부분 천이나 쌀 같은 것으로 받아들여다 잘먹고 잘살자고 주장하여 나섰습니다. 당중앙위원회는 전후에 우리의 형편이 어려웠지만 공업화의 기초를 닦고 앞으로 우리의 인민경제를 더욱 발전시키기 위하여 반당종파

분자들의 그릇된 주장을 단호히 물리치고 여러 나라들에서 많은 기계설
비를 들여오게 하였습니다. 만일 반당 종파분자들의 주장대로 우리가 기
계공업기지를 창설하지 않고 외국의 원조를 다 때려먹었더라면 우리는
앞으로 더 발전할 수 있는 조건들을 마련할 수 없었을 것입니다. 그러나
우리가 기계공업기지들을 닦아놓았기 때문에 오늘에 와서는 5개년계획
을 세울 수 있게 되였습니다. 이와 같이 기계공업기지를 창설할 데 대한
우리 당의 정책은 가장 정당하고 이것을 반대하여 나선 반당종파분자들
의 주장은 옳지 않다는 것이 실제적으로 증명되였습니다.[21]

위 발언은 전후복구 노선을 둘러싸고 있었던 논쟁의 일단을 언급
한 것이다. 여기서 알 수 있듯이 김일성은 인민생활 중시노선을 주
장하였던 사람들을 종파분자로 몰았고 자신의 중공업 중시노선이
옳았음을 주장한다.

이를 염두에 두고. 박정희의 발언을 들어보자.

구정권이 미국을 비롯한 우방, 그리고 각종의 원조에도 불구하고 소비성
산업에만 주력하였다 함은 다 알게 된 사실이지만 이 같이 국가 기간산
업이나 수입대체산업, 수출산업에 등한함으로써 국가경제를 후진 상태로
방치하게 한 것은 무어라고 변명할 수 없는 실정이라 않을 수 없을 것이
다.[22]

군사 · 경제면에 걸친 미국의 원조는 이왕 줄 바에야 우리 뜻에 맞도록 하
여달라는 것이다. 우선 먹고 입는 주의에서 장차 살아나갈 기틀을 잡기

위하여 사용되어야 하겠다는 것이다. 말하자면 달콤한 사탕보다는 한 장의 벽돌을 우리는 원하고 있다는 말이다.[23]

박정희가 말하는 국가기간산업이나 수입대체산업이란 중공업이 중핵이라는 것은 두말할 필요가 없는데 중공업을 강조하면서 소비성 산업을 비판하는 표현이 김일성과 매우 유사하다는 것을 발견하게 된다. 김일성은 인민의 소비생활 개선 주장을 '다 때려먹는' 것이라 평가절하적 발언으로, 박정희는 소비성 산업에만 주력하는 것을 '먹고 입는 주의'로 표현한 것만이 그 차이일 뿐이다.

박정희의 2대 관심사업: 철강, 기계공업

박정희는 국방사상, 총력전사상의 소유자였다. 총력전의 기본은 자체의 국방력을 바탕으로 전쟁수행 능력을 확보하는 것이다. 국방을 전적으로 외부에 의존하는 총력전이란 있을 수 없는 일이다. 실력배양기에 박정희가 관심을 기울인 것은 국방잠재력 확보였다. 이는 국방산업의 기초 토대 구축, 즉 군수산업과 밀접한 기초공업 육성을 말하는 것이다. 이 시기에 군수산업의 토대는 거의 없거나 대단히 취약한 수준에 있었다. 그래서 군수산업의 토대가 되는 중공업을 비롯한 중요산업의 생산기반 확충을 서둘렀던 것이다. 박정희는 중공업 중에서도 특히 철강, 기계공업을 중시하였다. 두 부문은 박정희의 2대 관심사업이었다. 제1차 5개년계획의 중점사업도 철강, 기계공업이었다. 박정희가 철강이나 기계공업을 중시하였던 것은 이 부분이 경제일반은 물론이고 군수산업의 물적 토대가 되기 때문이었다.

중공업 중시론의 기원 – 일본 총력전 체제의 영향

박정희의 중공업 중시노선은 일본이 그 롤모델이었다. 박정희는 만주군관학교 출신으로서 관동군이 지도한 만주의 중공업화를 직접 목격하였고 일본육사 시절 일본사와 전사를 공부했다. 5.16 이후에도 박정희는 '일본공부'에 열심이었다.[24] 박정희가 특히 관심을 기울인 부분은 메이지유신(明治維新)과 일본의 전시경제였다. 박정희는 메이지유신에 대해 여러 번 언급하였는데 그 중에서 『국가와 혁명과 나』에서 메이지유신을 정리한 부분이 가장 체계적이었다. 여기서 박정희는 메이지의 지사들이 "국가자본주의를 육성하고 … 제국주의적 체제를 확립하였다"는 것을 강조하였다. 메이지유신의 정수라 할 수 있는 부국강병책을 가리킨 것이다.

박정희가 철강공업에 불타는 집념을 갖게 된 데는 일본 전시경제의 영향이 컸다. 박정희는 포철 설립 전 김정렴 상공부장관에게 다음과 같이 말하였다.

일본이 태평양전쟁을 일으킬 수 있었던 힘은 제철소에서 나온 거야. 제철소가 있으니까 탱크니 대포니 군함까지 만들었잖아.[25]

박정희가 언급한 메이지유신과 태평양전쟁을 연결하는 고리는 총력전체제였다. 일본은 총력전체제를 구축하고 태평양전쟁을 수행하였다. 총력전체제의 핵심은 군수산업이었고 군수산업의 기원은 메이지정부의 부국강병책이었던 것이다. 메이지정부는 식산흥업정책을 선택하고 일본경제를 지탱하는 기간산업을 직접적인 관영방식으로 운영하기로 하였다. 수송, 통신, 중공업의 관영화는 강력한 군대를 만드는 데 불가결하였고 강력한 군대는 국가의 번영을 이룩하는 데 필수불가결한 요소였다. 이것이 이른바, 부국강병책이었다. 부국강병은 군사주도의 근대화를 상징하는 슬로건으로, 실제로 병기생산은 메이지정부의 국가총동원체제에서 가장 중요한 요소였다.[26]

박정희가 언급한 제철소의 기원도 메이지정부가 해군의 '철강국산화' 요구를 수용하여 청일전쟁 배상금으로 설립한 야하타제철소(八幡製鐵所)였다. 일본의 제철소는 메이지정부 때부터 어뢰발사관, 총신, 포탄을 비롯한 대량의 병기를 생산하여 제국해군에 납입하였다.[27] 태평양전쟁기의 제철소는 박정희의 말대로 일본 군수산업의 상징적 존재와 다름없었다. 요컨대 박정희의 중공업 중시노선은 메이지정부의 군사주도 근대화 전략과 전시 총력전체제의 영향이 컸다.

2.3 실력배양론과 대내적 안전

박정희는 5.16 직후 당시 정세를 '긴박한 적색위기'로 규정하고 반공태세의 재정비를 천명하였다. 이후 대규모의 숙정이 단행됐다. 수많은 민주 · 진보인사들이 용공분자로 몰려 체포되거나 구속 · 처형되었다. 이어서 6월 10일 「중앙정보부법」이 공포되었고 7월 3일에는 「반공법」이 공포 · 시행되었다. 중앙정보부는 독재체제 유지를 위한 감시기구이자 폭력기구였다. 박정희가 말한 반공태세의 재정비가 어떤 성격의 것인지 그 면모가 제대로 드러나기 시작하였다.

대북 경제전은 반공 공안통치체제의 정비와 함께 시작된 것이다. 반공 공안통치체제는 박정희가 말한 북한동포해방론 차원의 반공 · 반북 이데올로기 이외에는 북한에 관한 한 어떤 것도 허용하지 않았다. 북한과 관련된 모든 정보는 철저히 차단되었다. 반공 공안통치체제는 여기에 그치지 않았다. 반정부, 반체제를 북한과 연계된 불순세력으로 몰아 탄압하는 정치공작이 횡행하였고 대내적 안전(안보)론을 통해 이를 정당화했다.

대내적 안전론의 개발은 1963년의 국가안전보장회의 설치가 하나의 전환점이었다. 박정희는 1964년 국가안전보장회의 훈시에서 다음과 같이 말하였다.

주지하시는 바와 같이 국가안전보장의 개념은 2차대전을 전기로 새로운 내용으로 변모되고 있는 것입니다. 종래의 개념은 주로 외교와 군사면에서의 **힘**을 통하여 외우에 대비하는 것으로 취급되어 왔으나 오늘날에 있어서는 냉전과 더불어 내환에 대비하는 이른바 국내적 안전을 더욱 중요시하면서 정치 · 경제 · 문화 · 사회 · 심리 · 과학기술 등을 총망라한 통합적 개념으로 확대되기에 이르고 있는 것입니다. 따라서 국가안전보장의 지표는 **대내외적 안전**이라는 광범한 개념상의 변동을 수반하고 있는 것이라 하겠습니다. 우리는 지금 양단된 국토의 통일이라는 민족적 숙원을 하루 속히 성취시켜야 하고 북괴를 위시한 공산세력의 부단한 침략적 위협에 대비하여야 하며, 안으로 정치와 경제의 안정에 총력을 경주하고 있습니다.[28]

종래의 안보개념은 총력전적 사고와 밀접한 관련이 있는데, 박정희는 여기에 더해 대내적 안전이라는 새로운 안보개념을 들고 나왔다. 이는 다음의 연설에서 잘 나타난다.

특히 6.3사태를 목격하고서는 국가안전보장에 관한 여러 가지 문제점을 새로이 인식하였을 줄 믿습니다. 무엇보다도 국가의 안전을 보장하기 위해서는 사회적 안전이 선행되어야 하겠다는 것을 절실히 느꼈으리라고 확신해마지 않습니다. 분명히 오늘의 시점에서는 공산침략에 대비하여 군사력을 강화시키는 일도 중요하겠으나 **내부로부터의 위협**을 더욱 경계하여 정치적·사회적 불안에 편승한 공산마수의 준동을 그 어느 때보다도 중시하여 대외적 안전에 못지않게 대내적 안전에 주력해야 하겠습니다. 정국이 안정되고 사회가 평온하여 모든 국민이 뚜렷한 목표와 희망 속에 생산에 충실할 수 있는 안정된 분위기가 무엇보다 긴요한 것입니다. 이러한 안정된 바탕이 없는 한 공산세력의 침투를 철저히 봉쇄하기는 힘들뿐더러 생산이나 건설도 빈말이 되고 국력을 배양하여 승공통일에 대비한다는 우리들의 염원도 끝없이 공전되어 버릴 것은 다시 말할 필요조차 없을 것입니다. 따라서 여러분들은 국가 목표와 관련하여 대내적 안전이라는 새로운 시각에서 앞으로 부단한 연구와 시책적 노력이 있기를 새삼 당부해 마지 않습니다.

반공이나 승공이라는 당면 과제에 관하여 근간 점차로 국민들이 느끼는 감도가 이완되어가고 있지 않는가 다시금 검토되어야 할 문제인 줄로 생각되는 바입니다. 대량간첩의 검거나 6.3사태의 배후에 개재된 불순세력 정도는 흔히 있는 일로 방심하는 분위기가 다소라도 조성되어 있다면 이는 실로 경계해야 할 심각한 사태인 것입니다.[29]

박정희는 굴욕적인 한일협정에 반대한 6.3항쟁을 불순세력이 개입한 것으로 단정하고 '내부로부터의 위협'에 대처하기 위한 '대내적 안전' 대책을 지시하고 있다. 이것이 정권안보 차원이라는 것은 두말할 필요가 없을 것인데 박정희는 대내적 안전이 실력배양, 즉 대북 경제전 수행의 선결적 조건이라고 말하고 있는 것이다.

2.4 실력배양론과 복지국가

박정희의 실력배양론은 국방이나 중공업에만 국한시킨 것은 아니었다. 박정희는 경제건설을 강조하였고 경제건설의 목표가 국민복지에 있다고 하였다. 국가재건 최고회의 의장 취임사를 보자.

사회적·경제적 모든 면에 있어서 국민생활에 향상을 기하여 공산주의의 침략을 저지하고 진정한 민주복지국가를 건설하는 데 총역량을 집중하여야 하겠습니다.

5대 대선을 앞둔 시점에서는 보다 거창한 복지담론이 나왔다.

동방의 복지국가를 창건하자고 하는 그 일념으로 매진만이 있을 뿐이다.[30]

박정희는 5.16 직후 한동안 '민주복지국가' 혹은 '동방의 복지국가'를 만들겠다고 공언했던 것이다. 이후 5대 대선을 전후하여 「군인연금법」(1963.1.18), 「사회보장에 관한 법률」(1963.11.5), 「산업재해보상보험법」(1963.11.5), 「의료보험법」(1963.12.16) 등이 제정되었다.

그런데 이때 제정된 복지제도는 다분히 장식적인 것이었다. 「사회보장에 관한 법률」은 자유주의 복지철학과 유사하게 자조와 자립을 강조하며 복지국가의 역할을 분명하게 제한하는 것이었다. 또한 「공무원연금법」과 「군인연금법」이 곧바로 실행되어 공무원들과 군인들에게 사회적 보호를 제공할 수 있었던 것과는 대조적으로 일반국민들에게 중요한 사회보험으로 출발할 수 있었던 의료보험은 그 강제성이 삭제됨으로써 명목상의 복지제도로만 남게 되었다.[31]

박정희는 5대 대통령에 당선된 직후 취임식에서 또다시 복지사회 건설을 언급하였지만 이후 복지에 대한 새로운 시책은 더 이상 나오지 않았다.

박정희가 근로국민에 요구한 것은 내핍과 인내였다. 1967년 근로자의 날 치사를 보면 잘 알 수 있다.

앞으로 몇 년 후면 여러분은 오늘보다는 밝고 향상된 여러분 자신의 지위를 확보하게 될 것이고 또 몇 년을 더 지나면 복지국가의 단계에 들어서게 될 것을 나는 확신합니다. 지금이야 말로 더욱 땀을 흘려야 할 때이고 허리띠를 졸라매고 참고 이겨나가야 할 때인 것입니다.[32]

박정희는 근로국민에게 '건설우선'을 요구했다.[33] 즉 국가이익과 사회공익을 최우선시하라는 것이었다.[34] 근로국민은 국가건설과 산업개발의 전사여야 했다.[35] 산업전사로서 내핍하고 기다리면 '몇 년 후의 또 몇 년 후'에 복지국가가 온다고 하였다. 그렇지만 1960년대 중반 이후 경제성장의 결과는 국민들의 복지로 이어지지 않았고 오히려 정부의 복지예산은 감소했다.[36]

2.5 실력배양론과 북한동포해방

실력배양론은 국방과 경제건설을 통해 궁극적으로 북한동포를 해방한다고 하는 논리를 포함하고 있었다. 박정희는 5.16 이후 해마다 북한동포에 보내는 메시지를 공표하였는데 이 메시지의 기본 논리가 북한동포해방론이었다.

그 내용은 다음과 같다. 첫째, 북한을 소련과 중공의 이중 식민지로 규정하는 것이다. 둘째, 북한주민은 공산학정 아래서 '기아와 탄압의 생지옥' 속에 놓여 있다는 것이다. 셋째, 남북이 통일된 독립국가를 세우는 유일한 관건은 북한주민과 군인들이 궐기하여 "김일성

일당을 소련으로 추방 타도하고 소련과 중공의 지배를 과감히 쳐부수는 영웅적인 해방투쟁을 전개하는 것"에 있다고 주장하는 것이다. 넷째, 북한은 남한의 영토이고 북한주민들도 남한의 국민이라 주장하는 것이다. 다섯째, 북한을 실지(失地)로 부르면서 실지회복을 위한 국토통일, 승공통일론을 주장한다는 것이다. 여섯째, "지금은 통일을 말할 때가 아니"고 "경제건설과 근대화"에 매진해야 한다는 것이다.

박정희의 북한 규정은 다분히 정치적이고 선정적인 것이었다. 사실에 반하는 부분도 있었다. 북한을 생지옥으로 부르거나 북한주민의 궐기를 말하는 부분에서는 김일성의 지상낙원론을 의식하고 거기에 반발하는 면이 보이기도 한다. 당시 북한이 남한보다 경제적으로 우위에 있는 상황에서 북한을 생지옥으로 부르거나 해방론을 말하는 것은 지나친 감이 있다.

2.6 소결: 국방, 중공업, 안보 중시의 실력배양론

서론에서 밝혔듯이 본서에서는 실력배양기를 1961~67년 기간으로 설정, 다시 1961~63년, 64~67년의 두 시기로 구분하고 있다.

박정희는 한 연설에서 "일면 군사력 증강 일면 경제재건"이라는 표현을 썼다. "일면~ 일면~" 이런 표현은 일본 국방국가의 이데올로그들이 자주 사용한 것인데 박정희 역시 집권 18년간 '애용'한 슬로건이었다. 박정희의 "일면~시리즈"는 여러 버전이 있는데 실력배양기에 등장한 것이 바로 "일면 군사력 증강 일면 경제재건"이었다. 박정희가 실력배양에서 가장 중요하게 생각했던 것은 하나는 국방이고 다른 하나는 경제재건이었다는 것이 이 슬로건에서 분명하게 드러나 있다.

그런데 박정희의 중공업 중시의 경제재건책은 실력배양기의 제1시기는 실패로 끝났다. 군사력 증강이나 경제재건이 본격화되는 것은 제2시기였다. 제2시기를 특징짓는 것은 한일협정과 베트남전쟁 참전이었다. 특히 베트남전쟁 참전이 결정적 의미를 가졌다. 남한은 미국의 '브라운 각서'에 의해 '장비의 현대화'를 기할 수 있었다. 뿐만 아니라 베트남 전쟁특수로 남한경제는 천재일우의 기회를 얻었다. 한-미-일, 한-미-월의 두 성장 트라이앵글이 작동하면서 수출주도형의 경제성장 체제가 모습을 드러내기 시작하였다. 이 과정에서 제1기에 좌절한 중공업 중시노선이 다시 부활하였다. 경제는 성장하였지만 근로국민들은 '몇 년 후의 또 몇 년 후에 올 복지국가'를 위하여 내핍하고 희생하면서 기다려야만 했다.

베트남 참전 이후 남한사회는 급속히 병영국가로 변모하였다. 6.3항쟁을 비상계엄으로 진압한 박정희 정권은 한편에서 '대내적 안보'를 구가하면서 반공 공안통치를 강화하였고 1967년부터 주민등록제를 실시하고 징병제를 강화하였으며 정신규율을 강조하는 제2경제운동을 제창하였다.[37] 제2기에 들어서면 실력배양론은 국방과 중공업, 그리고 안보 중시의 노선을 선명하게 드러낸다.

〈그림 3-2〉 실력배양기의 주요 시책

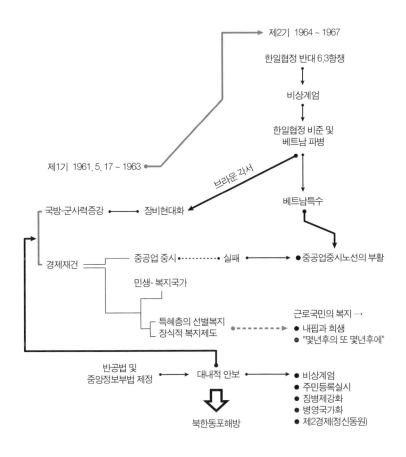

3. 박정희의 급진적 중공업 건설 추진과 실패

3.1 중공업 건설에 우선순위를 둔 제1차 5개년계획

박정희는 국가재건최고회의 의장이 되고 나서 곧바로 경제기획원에 경제개발계획 수립을 지시하고 1962년 1월 10일에는 제1차 경제개발 5개년계획(원안)을 공표하기에 이른다.

박정희는 기회 있을 때마다 농촌을 잘살게 해야 한다고 하면서 농공병진정책을 표방하였지만 1차계획은 공업에 역점을 둔 것이었다.[38]

1차계획은 기간산업, 중화학공업에 중점을 두었다. 이 중에서도 박정희의 주요 관심사는 철강, 기계공업이었는데 특히 철강공업의 창설에 깊은 관심을 보였다.

〈그림 3-3〉 제조업 부문의 업종별 투자계획

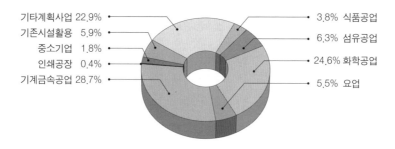

기타계획사업 22.9%
기존시설활용 5.9%
중소기업 1.8%
인쇄공장 0.4%
기계금속공업 28.7%

3.8% 식품공업
6.3% 섬유공업
24.6% 화학공업
5.5% 요업

자료 : 박동철, "5.16 정권 초기 경제정책의 성격", p. 139.

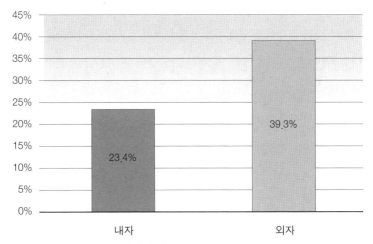

〈그림 3-4〉 종합제철의 투자 비중(원계획)

자료: 박동철, "5.16 정권 초기 경제정책의 성격", p. 138.

3.2 박정희의 중공업 중시노선의 특징

주요한 동기 - 대북 경제전

박정희의 중공업 중시노선은 북한요인의 영향이 컸다. 북한은 전후복구 때부터 중공업 중시노선에 따라 일찍이 기계공업기지를 창설하고 중공업 기반을 강화하는 데 심혈을 기울였다. 이 결과 1960년대 초 무렵에는 북한이 중공업 부문에서 남한보다 앞서 있었던 상황이었다.

박정희는 북한이 경제에서 남한을 앞서 있기 때문에 북한을 따라잡아야 한다는 의식이 무엇보다 강했다. 1차계획(원안) 발표 직전 박정희의 지시에 따른 다음의 수정 사항은 이를 잘 보여준다.

북한에 대한 경제적 우위를 확보하기 위하여 급속한 경제성장을 기할 것
이다.[39]

이 수정 사항은 1차계획의 가장 중요한 목표 중 하나가 북한에
대한 경제우위 확보에 있었다는 것을 말해준다. 이에 따라 1차계획
의 당초 연평균 성장률은 5.1%(건설부 안)이었으나 7.1%로 상향 조
정되었다.

박정희는 북한의 중공업, 특히 철강공업을 따라잡기 위해 부심하
였다. 이와 관련된 사업이 바로 종합제철 건설이었다. 당시에 군사
정부는 종합제철 공장의 규모를 30~40만 톤으로 상정하였다. 이는
북한의 주요 제철소가 15~20만 톤 규모의 용광로 2기를 보유하고
있다는 것을 감안한 경쟁적 조치였다.[40]

조급한 중공업 노선

박정희의 중공업 중시노선은 대북 경제전을 일차적 동인으로 하
고 일본모델로부터 영향을 받아 성립된 것이었다. 박정희는 동원적
이고 통제적인 개발체제를 정비하였는데 그 중심에는 전시 일본의
국방국가적 통제경제 체제를 모델로 한 경제기획원이 있었다.[41]

박정희의 중공업 중시노선은 공업화 전략이라는 면에서 일본모
델과 달랐다. 일본모델은 병기생산과 관련된 기계공업이 선행적으

로 발전하였고 이어서 철강공업의 국산화=수입대체 산업화가 진행되었다. 이를 통해서 생산재 생산 부문을 중심으로 하는 이른바 내포적 공업화가 이루어진 것이다.

박정희는 1차계획 수립 당시에는 종합제철과 종합기계공장 건설을 동시에 추진한다는 구상을 지지했지만 얼마 지나지 않아 제철·기계의 동시 추진을 포기하게 된다.[42] 그리고 박정희는 일본과는 달리 종합제철을 우선 추진하였다. 종합제철은 처음부터 외국의 자본과 기술도입을 중시한 것이었다. 여러 우여곡절 끝에 종합제철은 결국 일본자본의 도입으로 건설되었는바, 이것은 자본재와 중간재의 거의 대부분을 일본에 의존하는 것이었다. 이는 이후 기계공업의 대일의존을 결정짓는 계기가 되었다. 박정희의 중공업 중시노선은 국내의 기술적 기반을 결여한 조건에서 외부로부터의 자본과 기술의 이식에 의한 대외의존적인 중공업 건설 노선이었다.

3.3 초기 중공업 중시노선의 실패요인

박정희의 초기 중공업 중시노선은 1964년 2월 발표된 보완계획에서 1차계획의 근간이었던 종합제철소 및 종합기계제작소 건설계획이 백지화되면서 무산되어버렸다. 이로서 박정희의 의중이 강하게 반영되었던 초기 중공업 중시노선은 실패로 끝났다.

초기 중공업 중시노선의 실패요인은 크게 두 가지로 나눌 수 있다. 하나는 국내적 요인이고 다른 하나는 대외적 요인이었다.

국내적 요인으로서는 통화개혁의 실패와 그로 인한 경제위기를 들 수 있다. 통화개혁은 무리한 내자동원책이었다. 당시 한국경제는 1959년부터 시작된 경기침체와 1960~61년 환율 현실화와 공공요금 인상에 따른 인플레이션으로 소비는 위축되고 생산은 축소되었다. 이런 상황에서 정부가 은행을 장악하였다고는 하지만 민간 (일반국민)으로부터 자금을 동원할 수 있는 여력은 그다지 많지 않았다. 사채시장의 자금도 예상한 것처럼 은행에 많이 유치되지 않았다.[43] 이러한 사실은 대규모 내자동원의 국내적 여건이 전혀 갖추어져 있지 않았다는 것을 보여주는 것이다. 군사정부가 실시한 내자동원책은 사실상 애초부터 실현 불가능한 것이었다.[44]

통화개혁 실패는 1961년 이후 진행 중에 있었던 인플레를 더욱 자극하였다. 물가상승은 소비재 30~40%, 생산재 10~30%에 이르렀다. 정부는 인플레를 진정시키기 위해 긴축재정을 실시하였다. 이로 인해 소비와 생산은 더욱 위축되었고 경제성장률도 떨어졌다. 1961년의 경제성장률은 3.5%였으나 1962년에는 2.8%였다.[45]

이런 상황 속에서 국내에서는 경제계획의 수정이 불가피하다는 여론이 일어났다. 여기에다 쌀 위기까지 겹쳤다. 1962년 흉작으로 일어난 쌀 위기는 1963년까지 이어졌다. 통화개혁 실패와 인플레이션, 그리고 쌀과 외환위기가 겹치면서 군사정부 출현 이래 최대의 경제위기 국면에 봉착하게 되었다. 이것이 1차계획 수정을 불가피하게 만든 가장 커다란 요인들이었다.

대외적으로는 미국의 압력이 거셌다. 미국은 박정희의 중공업 중시노선이 군사적 색채를 강하게 띠고 있는 것으로 보고 그다지 달

가워하지 않았다. 남한에 대한 북한의 위협이 군사적인 데 있는 것이 아니라 남한 내부의 간접침략의 토대가 되는 경제적 취약성과 정치불안에 있다는 것이 미국 측의 입장이었다. 북한과의 관계에 있어서 군사적 대응도 중요하지만 그보다는 적극적인 경제적인 대응이 필요하다고 보았다. 이런 시각에서 미국은 노동집약적 경공업을 중심으로 경제를 개발해야 한다는 것이었다.[46]

한일협정 이전 일본 정계의 유력인사들도 미국과 비슷한 시각을 가지고 있었다. 기시 노부스케(岸信介) 전(前) 수상은 1963년 민정이양 이후 박정희에게 "신흥국은 곧바로 대공장을 세우고 공업화를 추진하고자 하는데 대공장 중심의 공업화보다는 그 기초가 되는 중소기업이나 농촌 진흥이 중요하고 일반 구매력이 높아져야 대기업이 자라는 토양이 형성된다"는 취지의 권고를 하였다.[47] 이 발언은 한국은 아직 대공장 중심의 공업화를 추진할 여건이 성숙되어 있지 못하고 따라서 대공장 중심의 중공업보다는 농업과 중소기업 육성을 통해 그 기초 토대를 배양하라는 메시지였다. 박정희의 중공업 중시노선과는 전혀 다른 주문이었다. 미국도 일본도 박정희의 중공업 중시노선에 대해 부정적 시선을 보냈던 것이다.

일본은 이 무렵 한국전쟁 특수를 계기로 부활한 중화학공업을 바탕으로 방위산업계획을 추진하면서 군수산업의 정비·육성에 힘을 기울이고 있었다. 미국은 '미·일·한' 국제분업체제에서 한국이 그 일단을 맡아야 한다는 구상을 가지고 일본=중화학공업·군수산업, 한국=경공업이라는 구도하에서 한일경제관계의 재구축을 설계하였다.[48] 이런 상황에서 미국이 한국의 중공업 중시노선을 용인할 리가 없었다. 미국은 북한을 의식하여 상향조정한 7.1%의 성장률도 비현실적이라고 보았다. 미국은 통화개혁과 연동한 '산업개발공사 설립안'에 대해서도 사회주의적 색채가 있는 것으로 간주하고 강력히 반발하였다.[49]

미국의 반발은 외자동원에도 영향을 미쳤다. 경제기획원안은 내자동원을 강조하였지만 종합제철 등 주요 기간산업 건설은 외자의 충원을 통해 건설되도록 계획되었다. 미국의 협조가 없이 계획의 성사는 불가능한 일이었다.[50] 미국은 군사정부의 통화개혁 이후 적극적인 반대공작에 나섰고 미 정부 산하의 대외원조처(USOM)도 한국의 제철공장 설립 프로젝트에 지극히 소극적인 반응을 보였다. 결국 제철소 설립은 1963년 2월 이후 더 이상 추진조차 어렵게 되었다.

4. 베트남전쟁 참전:
미국 전비(戰費) 의존형의 국방 · 경제 건설 추진

4.1 파산 직전의 한국경제

민정이양 이후 박정희 정권은 1964년 2월 미국 측의 요구를 수용한 보완계획을 발표함으로써 통화개혁 이후 빚어졌던 한미갈등을 진정시키고 경제혼란을 수습하려 하였다. 1964년부터 미국은 주한

미군 및 한국군 감축문제를 본격적으로 거론하기 시작하였고 이로 인해 한미 간에 안보문제를 둘러싼 새로운 갈등이 시작되었다. 국내정치적으로는 한일협정 반대시위가 격화되고 있었다. 민정이양 이후 불과 수개월 만에 박정희 정권은 정치·안보상 중대한 위기국면을 맞이하게 되었다.

뿐만 아니었다. 1963년부터 시작된 외환위기가 1964년에도 지속되었다. 1961년 이후 외환보유액은 지속적으로 감소하였는데 1963년의 외환보유액은 1억 540만 달러였으나 실제 달러보유액은 1억 달러에도 미치지 못하였다. 이것이 우리나라에 닥친 첫 번째 외환위기였다. 오원철의 말처럼 한국경제는 '파산직전'이었다.[51]

4.2 한일협정과 베트남 파병

박정희는 이 위기를 어떻게 헤쳐 나갔을까? 박정희는 한일협정과 베트남전쟁 참전에서 돌파구를 찾았다. 국회에서는 1965년 6월 22일 한일기본조약이 통과되었고 8월 18일 베트남 파병동의안이 통과되었다. 한일협정이나 베트남 파병은 동아시아 반공체제 및 경제협력체제 구축을 위한 미국의 압력에 따른 것이긴 하나 사실은 박정희 자신의 선택이기도 하였다. 박정희는 5.16 직후부터 경제개발을 위해서는 일본의 협력이 필수적이라고 믿었고 구 만주인맥을 동원하여 일본 정·재계와 비밀접촉을 하고 있었다. 베트남 파병 문제도 박정희가 케네디(J. F. Kennedy)와 회담 시 먼저 거론한 전력이 있었다.

아무튼 박정희는 한일 간의 역사청산 문제를 미봉한 채 대일 청구권자금(일본 측은 청구권과 관련이 없는 경제협력 자금으로 규정) '무상 3억 달러, 유상 2억 달러, 민간차관 1억 달러 이상'을 얻는 선에서 한일협정을 타결지었다. 청구권 자금은 후일의 일면국방 일면건설 노선하에서 포철건설 자금으로 전용되면서 국방산업 건설의 토대가 되었다.

파산 직전의 한국경제를 구하는 데는 한일협정으로 획득한 개발자금도 중요하였지만 그보다는 베트남전쟁 참전이 결정적이었다. 베트남전쟁은 당시 남한경제에 천재일우의 기회를 제공했다.[52]

4.3 베트남전쟁, 한국경제를 수렁에서 구하다

미국 전비의존형의 국방·경제 건설

박정희는 베트남 파병을 군사적인 이익뿐만 아니라 경제적 이해관계를 고려하여 결정했다. 이것을 잘 보여주는 것이 '파병 조건'에 대한 교섭이었다. 1차 파병 이후 한국 외무부는 미국과 베트남 파병 조건에 대한 협의에 착수하고 1966년 '브라운 각서'를 체결하게 된다. 브라운 각서는 한국군의 베트남 파병에 대한 대가로서 군사원조 및 경제원조의 제공을 문서화한 것이다.

이로서 남한정부는 베트남 참전을 통해 미국의 전쟁경제에 편승하여 국방도 챙기고 경제도 챙기는 이중의 실리를 얻게 되었다. 먼저 국방 면에서 보면 베트남 참전은 미군철수 혹은 한국군 감축 움직임을 유보시키고 오히려 한국의 국방력을 강화하는 효과를 가져왔다. 브라운 각서에 의해 미국의 군원이관이 중지되었으며 군 장비 및 무기체계의 현대화를 위한 미국의 무상지원과 차관이 증대하였다. 1961~65년 미국의 군사원조는 약 8억 2천만 달러였는데 전투부대를 파견한 1966~70년은 약 16억 8천만 달러로 2배 이상 증가하였다.[53]

다음으로 경제면으로 보면 베트남 파병은 당장 남한경제를 외환위기에서 구해냈다. 1965년 외환보유액은 이례적으로 1억 3,800만 달러로, 전년에 비해 약 900만 달러가 늘었다. 1966년에는 2억 3,600만 달러, 1968년에는 3억 8,800만 달러, 1970년에는 5억 8,400만 달러로 급속히 늘어갔다.[54] 이러한 외환보유액 증가는 베트남 특수의 증가에 의한 것이었다. 베트남 특수의 누계액은 10억 2,200만 달러였는데 1965년 한일협정 이후 일본으로부터의 외자도입 총액(청구권 자금+상업차관+직접투자) 10억 8,900만 달러에 필적하는 것이었다.[55] 베트남 특수는 외환위기를 해소하였을 뿐 아니라 사회간접자본의 개발에도 중요한 역할을 하였다. 대표적인 예로 박정희 정권의 최대의 업적으로 평가되는 경부고속도로도 베트남 특수로 유입된 외화자금으로 건설된 것이었다.[56]

다음으로 중요한 것은 한국경제의 지속적인 성장의 엔진으로서 한미일의 3각 무역구조가 베트남 특수를 매개로 형성되었다는 것이다. 이 3각 무역구조의 가장 큰 특징은 일본으로부터 수입한 원자재 및 중간재, 자본재(기계)에 국내의 값싼 노동력을 이용하여 조

립가공한 최종제품을 미국 시장에 수출하는 것이었다.[57]

베트남 특수가 만들어낸 개발 메커니즘과 중공업 중시노선의 부활

초기 중공업 중시노선의 좌절 이후 경제시책의 가장 큰 변화는 수출제일주의의 채택이었다. 수출제일주의는 1964년 2월 보완계획이 나온 뒤 이해 말부터 본격화되었다. 수출입국이라는 구호도 나왔으며 '수출 아니면 죽음'이라는 사생결단적 구호도 나왔다. 1964년 말 이처럼 수출을 강조하게 된 직접적인 배경은 외환위기였다. 미국의 원조가 줄어들고 있는 상황에서 자력으로 외화 핍박에 대처하는 길은 수출을 통한 외화가득 이외에는 달리 방법이 없었던 것이다.

1965년부터 수출은 증가하기 시작하였다. 수출의 증가는 베트남 전쟁을 매개한 두 개의 '성장의 트라이앵글'에 기인한 것이었다. 하나는 한미월의, 다른 하나는 한미일의 '성장의 트라이앵글'이었다. 1965년부터 시작된 수출증가는 이 두 개의 삼각무역을 축으로 한 수출의 증가, 즉 대미수출과 대베수출이 급격하게 늘어난 데 따른 것이었다.

문제는 무역수지 역조문제였다. 1964년 박정희는 수출실적 1억 달러 돌파를 기념하기 위해 제정된 제1회 수출의 날 치사에서 "특히 고질화된 국제수지의 역조현상을 개선하는 데는 허다한 난문제가 있었"[58]다고 언급하였다. 국제수지 역조의 가장 큰 문제는 무역수지 역조에 있었다. 무역수지 역조는 1965년에도 되풀이되었다. 1965년 수출은 1억 7,500만 달러였지만 수입은 4억 6,300만 달러였다. 박정희가 1965년 9월부터 수출진흥확대회의를 주재하고 1966년도 예산안 제출에 즈음한 시정연설에서 수출목표 달성과 동시에 국제수지 개선을 특별히 언급하게된 것은 이런 사정 때문이었다. 1965년 말 제2회 수출의 날 치사에서 박정희는 다시 이 문제를 거론하였다.

> 우리의 수출산업이 이처럼 발전하고 수출이 대폭적으로 증가하고 있기는 하지만 누적된 국제수지의 역조를 만회하여 조국근대화와 자립경제 건설의 기반을 굳건히 하기 위해서는 아직도 극복해야 할 허다한 난관이 산적해 있다는 것을 잊어서는 안 될 것입니다. 자본, 기술, 설비, 관리 면에서 낙후성을 비롯하여 시장개척 문제 등 우리가 해결해야 할 과제들은 한두 가지가 아닌 것입니다.[59]

이 문제에 대해 정부는 '수출진흥종합시책'을 마련하여 수출산업의 육성에 더 한층 박차를 가하는 것으로 대책을 세웠다. 이 시책은 수출애로를 해소하고 수출증대를 기하는 데 주요한 모멘트가 되었다. 하지만 이런 시책에도 불구하고 역조문제는 해소되지 않았다. 1960년대 중반 이후 무역수지 역조는 확대되었다. 1969년 무역수지 역조는 12억 달러에 달했다.

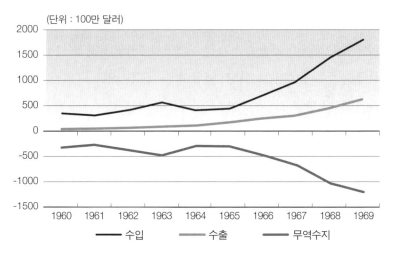

〈그림 3-5〉 1960년대 한국의 무역수지 동향

(단위 : 100만 달러)

범례: 수입 / 수출 / 무역수지

자료 : 한국은행, 『경제통계연보』(각 년도)

무역수지 역조의 가장 큰 요인은 대일무역적자였다. 베트남 특수
기(1965~72)의 대일 무역적자는 37억 달러에 달했다. 이 기간 무역
적자 총액의 53%나 되는 것이었다.

〈그림 3-6〉 베트남 특수기의 3각 무역구조

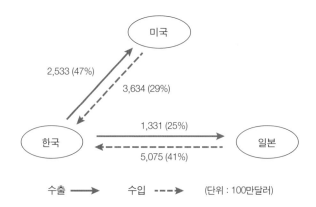

수출 ──→   수입 ----→   (단위 : 100만달러)

정부는 역조문제에 대한 보완책으로서 용역, 해외인력 진출, 관광업 등에 의한 무역외 수입에 관심을 가지기 시작하였다. 이를 보여주는 것이 박정희의 1966년 9월 8일의 시정연설이었다.

3억 2천만 달러의 상품수출을 달성하는 동시에 용역 및 인력해외진출 등을 적극 추진하여 외화가득의 증대를 기할 것입니다. … 그리고 무역외 수입의 증대를 위하여 관광자원을 개발하고 관광시설을 계속 확장할 것입니다.[60]

이 시기의 무역외 수입에 크게 기여한 것이 바로 베트남 특수였다. 베트남 특수는 무역에 의한 경상수입(=평균 27.7%)보다 무역외 수입(=72.3%)이 큰 부분을 점하였다. 무역외 수입은 1965년 180만 달러, 1966년 3,700만 달러, 1967년에는 1억 2,800만 달러로 급격히 증가하였고 1965~72년간 총액은 약 7억 3,900만 달러나 되었다.[61]

무역외 수입을 통해 국제수지문제는 다소 완화되었지만 근본문제는 해결되지 않았다. 가장 중요한 문제는 수출이 늘면 늘수록 수입도 늘어난다는 것이었다. 이것은 공업화의 기초가 약한 상태에서 '지시경제적 강제'에 의해 급속한 수출을 도모한 데서 생긴 문제였다.[62] 정부의 수출산업 육성책 속에는 수출상품 구성의 고도화에 대한 문제인식이 없지는 않았지만 1960년대 내내 경공업 제품이 압도적 비중을 차지하였고 중화학공업 제품은 13~14% 수준에 머물러 있었다. 중화학공업 제품이라는 것도 실상은 일본에서 부품을 수입하여 조립가공한 내구성소비재가 대부분이었다.

1960년대 중반 1차계획 수정과 함께 시작된 공업화 노선을 수출주도형 공업화라고 일컫지만 이 공업화는 단순 조립가공형의 경공업에 특화된 것이었다. 이 공업화 노선은 선진국의 자본재를 수입해야만 비로소 가동되는 것이었다. 이러한 공업화 노선은 수출보다는 수입압력이 더 컸고 이로 인해 무역수지 적자문제를 피할 수 없었다. 입초문제가 이를 증명한다. 이 문제의 해결이 중요한 과제가 되었지만 공업력의 기초가 빈약했기 때문에 무역수지 적자의 보전을 끊임없이 공업 부문 이외에서 찾아야 했다. 이것이 단순 조립가공형의 경공업에 특화된 1960년대 수출주도형 공업화가 당면한 문제였다.

그러면 박정희는 이와 같은 수출주도형 공업화의 문제점에 대해 어떤 인식을 갖고 이에 대처하였는가? 박정희는 수출이 늘어나고 수출상품 구성에서 공업품이 다수를 점하게 된 데에는 긍정적으로 평가하였으나 철강, 기계 등 핵심 자본재의 수입 의존에 대해서는 불만이었다. 1966년 부산조선공사 종합기공식 치사에서 박정희는 다음과 같이 말하였다.

제철공업, 철강공업은 우리나라의 기간산업 중에서도 가장 중요한 산업의 하나인 것입니다. 앞으로 우리의 공업을 발전시키기 위해서는 이러한 철강재를 종전과 같이 외국에 언제까지나 의존하고는 우리나라의 경제를 발전시킬 수 없는 것입니다. 두 번째가 종합기계공업, 이것도 또한 앞으로 우리나라의 가장 중요한 산업의 하나입니다. 우리는 지금 공업건설을 하기 위해서 산업건설을 하기 위해서 많은 공장들을 건설하고 있습니다. 또 이러한 공장들은 외국에서 많은 차관을 해서 기계를 도입하고 있습니다. 이러한 공장에서 장차 필요한 부속품이라든지 기계를 계속 외화를 써서 외국에서 사들여서는 우리나라의 공업을 발전시킬 수 없습니다.[63]

박정희는 철강이나 기계를 외국에 계속 의존해서는 공업이나 경제발전은 불가능하다고 생각하였다. 이에 대한 대책으로 박정희가 생각하였던 것은 수입대체형 공업화의 추진이었다. 박정희는 1966년도 시정연설에서 "기계 · 조선 · 철강 공업 등의 기초산업을 가일층 육성함으로써 최대한의 수입대체효과를 얻으며 나아가 이를 수출산업으로 전환하는 기반을 조성할 것"이라고 하였다. 박정희는 수입대체형 공업화에 대한 강렬한 열망을 다시 표출한 것이다.

박정희의 수입대체형 공업화에 대한 추진 동기는 무엇이었을까? 하나는 앞서 살펴본 바와 같이 철강 · 기계 등 자본재의 수입의존 문제를 해결해야 한다는 현실인식에 근거한 것이다. 다른 하나는 1차계획 수립 당시 견지하였던 중공업 중시노선에 대한 집념이었다. 전자와 후자는 따로 분리하기 어렵고 서로 결합된 것이기는 하지만 박정희의 수입대체형 공업화에 대한 집념은 후자가 더 강렬했다고 할 수 있다. 이 부분은 박정희의 연설에서 읽을 수 있다. 박정희는 1967년 연두교서에서 1차계획 실적을 언급하면서 다음과 같이 말하였다.

돌이켜 볼 때 제1차 5개년계획에 대해서는 너무나 의욕적이며 실현 불가능하다는 비판과 의견이 국내외로 있었습니다만 우리는 제철기계부문을 제외한 모든 부문에서 그 계획을 초과달성하였습니다.

제철·기계부문은 보완계획에서 제외된 사업이고 1차계획의 실적평가와 무관할 수 있는데 박정희가 이 부분을 스스로 언급한 것은 이 부분에 대한 아쉬움이 그만큼 컸기 때문일 것이다. 그리고 박정희는 제철·기계부문은 군사정부 때부터 추진해오던 사업이라고 강조하면서 다음과 같이 말하였다.

이 사업(제철공업)은 군사혁명정부 때 벌써 한 5년 전에 정부의 계획으로써 추진해 왔으나 이것이 여의하게 되지 않다가 최근에 와서 미국의 저명한 사파스 회사와 독일의 리말크 회사 그리고 일본에 있는 야하다 제철 이러한 몇 개 회사가 기간이 돼서 모든 문제가 순조롭게 추진되어 금년 내로는 발족을 볼 수 있는 단계에 놓여있는 것입니다.[64]
이것도(종합기계공업) 역시 군사혁명정부 때부터 추진해 왔으나 여러 가지 외국의 차관교섭이라는 것이 잘 되지 않아서 지금까지 지연되어오다가 … 이 공장도 빠르면 금년 중 늦어도 내년 초에는 착수를 볼 수 있으리라고 믿고 있습니다.[65]

철강이나 기계공업은 박정희의 중요한 관심사업이었다. 군사정부 초기의 2대 공업건설 사업은 실패하였으나 이후로도 박정희는 2대 사업에 집요한 관심을 표하였다. 이런 경과의 일단이 위의 박정희의 연설에 그대로 나타나 있다.

여기서 중요하게 음미해 볼 부분은 박정희가 말한 "2대 사업 추진은 그 출발점이 군사정부 때"였다는 것이다. 군사정부 때의 2대 사업 추진은 중공업 중시노선에 입각한 것이었다. 이것은 국방상의 요구가 선행하는 조숙적인 중공업화 노선이었다. 따라서 박정희의 위 발언은 초기 중공업 중시노선의 연장선상에서 2대 사업 추진을 생각하고 있다는 것을 시사한 발언으로도 해석할 수 있다. 이렇게 해석하는 근거는 박정희의 다음 연설에서 엿볼 수 있다.

언제 어떠한 방법으로 남북통일이 되느냐 하는 문제에 대해서 요즘 여러 가지 부질없는 말을 하는 사람들이 많습니다만 가장 첩경은 우리나라의 공업화를 빨리 해야 된다는 것입니다. … 오로지 우리의 실력을 배양해야 되는 것입니다. 국가의 실력이란 여러 가지 문제가 있겠지만 오늘날 현대 국가의 실력이란 곧 공업력입니다. … 한 국가가 근대화하는 데 있어서 미리 해야 할 과업이 많이 있습니다만 그중에서도 가장 중요한 것이 산업의 근대화입니다. 산업의 근대화는 곧 공업화를 말하는 것입니다. 특히 우리나라가 공업화하는 데 있어서 또 여러 가지 근본적으로 해야 할 일들이 많이 있습니다만 그중에서도 가장 중요한 사업의 하나가 곧 제철과 기계공업의 발전입니다.[66]

박정희는 통일 이전에 시급한 과제는 공업력 배양이고 공업력이 있어야 통일이 된다는 말을 하고 있다. 박정희가 말하는 공업력의 척도란 제철과 기계공업이었다. 여기서 통일과 공업력의 관계가 극명하게 드러난다. 1960년대는 북한이 제철과 기계공업에서 앞서 있던 시기였다. 제철과 기계공업은 북한 군수공업의 토대이기도 하였다. 따라서 박정희가 공업력, 특히 제철과 기계공업을 키워야 통일이 된다는 것은 군사적 성격이 강한 대북 경제전적 사고를 또 다시 표출한 것이라고 할 수 있다.

박정희가 위와 같은 연설을 한 1967년은 제2차 5개년계획이 시작된 해였다. 2차계획은 제철, 기계, 석유화학, 조선의 4대 공업 육성이 중심이었다.[67] 4대 공업 중에서도 가장 우선순위가 높은 것은 박정희의 말대로 제철, 기계의 2대 공업부문이었다. 2차계획의 근간은 명백히 중화학공업 육성을 지향하는 수입대체형 공업화 추진 노선이었다. 이에 따라 관련 산업의 공업육성법이 잇따라 제정되었다. 1966년에 「석유화학육성법」이 제정되었고 1967년에 「조선공업진흥법」과 「기계공업진흥법」이 각각 제정되었다. 그리고 비록 실시가 무산되었지만 포항에 종합제철소 건립을 확정하고 구미(歐美) 8개 기업과 협정이 맺어진 것도 1967년이었다.

흥미있는 사실은 2차계획이 시작되는 1967년 연두교서에서 박정희가 "공업입국 전면작전을 전개하자"고 역설한 것이다. 1964년 수출입국을 말한 지 불과 3년 만에 공업입국이라는 말이 나온 것이다. 일본의 사례를 보면 수출입국보다는 공업입국이라는 슬로건이 먼저 나왔다. 공업화의 기반을 바탕으로 수출입국으로 나아간 것이다. 일본에서 공업입국의 진전은 전시 생산력 확충 정책이 중요한 역할을 하였고 수입력 확보를 위해 수출제일주의 구호가 처음 나온 시점도 역시 전시경제 때였다. 물론 수출입국론이 전면화한 것은 전후부흥기였다.

이렇게 보면 한국은 공업입국 → 수출입국이 아니라 수출입국 → 공업입국으로 선회한 것이었다. 물론 이런 역코스가 수출입국론 또는 수출지향형 공업화를 대체한 것은 아니지만 수출지향형과는 다른 지향성을 드러낸 것이라는 점도 부정하기 어렵다. 한국처럼 공업화의 토양이 부실한 상태에서 수출주도형 공업화에서 자연생장적으로 중공업이 성장하는 것은 아니었다. 박정희는 바로 이 점에 불만을 품었을 지도 모른다. 북한과 경제전을 하기 위해서는 중공업 건설이 시급한데 수출입국 선언으로 수출은 늘어났지만 2대 공업의 기반은 여전히 취약하였다. 2대 공업 육성을 위해서는 중공업 건설에 다시 강력한 드라이브를 걸 필요가 있었고 그것이 전격적으로 표면화된 것이 바로 공업입국론이었던 것이다. 이렇게 본다면 공업입국론의 제기는 중공업 중시노선으로의 회귀를 의미하는 것이라 해도 과언이 아니다.

그렇다면 초기 중공업 중시노선과 베트남 참전 시기의 중공업 중시노선은 어느 면이 같고 다른 것일까? 박정희가 1967년에 전면화한 중공업 중시노선은 2대 공업의 강조라는 점에서 초기 중공업 중시노선과 연속하는 것이다. 이 연속성의 기본적인 동인은 반복되지만 대북 경제전적 관점에 있었다.

양 시기의 중공업 중시노선의 차이점은 크게 두 가지를 들 수 있는데 하나는 내자동원체제의 변화이고 다른 하나는 중공업 건설의 담당자가 변화되었다는 것이다. 내자동원체제는 초기에는 국공채의 발행과 적자재정, 그리고 통화개혁이라는 이름으로 행해진 강제적인 화폐환수 조치가 중심이었지만 베트남 참전 시기에는 동원적인 개발체제하에서 진행된 재정·금융 동원책이 중심이었다. 재정면에서는 증세노선이 본격화되었다. 증세노선을 상징하는 것이 1966년 국세청 설립이었다. 그리고 1967년 소득세율과 물품세를 인상하는 등의 세제개혁 조치가 단행되었다. 이를 통해 직접세인 소득세의 비중이 높아졌고 대중과세가 강화되었다. 금융면에서는 금리현실화에 의해 대규모의 국민저축 동원이 이루어졌다. 이것이 중공업 부문에 대한 은행대출과 재정투융자의 증대를 가능케 한 것이다.

다음으로 중공업 건설의 담당자는 초기는 외자도입도 중요하게 고려되었지만 어디까지나 그 중심은 국가자본이었으나 이 시기에는 재벌과 외자가 중요한 역할을 하게 되었다는 것이다. 중공업 건설에서 외자가 중요한 역할을 담당하였다는 것은 특별히 부연 설명을 요하지 않는다. 박정희의 제1 관심 사업인 포항제철이 결국 일본자본의 참여에 의해 설립되었다는 것은 이 시기 중공업 건설에서 외자의 역할이 얼마나 중요했던가를 상징적으로 보여주는 사례이다.

이 시기 중공업 중시노선에서 중요하게 보아야 할 부분은 재벌이 중공업 건설에 참여하기 시작하였다는 것이다. 1967년 현대건설의 정주영이 현대자동차를 설립하였는데 이는 한국재벌 중 최초로 중공업에 진출한 사례였다. 정주영의 현대자동차 설립은 베트남 전쟁에서 벌어들인 달러가 큰 밑천이 되어 가능한 것이었다. 현대건설은 베트남 특수를 통해 초고속 성장한 기업이었다. 현대건설은 1966년 1월 캄랑 항만준설 공사를 수주하면서 처음으로 베트남 건설사업에 뛰어들었는데 1년 만에 매출액은 베트남 진출 이전에 비해 10배 이상 급신장하였고 그 결과 1965년에는 한국의 100대 기업의 96위에 랭크되었지만 1967년에는 일약 6위까지 상승하였다.[68] 현대건설은 이후 베트남에서 거액의 자본을 축적하였다. 현대건설이 베트남 진출 1년 만에 현대자동차를 설립하고 중공업 분야로의 경영다각화에 나서면서 재벌로 성장할 수 있었던 원천은 다름 아닌 베트남 특수였다.

현대건설이 자동차공업에 진출하면서 이 시기의 중공업 중시노선은 새로운 추진력을 얻게 되었다. 이 새로운 추진력은 재벌이었다. 재벌들이 경영다각화를 모색하면서 중공업에 진출하기 시작한 것이다. 중공업 건설에 가장 적극적이었던 재벌은 신흥재벌이었던 현대였지만 나중에 한국의 주요 재벌들이 중공업 건설에 참여하게 된다.

이 중 각별한 의미를 갖는 것은 베트남에서 거부를 축적한 '월남재벌'이다. 월남재벌로 불리는 한진, 현대, 대우, 삼성이 모두 중공업 건설의 주축이 되고 이들이 1970년대의 군수산업 건설의 주요한 파트너가 되기 때문이다. 특히 이들 재벌 중 중공업 건설에 주도적으로 참여한 재벌이 월남재벌이었다는 사실은 여러 모로 시사하는 바가 크다.

박정희는 빵만으로 살 수 없는 위인이었다. 대포도 필요하였다. 수출제일주의가 빵문제를 해결할 수 있는 단초를 제공하였지만 거기서 대포가 나오는 것은 아니었다. 대포를 만들기 위해서는 중공업이 필요하였다. 이에 베트남 전쟁은 절호의 기회를 제공하였다.

베트남 전쟁은 대포를 만들 수 있는 물적 토대를 제공한 것이다.

베트남 전쟁 참전이 가져온 부(負)의 유산

한국의 베트남전 참전은 미국의 군비에 편승하여 국방과 경제라는 두 마리의 토끼를 잡는 데는 어느 정도 성공하였지만[69] 동시에 큰 부(負)의 유산을 남겼다. 한국군은 비전투부대 파견이 시작된 1964년 9월에서 주월한국군사령부가 철수한 1973년 3월에 이르기까지 근 10년간 연인원 32만 명이 파병되었고 평균 5만 명이 상시 주둔하였다. 인명피해는 전사자 5천여 명에 부상자 1만여 명에 달하였다.[70] 뿐만 아니라 지금까지 많은 참전병사들이 외상성 정신질환을 앓고 있고 1만 3천 명을 넘는 참전병들은 고엽제 피해로 신음하고 있다.[71]

베트남참전은 한국이 베트남에 대해 가해국이 되도록 하였다. 한국군의 베트남 양민학살 문제나 1만 명에 달하는 한인2세 문제는 베트남 국민들에게 큰 상처로 남아 있다. 국제적으로는 한국군의 미국 용병설이 유포되고 한국군의 잔학상이 전세계에 전파되면서 한국의 국가적 이미지가 실추되는 주요한 계기가 되기도 하였다.

남북관계에서는 한국의 베트남전 참전은 1960년대 중반 이후 북한의 대남도발을 야기하는 한 요인을 제공하여 안보위기를 자초하는 결과를 가져오기도 하였다.

2부

경제국방 병진노선
vs
일면국방 일면건설 노선

4장

김일성의 경제국방 병진노선:
지상낙원에서 국방국가로!

1. 김일성, 7개년계획에서 '이밥에 고기국, 비단옷과 기와집'을 공약

김일성은 7개년계획이 시작된 첫 해인 1961년, 신년사를 "7개년 계획기간에 사회주의적 공업화를 전면적으로 실현하여 인민경제의 모든 부문들을 현대적 기술로 장비하고 우리 인민의 물질문화 생활 수준을 획기적으로 높여" 북한을 "발전된 사회주의 공업국가"로 만 들며 "도시와 농촌을 더욱 아름답게 건설"하고 "인민의 모든 살림 살이를 부유하고 더욱 행복한 것"으로 만들어가자는 희망적인 메시 지로 시작하였다.

일부의 북한 전문가들은 7개년계획을 중공업 중시노선의 연장선 상에 있는 것으로 평가하기도 하지만 모두가 그런 것은 아니었다.

중공업 건설이 여전히 강조되고 있었지만 주목해야하는 것은 김일성이 신년사에서 말한 것처럼 7개년계획에서 '인민생활의 획기적 개선'을 목표로 내건 사실이었다. '인민생활의 획기적 개선'이란 김일성이 지상낙원론에서 약속한 **이밥**에 **고기국**, **비단옷**과 **기와집**이라는 생활지표 달성과 무관하지 않았다. 김일성이 4차 당대회 이후 한 연설문을 살펴보자.

7개년계획이 수행되면 우리나라는 부강한 나라로 될 것이며 우리 인민들은 대를 두고 념원하던 대로 기와집에서 비단옷을 입고 이밥에 고기국을 먹으며 행복하게 살게 될 것입니다. 예로부터 조선사람은 비단옷을 입고 이밥에 고기국을 먹으며 기와집을 쓰고 살면 제일 잘산다고 하였습니다. 우리는 7개년계획 기간에 이런 수준에 도달하려고 합니다. 이것이 우리 당이 전체 인민 앞에 내세운 전투적 과업입니다.[1]

김일성은 이·고·비·기 라는 생활지표를 7개년계획 기간 안에 달성하겠다고 공약한 것이다. 인민생활을 획기적으로 개선하겠다는 것도 이것을 두고 한 이야기였다. 김일성은 이후에도 생활지표 달성을 몇 차례나 반복해 말한다.

지금 우리 인민은 모두 다 기와집에서 이밥에 고기국을 먹고 비단옷을 입고 살며 높은 지식과 기술을 가지고 사회와 인민을 위하여 다 같이 일하는 행복한 사회주의사회를 건설하고 있습니다. 이것은 우리 당이 내놓은 목표이며 우리 인민의 숙망입니다. 우리 당이 내세운 이 과업은 공상이

아니라 우리 인민의 투쟁을 통하여 반드시 실현할 수 있는 현실적인 과업입니다.[2]

우리 당은 가까운 몇 해 안으로 전체 인민이 다 이밥에 고기국을 먹을 수 있도록 하기 위하여 투쟁하고 있습니다. 이것은 물론 쉬운 일이 아닙니다. 그러나 우리 인민은 이 과업을 능히 실현할 수 있다는 확신을 가지고 있습니다. 우리 인민들은 자기들의 실지 생활체험을 통하여 우리당이 하려고 하는 일은 반드시 실현된다는 굳은 신념을 가지게 되였습니다.[3]
우리는 3~4년 안에 이 모든 과업을 성과적으로 수행하여 인민생활을 훨씬 높이고 나라의 경제토대를 더욱 튼튼히 다져야 합니다. 3~4년이 지나면 우리 인민의 물질문화생활에서는 새로운 커다란 전환이 일어날 것입니다. 그때에 가서 우리는 300만 톤의 벼와 20만 톤의 고기, 3억 메터의 천을 생산하게 되며 그때까지 도시와 농촌에 새로 짓는 문화주택은 수십만 세대에 이르게 됩니다. 이렇게 되면 우리 인민은 모두 다 기와집에서 이밥에 고기국을 먹으며 비단옷을 입고 사는 부유한 생활을 누리게 될 것입니다. 이것은 우리나라 근로자들이 오랜 옛날부터 꿈꾸어오던 념원을 우리 시대에 와서 실현하는 끝없이 기쁘고 자랑스러운 일입니다.[4]

위의 맨 마지막 연설은 1962년 10월에 한 것이었다. 이때도 김일성은 3~4년 안에 생활지표를 실현하겠노라고 다짐하듯 공언한 것이다.

2. 경제국방 병진노선의 채택

2.1 6.25전쟁 이래 경제우선 정책의 근본적 전환

표면적으로 1962년 10월까지 김일성은 경제우선 정책의 기조에서 지상낙원을 공약하고 있었다.[5] 그런데 1962년 말 중대한 변화가 생겼다. 이 변화의 단초는 1962년 12월 10~14일 개최된 조선노동당 중앙위원회 제4기 제5차 전원회의였다. 김일성 스스로가 사회를 보며 진행한 이 회의는 "조성된 정세와 관련하여 국방력을 강화할 데 대하여" 토론하고 "인민경제발전에서 일부 제약을 받더라도 국방력을 강화한다"는 방침을 결정하였다.

뿐만 아니라, 경제국방 병진노선이 채택되고 전민무장화와 전국요새화가 결정되어 4대 군사노선의 밑그림이 그려졌다.[6] 경제국방 병진노선을 상징하는 유명한 슬로건인 "한손에 무기를 다른 한손에 낫과 망치를!"이 발표된 것도 이 회의에서였다. 또 4대 군사노선의 목표를 달성하기 위해 전시지휘체계였던 군사위원회의 부활을 결정하였다. 이 회의는 국방 중시 노선으로의 방향 선회를 결정한 것이었다. 경제면에서 본다면 "6.25전쟁 이래 경제우선 정책의 근본적 전환"을 의미하는 것이었다.[7]

2.2 대포도 빵도!

경제국방 병진노선은 국방력 강화방침에 따라 규정된 것이다. 이 노선은 명백히 국방 중시노선이지만 대포만이 아닌, 빵도 중요하다는 것이었다. 김일성은 경제국방 병진노선으로 돌아서고 나서도 처음에는 조심스러워했다. 생활지표의 달성 공약에 대한 인민들의 '세기적인 염원'도 고려해야 했기 때문이었다. 아래 연설을 들어 보자.

다음으로 중요한 것은 북반부의 경제적 위력을 더욱 강화하는 것입니다. 나라의 경제력을 강화하지 않고서는 정치적 력량도 국방력도 강화할 수 없습니다. 강력한 경제력은 정치적 과업을 해결하는 중요한 물질적 담보로 됩니다. 우리는 경제건설을 성과적으로 밀고나가야만 인민들에게 사회주의제도의 우월성을 더욱 깊이 알려줄 수 있으며 그들에게 활기있게 일하며 행복하게 생활할 수 있는 훌륭한 물질적 조건을 마련해줄 수 있습니다.[8]

김일성은 경제력 강화와 국방력 강화의 관련성을 언급하고 있지만 경제건설의 목표는 '인민들에게 행복하게 생활할 수 있는 훌륭한 물질적 조건'을 마련해 주는 것임을 못 박았던 것이다.

2.3 경제국방 병진노선을 둘러싼 혼란과 갈등

위의 발언은 김일성 자신이 북한주민에게 주는 당위적 메시지이기도 하지만 다분히 정치적인 표현이었다. 1962년 이후 내부적으로는 국방건설에 주력한 사업들이 이미 진행 중에 있었다. 이 상황에서 '인민들에게 행복하게 생활할 수 있는 훌륭한 물질적 조건'을 마련한다는 것은 대단히 힘든 일이었다. 그럼에도 불구하고 김일성이 이런 발언을 한 것은 신국방노선에도 불구하고 경제건설의 목표는 변함이 없다는 것을 강조하기 위한 것이거나 북한주민을 설득하고 동원하기 위한 일종의 정치적 '수사'였을 것이다.

그것이 어떤 의도에서 시작되었든 간에 중요한 것은 김일성이 이런 발언을 할 수밖에 없었다는 북한의 현실정세가 더욱 중요한 것이 아닐까? 당시 북한사회는 지상낙원 공약으로 '행복한 생활'에 대한 요구와 기대가 매우 높은 상황이었다. 김일성은 이런 사회적 분위기를 충분히 잘 의식하고 이에 대처하려 나름 노력했던 것으로 보인다.

문제는 이런 사회적 분위기에서 탄생된 경제국방 병진노선은 대단히 생소한 개념으로서 기대만큼 받아들여지지는 못했다는 데 있다. 뜻밖에도 많은 혼란이 생겨났다. 김일성의 연설에 당시 혼란스런 양상이 생생하게 나타나 있다.

전쟁이 일어날까 두려워 경제건설을 잘하지 않는 것도 잘못이며 경제건설에만 치우치고 전쟁에 대비하지 않는 것도 잘못입니다.[9]

그러다보니 어떤 부문에서는 경제건설 일면에만 매달리는 편향이 있는가 하면 또 어떤 부문에서는 경제건설과 국방건설을 병진시키는 데서 무엇을 어떻게 하여야 할지 갈피를 잡지 못하고 있습니다.[10]

김일성의 발언에 의하면 경제국방 병진노선이 채택된 이후 3~4년이 지나서도 북한사회 각 부문에서 이 노선이 의미하는 바가 무엇인지조차 모르며 "무엇을 어떻게 하여야 할지 갈피를 잡지 못하고 있"었다. 어떤 부문에서는 경제건설 일면에만 치우치고 또 어떤 부문에서는 경제건설을 아예 제대로 수행치 못하는 현상도 나타났다.

국방건설이 우선이냐 경제건설이 우선이냐 하는 문제는 당내에서도 논란의 대상이었다. 당 지도부에서는 전쟁준비파와 경제파로 불리는 두 세력이 노선 갈등의 양상을 첨예하게 드러냈다.

우선 전쟁준비파는 전쟁발발을 우려하여 국방건설에 더 큰 비중을 두어야 한다고 주장하였다. 이에 반해 경제파들은 전쟁가능성을 일축하고 경제국방 병진노선에 반대하면서 경제건설을 우선해야 한다고 소리를 높였다.[11] 또 이들은 국가의 동원적 경제운용 방식을 비판하고 시장적 기제를 활용한 기업관리 및 경제운영 방식의 도입을 주장하였다.

<표 4-1> 당내 경제파의 주장 [12]

① 자립적 민족경제건설 노선과 경제국방 병진노선에 대한 반대

② 높은 속도에 대한 반대

③ 천리마 운동에 대한 비판

④ 대안의 사업체계에 대한 문제제기와 기업소 관리에 대한
   자본주의적 방법의 도입

⑤ 가치법칙 활용의 강화

김일성은 이와 같은 노선갈등에 대해서 표면적으로는 중립을 지키는 것처럼 보였다. 위의 연설에서 보듯이 김일성은 "전쟁이 일어날까 두려워 경제건설을 잘하지 않는 것도 잘못이며 경제건설에만 치우치고 전쟁에 대비하지 않는 것도 잘못"이라고 하면서 말이다. 하지만 김일성은 1966년 10월 2차 당대회를 기점으로 전쟁준비파의 입장으로 급선회하였다.

3. 급진적 국방국가화—전시적 유일체제의 확립

3.1 김일성, 당대표자회의에서 남조선혁명을 언급하다

북한이 본격적인 국방국가화로 급선회한 시점은 1966년 10월 2차 당대표자회의였다. 대표자회의는 빨치산 출신의 군부인사를 대거 정치위원과 후보위원으로 선출하였다.[13] 또한 전민무장화·전국요새화 및 전군간부화에 이어 전군현대화를 강조함으로써 4대 군사노선을 확립하였고 1962년 이후 진행되어온 경제국방 병진노선을 재차 확인·천명하였다.[14]

이에 발맞추어 김일성은 "현정세와 우리당의 과업"이라는 제목의 연설에서 결정적 시기를 맞이할 준비를 해야 한다고 했다.[15] 김일성이 남조선혁명을 말하면서 '결정적 시기'를 언급한 것은 처음 있는 일이었다. 이 결정적 시기란 "현(=남조선) 반동 정권을 뒤집어엎고 인민민주주의 정권을 세움으로써 남조선혁명의 목적을 이룩하"는 것이다.[16] 김일성은 이 회의에서 경제국방 병진노선과 4대 군사노선이 남조선해방전략의 실행을 염두에 둔 무장력의 준비와 밀접한 관련이 있음을 시사한 것이다.

3.2 국방국가의 정치

전시적 유일체제의 확립

1966년 10월 당대표자회의에서 김일성은 경제국방 병진노선과 전군현대화를 추가한 4대 군사노선을 확인·채택하고 경제건설에 지장이 있더라도 국방력을 강화한다는 방침을 결정하였다. 그러나 국방력 강화 방침은 순조롭게 진행되지 않았다. 당과 군부에는 이견세력 또는 반대세력이 서로 으르렁댔고 사회적으로도 급속한 군사적 동원체제로 가는 데 대한 불만이 적지 않았다.

김일성은 이 상황을 어떻게 돌파해 나갔는가? 김일성은 유일체제 확립에서 해결책을 찾았다. 1967년에 들어서 김일성은 대대적인 유일사상체계 확립운동을 전개하였다. 이 과정에서 두 번의 숙청이 있었다. 1967년 5월에는 당내 반대파에 대한 숙청이 있었고 1968년 말에는 군부숙청이 단행됐다. 이를 통해 1960년대 말 유일체제가 확립되기에 이르렀다. 1960년대 말에 형성된 유일체제는 여러 성격을 내포하고 있었지만 그 본질은 국방국가의 정치체제였다.

유일체제는 첫째는 국방적 기조에서의 경제운영 노선을 절대화한 체제였다. 그 계기는 당내 반대파의 숙청이었다. 김일성은 당대표자회의에서는 경제파와 전쟁준비파의 양쪽을 다 비판하면서 경제건설과 국방건설의 병행 추진을 강조하였으나 불과 몇 달 후인 1967년 3월 경제파를 숙청하기로 결정하였다.

곧이어 1967년 5월 4~8일에 있었던 당 제4기 제15차 전원회의에서 김일성은 갑산파의 수뇌였던 박금철, 이효순, 그리고 김도만, 허석선 등을 숙청했다. 이들에게는 반대파를 제거할 때 상용되는 온갖 길다란 죄목이 붙었는데 한마디로 줄여서 말하면 명실공히 '김일성의 유일지도성을 훼손'하였다는 것이다.[17]

김일성이 이 시기에 자신의 유일 지도성을 해쳤다고 하여 민감하게 반응하였던 부분이 바로 경제국방 병진노선에 대한 반대였는데 대표적인 인물이 박금철이었다. 그는 명시적으로 경제국방 병진노선에 반대했다.[18] 이효순도 경제파로 분류되는 인물이었다. 숙청된 사람들은 경제파의 거물급만이 아니라 이들 계열에 속했던 간부들 약 1백 명에 달하였다.

이처럼 김일성이 경제파에 대한 대대적인 숙청을 단행했다는 것은 전쟁준비파와 같은 입장에서 경제건설보다는 국방건설을 우선하는 노선으로 확실하게 방향전환했음을 의미한다. 경제국방 병진노선은 사실상 국방중시의 정책이 되었고, 이는 다시 경제에 즉각 영향을 줄 수밖에 없었다. 국방비는 곧바로 국가예산의 30%대로 급증하였다. 기업에 대해서는 물동계획적인 지침에 의한 생산동원이 강화되었고 근로자에 대해서는 천리마작업반 운동이라는 동원적인 증산경쟁 운동이 부과되었다. 몇십 배의 노력과 희생이 강요되는 실정이었다. 국방력 강화방침에 따라 동원적이고 통제적인 경제운영 방식이 일상화된 것이다. 아울러 이 무렵 김일성이 경제파의 시장개혁적인 움직임을 수정주의로 규정한 데서 알 수 있듯이 국방적 기조의 경제운영은 개혁적 움직임을 원천봉쇄하는 목적도 지니고 있었다.

유일체제가 갖는 두 번째 의미는 군사노선 및 군수산업에 대한 김일성의 유일적 지휘체계의 확립이었다. 김일성은 1962년에 4대 군사노선의 목표 달성을 위해 전시지휘체계였던 군사위원회를 부활하였다. 군사위원회의 위원장은 당연히 김일성이었고 새로 채택된 4대 군사노선을 일사불란하게 추진하려 했을 터였다. 이렇게 하자면 일원적인 지휘체계의 확립을 전제로 한다. 그런데 군사위원회 부활 이후에도 김일성은 일원적인 지휘체계를 확립하지 못하고 있었다. 이를 뒷받침하는 것이 1969년 3월 노관봉 중위가 귀순 시 소지한 문건인 "인민군 당4기 4차 전원회의 시의 김일성 결론 연설"이다. 그 관련 내용들을 찾아보기로 하자.[19]

전쟁경험을 총화하고 전쟁경험 가운데서 우리가 앞으로 해 나갈 우리나라의 새로운 전략전술에 대하여 당은 군대의 현대화를 실시함으로써 전투력이 강한 부대를 만들려고 했습니다. 그러나 전쟁경험은 하나도 참작하지 않고 연구도 하지 않았습니다.

우리가 자연 장애물을 잘 이용한다면 현대식 무기도 타승할 수 있을 것입니다. 이에 대하여 나는 여러 번 이야기했습니다. 그러나 이자들은 하나도 집행하지 않았습니다. 산악이 많기에 곡사포가 많아야 하는데 인민군대는 곡사포보다 직사포가 많습니다. 60미리 박격포 및 까에쓰도 내가 만들라고 했습니다. 그러나 하나도 실천하지 않았습니다.

나는 초음속(비행기)을 도입하는 것을 반대하는 것은 아니지만 초음속이란 뭘 하면 확 지나가고 맙니다. 초음속은 쏘련이나 중국같은 광활한 지대에서 필요합니다. 우리나라의 자연지리적 조건에 적당한 것을 지시했으나 집행하지 않았습니다.

그래서 우리는 전민무장화 조치를 제기하였습니다. 그런데 김창봉은 로농적위대 창립을 좋아하지 않았습니다. 군사위원회에서도 강한 타격을 받았지만 … 이자들은 전민무장화만 반대한 것이 아니며 전쟁경험에 근거하여 산악전과 적 중심에서 싸울 경보병부대를 조직할데 대한 당의 요구를 제대로 집행하지 않았습니다.

또 훈련도 안 하고 무기도 더 생산하지 않고 한심합니다.

김일성의 발언에 의하면 김창봉 등 군부는 김일성의 군사노선에 반기를 든 것이었다. 군부는 북한의 전쟁경험과 자연지리적 조건에 맞는 병기개발을 등한시하였고 곡사포개발 지시를 이행하지도 않았으며 병기도입에서도 김일성의 지시를 무시하였을 뿐 아니라 전민무장화에도 호응을 보이지 않았다. 뿐만 아니라 무기도 더 생산하지 않았다. 김일성의 불만은 무엇보다 군수산업과 관련된 내용이 많았다.

이것이 사실이라고 가정했을 때 김일성의 군사노선과 지시에도 불구하고 군부는 상당히 독자적으로 움직였다는 것이 된다. 흥미있는 사실은 "군사위원회에서 강한 타격을 받았지만…"이라는 표현이다. 이는 군사위원회에서 군사노선과 관련하여 김일성과 군부 간에 격론이 일어났음을 암시하는 것이고 결과적으로 군부가 큰 타격을 받았음에도 불구하고 김일성의 군사노선과 지시에 전혀 따르지 않았음을 의미한다. 요컨대 이것은 군사위원회 설립 이후에도 김일성이 군사노선 및 군수산업에 대한 일원적(=유일적)인 지휘체계를 확립하지 못하였다는 것을 여실히 보여준다 하겠다. 김일성은 이런 현상을 '위험한 것'으로 받아들였다.[20] 더욱이 김일성이 심각하게 생각했던 것은 자신의 지시가 먹히지 않는 군부 독자의 물적 기반이 확대되고 있었다는 사실이었다. 이 당시 군부는 군수공장을 군에 귀속시키고 자체의 군수물자 조달을 위해 공장과 기업소를 신설·확대하였다. 1968년에는 프랑스에서 자동차 조립공장을 들여오기로 계획하기도 하였다.[21] 위의 연설문에도 이와 관련된 내용이 포함되어 있다.[22]

김일성은 군부가 군수산업을 산하에 두고 독자의 물적 기반을 확대하고 있는 데 경계심을 지니고 있었다. 1968년 말 그의 군부숙청에는 이것이 충분히 주요 원인으로 작용했다. 마침내 군부에 일격을 가하면서 군수산업을 군부로부터 분리시켜야 한다는 생각을 이때부터 품고 있었던 것으로 짐작된다. 제6장에서 살펴보겠지만 1972년 김일성은 정무원과 군부 산하에 있던 일체의 군수산업 및 관련 기관(=병기개발 및 생산)을 흡수하여 제2경제위원회를 만들고 이를 수령 직속으로 만들었다. 이런 일련의 흐름을 볼 때 1968년 군부숙청은 군사노선과 정책에서 김일성의 유일적인 지휘체계를 확립하는 결정적 계기였다고 할 수 있다.[23]

셋째, 김일성의 유일체제는 그의 국방사상을 중심으로 정치사상적 일색화를 실현한 체제였다. 이 체제의 중심적 교의는 설명이 필요 없이 주체사상이다. 주체사상은 김일성이 1965년에 "사상에서 주체, 정치에서 자주, 경제에서 자립, 국방에서 자위" 원칙을 천명하면서 정식화되었다. 주체사상을 형성하는 핵심적 구성체는 국방사상이었다.[24]

국방에서 자위 원칙은 전 인민의 유사시 동원을 전제로 정규전, 비정규전에 대비한 군사사상 및 정책 확립의 기초가 되었다.[25] 유일사상체계 확립 과정은 국방사상의 확립과정이기도 하였다. 1960년대 말에 있었던 두 번의 숙청은 모두 국방사상 확립과 직접적인 관련을 갖는 것이었다. 이 숙청으로 당과 군에서의 이견세력과 반대세력은 소멸되었고 당과 군부의 지도부는 수령의 충복인 당료들과 정치군인들로 교체되었다.

이후 북한의 정치체제는 정치적 다원성이 모조리 말살되고 일체의 비판과 반대, 심지어는 이견도 존재할 수 없는 체제가 되었다.[26] 1960년대 말 북한은 전당, 전군, 전사회가 김일성의 국방사상으로 일색화된 사회 그 자체였다.

전체주의적 통제체제 정비

김일성은 자신의 유일체제 확립에 앞서 전체주의적 통제체제의 정비에 착수하였다. 북한은 1962년 10월 내각의 한 부서로 사회안정성을 부활시켰다. 이 기구는 북한사회 안에서 불평불만을 토로하는 사람들을 잡아가는 전문기구였다. 특히 북송교포들의 움직임을 면밀히 감시하는 임무를 맡았다. 이 무렵 북송교포들은 북한의 억압체제 대해 그리고 물자부족에 대해 불만이 컸었다.[27] 이들에 대해 특별한 감시체계가 수립되었다는 것은 지상낙원론의 변질과 파산을 예고하는 것이기도 하였다.

주민감시체계와 관련시켜 본다면 1958년부터 시행된 5호 담당제가 1960년대 들어와 전국적으로 확대되었다. 여기다가 주민의 여행 이동은 철저히 통제되고 있었다. 이런 가운데 북한은 또 1964년 2월 25일부터 27일까지 조선노동당 중앙위원회 제4기 제8차 전원회의를 열고 주민 전체에 대한 성분을 조사하기로 결정하였다.[28]

이에 따라 1966년 4월부터 1967년 3월까지 주민재등록사업을 실시하여 직계 3대, 처가·외가는 6촌까지 내사하여 주민성분을 분류하였다. 이어 1967년 4월 부터 1970년 6월까지 주민재등록사업의 결과를 토대로 전주민을 핵심계층, 기본군중, 복잡한 군중으로 구분하고 이를 다시 51개 부류로 세분하는 이른바 '3계층 51개 부류 구분사업'을 실시하였다.[29] 이 과정에서 성분이 좋지 않은 것으로 판명된 사람들은 당으로부터 쫓겨나거나 불리한 대접을 받았고[30] 심한 경우는 정치범 수용소로 보내졌다.

감시와 통제체제가 강화된 데는 남한요인도 작용하였다. 김일성은 이 무렵 반간첩투쟁에 대해 여러 번 언급하였는데 이는 남한의 빈번한 침투공작 때문이었다. 남한에서 간첩에 대한 사회적 분위기를 생각해보면 북한 역시 간첩문제가 사회를 경직화하는 한 요인이 되었을 것이라는 것은 쉽게 상상할 수 있는 일이다.

군사적 동원체제 수립

4대 군사노선 결정 이후 김일성은 '전인민적 방위체계' 수립을 서둘렀다. 김일성은 1963년 신년사에서 역설한다.

전당과 전체 인민이 무장하고 항상 준비되고 동원된 태세를 견지하며 우리의 온 국토를 철벽의 요새로 전변시켜야 하겠습니다. 우리의 전체 당원들과 근로자들은 한손에는 무기를 들고 다른 한손에는 낫과 마치를 들고 원쑤들의 침해로부터 조국의 모든 초소를 믿음직하게 수호하면서 사회주의를 더욱 성과적으로 건설하여야 하겠습니다.[31]

'전당과 전체 인민이 무장하고 항상 준비되고 동원된 태세를 견지하며'라는 것은 평시의 전시동원체제 구축을 의미하는 것이었다. 김일성의 이 연설 후 북한은 전면적인 전시동원체제 구축에 돌입하였다. 첫째가 정치사상 동원이었다. 김일성은 1965년의 한 연설에서 "국방력을 강화하는 데서 무엇보다도 중요한 것은 전쟁에 대처할 수 있는 정치사상적 준비를 철저히 하는 것"이라 하였다.[32] 이 시기 정치사상 동원에서 핵심적인 것은 항일무장투쟁 참가자의 회상기 및 김일성 저작에 대한 학습토론회였다. 학습회는 전당, 전국적 범위에서 체계적으로 진행되었다. 그 내용은 1960년대 전반까지는 회상기 학습이 주가 되었지만 1960년대 중반 이후는 전시 최고사령관=김일성에 대한 충성을 강조하는 학습으로 무게중심이 이동되었다. 학습을 통한 사상동원은 북한주민의 생산 독려, 유격대적 전사의식의 고취, 그리고 과장·가공된 김일성의 절대적인 이미지를 침투시키는 기제가 되었다.[33]

둘째는 군사동원이었다. 중심 기구는 1962년에 부활된 군사위원회였다. 군사위원회는 산하에 망상조직을 갖는 도·군당 조직을 두고 인적·물적 자원을 군사목적으로 동원하는 업무를 총괄하였다. 이 시기 군사동원은 전인민적 방위체계 수립이 지상과제였고 이에 따라 노농적위대가 확대·강화되었으며 1963년에는 교도대, 1970년에는 붉은 청년근위대가 잇따라 창설되었다. 그리고 북한은 노농적위대에 1966년 5월 1일을 기하여 AK소총을 기본 병기로 무장화시켰다.[34] 이러한 군사동원화에 의해 북한주민은 대부분 준군사조직에 편재되어 군사훈련을 받게 되었고 김일성의 말대로 모두가 "총을 쏠 줄 알며 총을 메고" 다니는 전사가 되었다.[35]

4. 국방경제의 재편

4.1 평화적 시기에서 준전쟁시기로

김일성은 국방력 강화방침을 처음 결정할 무렵만 해도 "전쟁의 위험성이 크지 않다"는 정세인식을 가지고 있었다. 김일성은 당시 정세를 여러 번 '평화적 시기'라고 말하였다. 평화적 시기에 전쟁의 위험성이 크지 않은데 왜 국방력을 강화해야 했을까? 김일성은 "적들이 감히 도발을 하지 못하도록 미리 방비를 해놓자는 데 목적이 있다"고 하였다.[36] 방어적 목적이라는 것이었다.

1963년의 한 연설에서 김일성은 '전쟁이 일어나면'이라는 단서를 달았지만 "인민경제 모든 부문이 전쟁을 위하여 복무할 수 있도록 준비하여야 한"다고 했다. 그러면서 '전시경제로의 전환'을 언명하였다.[37] 1965년부터 김일성은 "제국주의자들과 그 앞잡이들이 언제든지 전쟁을 일으킬 수 있다는 것을 예견하고 만단의 준비를 해야 한다"고 밝혔고 1966년 당대표자회의 이후 직접적으로 '전쟁준비'라는 말을 사용하기 시작하였다. 1967년에는 6.25전쟁 전후시기보다도 더 자주 전쟁준비라는 단어 사용을 즐겼다.

김일성의 전쟁준비 발언은 빈말이 아니었다. 1967년이후 수년간은 휴전 이후 북의 무력도발이 최고조에 달했던 시기였다. 무장게릴라도 남파되었다. 김일성의 남조선해방전략이 실행에 옮겨진 것이다. 무력도발 분위기가 절정에 달했던 1968년에 김일성은 "조성된 정세에 대처하여 전쟁준비를 잘할데 대하여"라는 연설을 하게 된다.

> 우리는 준전쟁시기의 주어진 시간을 최대한으로 리용하여 생산과 건설을
> 더잘, 더 빨리 하여야 하며 가능한 모든 예비를 다 찾아내여 절약하고 증
> 산하기 위한 투쟁을 더욱 힘있게 벌려야 합니다.[38]

김일성 자신도 당시를 준전쟁시기라 확신했던 것이다. 그가 전쟁 준비를 언급한 시기를 전후하여 경제국방 병진노선은 경제에서는 전쟁을 준비하는 준전시의 경제노선으로 변모되었다. 경제건설의 목표는 처음부터 지상낙원의 생활지표 달성에 있었지만 준전시적 규정에 의해 최대 중요 사안으로 된 국방건설의 과제를 떠안지 않으면 안 되었다.

4.2 김일성의 국방경제관

1962년 국방력 강화방침 결정 이래 김일성의 국방에 대한 강조는 변함이 없었지만 그 강도에는 차이가 있었다. 처음에는 국방건설의 목표가 방어적이었다면 1966년 이후 공세적으로 변하였다. 그러면서 국방은 국가총력전적인 것이 되었다. 다음 연설을 보자.

> 원쑤들의 로골화되는 침략책동에 대비하여 국방력을 강화하는데 모든 힘
> 을 집중할 것입니다.[39]

국방사업은 전당적, 전국가적, 전인민적 사업입니다. 인민군대와 함께 모든 사람들과 모든 기관, 기업소들, 전국의 모든 지역이 다 나라의 국방력을 강화하는데 힘을 돌려야합니다.[40]

김일성은 "국방사업은 전당, 전국가, 전인민적 사업"이라고 하면서 국방력 강화를 위해 총력을 기울여야 한다고 하였다. 이것은 전시에 버금가는 국방 총력전을 선언한 것이나 다를 바가 없었다. 이 무렵 김일성은 "경제력이 곧 국방력"이라고 하면서 경제·국방의 일체성을 말하기 시작하였다. 국방이라는 관점에서 국방과 경제가 하나로 융합되는 총력전적 국방경제관의 일단을 드러낸 것이다.[41] 그리고 전쟁준비와 관련된 국방경제의 재편론을 다음과 같이 밝혔다.

현대전에서의 승패는 전쟁수행에 필요한 인적 및 물적 자원을 장기적으로 원만히 보장하는가 못하는가에 많이 달려있습니다. 그렇기 때문에 우리는 후방을 공고히 하는데 깊은 주의를 돌려야 합니다. 특히 군사전략상 중요한 지대들을 잘 꾸리고 군수공업을 발전시키며 필요한 물자의 예비를 조성하여야 합니다. 또한 일단 유사시에는 모든 경제를 급속히 전시체제로 개편하며 전시에도 생산을 계속할 수 있도록 평상시부터 준비하고 있어야 합니다.[42]

김일성은 이렇듯 총력전적 전쟁인식하에서 인적·물적 자원의 장기적인 동원체계를 중요시 여겼다. 이는 곧 전쟁이 일어나지 않은 상황에서도 국가의 모든 부분이 가상의 '전선'에 대한 '후방'으로 간주되고 후방을 공고히 함을 뜻한다. 또한 이것은 ① 군사전략상 중요한 지대들을 잘 꾸리는 것 ② 군수공업을 발전시키는 것 ③ 물자의 예비를 조성하는 것 ④ 평시의 전시생산체제를 준비하는 것이다.

①은 '방위시설 구축'과 전국요새화와 관련된 정책이고 ②~④는 '전시경제' 전환과 관련된 정책이다. 김일성이 언급한 국방경제의 재편 방향은 전시의 경제정책과 흡사한 것이었다.

이 시기의 국방경제는 전시경제와는 달랐다. 다만 전시적 색채를 강하게 띠었을 뿐이었다. 전시경제가 경제를 오로지 '전선의 수요'에 복무시키는 것이라면 국방경제는 준전시의 국방목적에 복무하는 것이다. 준전시의 경제는 경제력의 많은 부분을 국방건설에 돌리지만 그렇다고 국방에 모든 경제력을 집중하는 것은 아니다. 평화적인 경제건설의 영역이 엄연히 독자적으로 존재한다. 김일성이 국방총력전을 말하면서도 여전히 '인민들의 행복한 생활'을 위한 경제건설의 중요성을 병립시켜 말한 것은 이런 이유에서일 것이다.

전시경제가 인민생활의 희생을 불가피하게 수반한다면 국방경제는 원리적으로는 반드시 그런 것은 아니라는 것이다. 그렇지만 실제로는 국방경제에서도 인민생활의 희생이 불가피하게 따랐다.

4.3 국방경제의 재편

군수공업에서 국방공업으로

1960년대의 국방력 강화방침에 따라 여러 변화가 있었는데 그

중 하나가 군수공업과 관련된 용어의 변경이었다. 김일성은 군수공업이라는 말도 썼고 국방공업이라고도 썼다. 4대 군사노선의 제기 이후 김일성은 국방공업이라는 말을 더 자주 사용하였다. 그리고 1970년판 『경제사전』에는 군수공업이라는 용어를 찾아볼 수는 없고 국방공업이 새로이 추가되었다. 말하자면 1970년을 전후하여 국방공업으로 통일된 것이다.

〈표 4-2〉 군수공업과 국방공업: 용어 비교

군수공업 정의	국방공업 정의
군수품을 생산하는 공업을 말한다. 총포, 화약, 땅크, 군용비행기, 군함과 같은 군기 및 군사기술기재와 군용피복 군용식료품을 생산하는 공업을 통털어 군수공업이라고 한다.	전투기술기자재들과 군인들의 필수품 등 군사적 목적에 필요한 제품들을 생산하는 공업부문. 여기에는 군사적 목적에 리용될 수 있는 생산물들 즉 총, 포, 탄약, 전차, 군함, 군용비행기 같은 전투기재를 생산하는 부문과 군대를 유지하기 위하여 필요한 부문들 즉 군복, 군화 같은 군용 필수품을 생산하는 부문이 들어간다.

주 : 군수공업 정의는 『정치용어사전』(평양: 사회과학출판사, 1970), p. 71 ; 국방공업정의는 『경제사전』(평양: 사회과학출판사, 1970), p. 222 참조.

『경제사전』에 등장한 국방공업은 군수공업과 기본개념이 비슷하지만 '군수품'이라는 용어를 쓰지 않고 '전투기재를 생산하는 부문', '군용 필수품을 생산하는 부문'으로 명확히 구분되고 있다는 점에서 차이가 있다. 『경제사전』은 국방공업 발전의 필요성, 국방공업과 자립적 민족경제 노선, 중공업과의 관계, 국방공업과 군사노선의 관계, 국방공업 발전의 과제를 구체적으로 언급하고 있다. 이 부분이 '군수공업' 규정에는 없는 새로운 내용이었다.

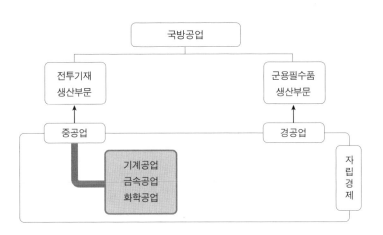

〈그림 4-1〉 국방공업과 자립경제

국방공업에 대한 새로운 설명 속에는 1960년대의 군사노선에 따라 발전되어온 국방경제의 윤곽이 나타나 있다. 1960년대의 국방경제의 재편을 생각하는 데서 이 부분은 대단히 중요한 의미가 있다. 아래에서 좀 더 살펴보기로 하자.

북한은 국방공업의 발전 필요성을 "군대와 인민을 현대적 군사기술로 무장시키며 군사장비의 결정적 우세를 보장하게 함으로써 우리 혁명의 승리를 앞당기는 중요한 조건"이 되기 때문이라고 하였다. '군사장비의 결정적 우세'란 남한에 비해서이다. 북한은 남한에 대해 "미제가 우리 조국의 남반부를 강점하고 공화국 북반부를 침략하기 위하여 전쟁준비에 미쳐 날뛰고 있"다고 규정하였다. 이에 대해 북한은 우선 '국방'의 목적에서 더 나아가 '혁명의 종국적 승리'를 위해 국방공업을 강화해야 한다는 것이다. 북에서 말하는 '혁명의 종국적 승리'란 남조선해방과 통일을 의미한다. 국방공업이라는 용어 속에는 대남 경제전의 논리가 숨어 있는 것이다.

북한이 남한을 이렇게 보는 한, 국방공업의 발전에 대한 요구는 항구적인 것이 되지 않을 수 없다. 또 국방공업을 '빨리 발전'시키는 데 큰 주의를 돌리게 된다. 북한의 설명에 의하면 국방공업의 급속한 발전은 "국방공업이 포괄하는 생산범위의 특성으로 하여 현대적 중공업과 경공업에 의거함으로써만" 가능하다. 중공업과 경공업은 북한의 이른바 '자립적 민족경제'의 핵심적 구성 부분이다. 그래서 북한은 "국방공업은 자립적 민족경제에 의거할 때에만 성과적으로 발전될 수 있다"고 주장하게 되는 것이다.

북한이 국방공업화를 자립경제 노선에 입각해서 추진한다는 것은 어떤 의미를 갖는 것일까. 자립경제의 중추는 중공업이다. 중공업은 경제발전의 총노선에 의해 우선적 발전이 규정된 부문으로 국방공업에서 중핵부분을 차지한다. 따라서 국방공업 발전은 자립경제 노선과도 부합하는 것이다.

그런데 국방력 강화방침에 따라 국방공업 발전에 대한 요구가 커지면서 국방공업상의 요구가 자립경제의 핵심적 과제로 되었다.

1960년대 국방공업상의 과제는 전민무장화와 전군현대화에 필요한 병기의 생산이었다. 이를 위해서 병기생산의 토대가 되는 기계공업, 금속공업, 화학공업의 생산력 확충이 불가피하였고, 이들 공업이 우선적인 부문이 되었다. 이를 북한에서는 '현대적 중공업화'라 불렀다. '현대적 중공업'이 국방공업상 필요성에 의해서 제기된 것이다. 현대적 중공업의 '빠른 발전'을 기하면서 '총, 포, 탄약 등 병기생산의 발전'과 '군사장비의 기계화·자동화·화학화'를 추진하는 전략을 세우게 되었다.

김일성의 병기공업 구상

국방공업의 중핵은 전투기재생산부문이다. 김일성은 이를 병기공업이라고도 불렀다. 김일성은 병기공업과 관련된 중요한 구상을 1961년에 연이어 피력하였다. 하나는 "병기공업을 더욱 발전시키기 위하여"(5.28)라는 제목의 연설에서, 다른 하나는 "우리나라의 정세와 몇 가지 군사과업에 대하여"(12.25)라는 연설에서였다.

1962년 채택된 4대 군사노선과 관련해 말한다면 전자는 전민무장화와 관련된 구상이라 할 수 있고 후자는 전군현대화와 관련된 것이었다. 1962년 이후 새 군사노선을 물리적으로 뒷받침할 수 있는 중핵적인 부분인 병기공업(국방공업) 구상이 그 이전부터 준비되고 있었던 것이다.

김일성의 병기공업 구상은 병기개발·생산체제 정비의 기본 방향을 제시한 것이다. 1962년 이후의 병기개발·생산체제는 '1961년

구상'과 밀접한 관련성을 갖는다. 아래에서는 이 구상의 기본 내용을 살펴보기로 하자.

첫째, 병기생산의 대대적인 확대를 언명한 것이다.

모든 병기공장들에서 짧은 기간에 생산을 2~3배 또는 그 이상으로 끌어올려야 하겠습니다. 그리하여 로농적위대원들에게도 다 현대적인 무기를 메우며 나아가서 모든 당원들과 근로자들에게다 무기를 메울 수 있게 하여야 하겠습니다.[43]

1960년대 초 병기생산에서 주 과제는 재래식 병기의 생산확대였다. 재래식 병기에서 제1의 과제는 전민무장화를 위한 병기생산이었다. 전민무장화에는 총(보총)만 하더라도 수백만 정이 소요되었다.[44] 게다가 인민군대에서 요구하는 무기와 탄약도 더 많이 생산해야 했다.

이를 위해서는 병기공장의 확충을 고려하지 않을 수 없었다. 병기공장 확충에는 기존 공장의 증설 외에 신설도 있을 수 있다. 처음에 김일성이 제시한 방안은 기존 병기공장들에서 '병기생산을 2~3배 또는 그 이상' 늘린다는 것이었다. 이것은 기존 병기공장의 생산확대책이었다. 병기공장을 "새로 건설하는 데는 시간이 많이 걸리기" 때문에 기존 병기공장을 통해서 생산을 확대한다는 것이었다. 그런데 기존 병기공장에 떨어진 생산과제는 "짧은 기간에 생산을 2~3배 또는 그 이상으로 끌어올려야 한"다는 것이었다. 대단히 급진적인 생산확대 지시였다.

병기생산을 늘리기 위해서는 우선 생산체제를 정비해야 했다. ①
먼저 설비의 확충으로 그 목표는 "병기공장들의 생산능력을 지금보
다 배 또는 그 이상으로 높"이는 것이었다. 그래서 "지금 있는 공장
들에서 생산면적을 최대한으로 이용하여 기대를 더 빽빽이, 더 많이
놓도록 하"였다. ② 다음으로는 자재확보였다. 김일성은 "병기생산
을 발전시키기 위하여 나서는 가장 중요한 문제는 병기생산에 필요
한 자재를 원만히 대주는 것"이라고 하였다.

제철소, 제강소들과 유색금속공장들에서는 병기공업에 요구되는 여러 가
지 품종과 규격의 질좋은 강재와 유색금속을 제때에 원만히 생산보장하
여야 하겠습니다.[45]

필요한 자재란 '여러 가지 품종과 규격의 질좋은 강재와 유색금
속'인데 이것을 적시에 충분히 생산·보장한다는 것이다.

③ 노동통제의 강화이다. 김일성은 병기생산을 급격히 늘리면서
도 추가적인 노력배치는 하지 않는다고 하였다. 그 대신 노동생산
성을 높일 것을 주문하였다. 증원이 불가피할 경우에는 "공장종업
원들의 부양가족들과 여성노력으로 보충하도록" 하였다.[46] 이와 동
시에 병기공장 노동자들의 '대열' 강화, 엄격한 규율과 질서수립, 사
상교양사업 강화를 지시하였다. 병기공장 노동자의 노력동원과 통
제 강화를 통해 병기생산의 증대를 기하겠다는 것이다.

④ 검사제도 강화이다. ⑤ '전시 생산' 준비이다. 전시 준비에는
두 가지가 있었다. 하나는 간부공장화였고 다른 하나는 자재예비

를 마련하는 것이었다. 간부공장화란 유사시(=전쟁)에 대비하여 기존의 병기공장이 간부공장이 되어 민수부문의 기계공장이 모두 병기공장으로 전환될 수 있도록 준비하는 것을 말한다. 간부공장이 해야 하는 일은 "병기공장들에서 미리 간부들과 기능공들을 양성해두었다가 민수공업을 군수공업으로 개편할 필요가 생길 때 즉각적으로 그들을 동원하여 민수공장들에 보내주"는 것이다. 간부공장으로서의 병기공장이란 "노동자들이 전시에는 다 병기생산을 조직하고 지휘하는 간부가 될 수 있도록" "지금부터 병기생산을 맡아할 수 있는 간부들과 기능공들을 많이 양성해"야 하는 과업을 도맡았다. 민수부문의 기계공장들도 "유사시에 전시생산으로 넘어갈 수 있도록 공구도 만들고 필요한 준비를 갖추"는 과업을 부과받았다.

자재예비는 "전쟁이 일어나면 자재공급이 일시 중단될 수" 있기 때문에 전시에도 계속 병기를 생산하기 위해서는 자재를 미리 준비해 놓고 있어야 한다는 개념을 말한다. 김일성은 "모든 병기공장들에서 처음에는 6개월분의 예비를 조성하고 다음 단계에서는 8개월분의 예비를, 또 다음은 1년분의 자재예비를 조성할" 것을 지시하였다.

둘째, 무기의 질을 향상시킬 것을 지시하였다.

무기생산을 늘리는 것과 함께 그 질을 높혀야 합니다. 동무들이 만드는 무기를 가지고 인민군대와 로농적위대원들 그리고 인민들이 적과 싸워야 하는 것만큼 한 자루의 총, 한 알의 탄약도 정성껏 질적으로 잘 만들어야 합니다. 병기생산에서는 량을 늘이는 투쟁과 질을 보장하기 위한 투쟁을

동시에 밀고나가야 합니다.[47]

　김일성은 무기의 질 문제를 중시하였다. 앞서 언급된 '질좋은 강재의 생산보장'이나 '검사제도의 강화', '병기공장 노동자들의 기술수준 강화' 등도 모두 무기의 질적 개선을 위한 것이었다.

　셋째, 신품종 병기의 개발연구를 강조하였다. 김일성은 "인민군대에서 요구하는 무기와 탄약들을 될 수 있는 대로 다 자체로 생산보장하도록 해"야 한다고 하였다. 그러기 위해서는 "새로운 품종의 병기들을 더 많이 만들 수 있"어야 한다. 이를 위한 방안으로 김일성은 연구개발 기능을 강화할 것을 촉구하였다.

　과학자, 기술자들과 오랜 병기생산 경험을 가지고 있는 로동자들이 힘을 합쳐 품종을 늘이기 위한 연구사업을 힘있게 밀고나가야 하겠습니다.[48]

　넷째, 군 현대화를 지시하였다.

　무엇보다도 국방공업을 발전시키고 인민군대의 장비를 강화하는 사업에서 혁신을 일으켜 인민군대를 기계화, 자동화, 화학화하는 방향으로 나가야 하겠습니다. 오늘 우리나라는 현대적인 공업국가로 전변되고 있으며 인민경제의 모든 부분에서 기술혁명이 성과적으로 수행되고 있습니다. 인민군대를 빨리 발전하는 오늘의 시대에 맞게 새로운 기술로 장비함으로써 더욱 강력한 현대적 무력으로 만들어야 합니다.[49]

김일성은 군 장비의 기계화, 자동화, 화학화를 실현하여 인민군대를 현대화한다는 목표를 설정해 놓았다. 또한 군 현대화 과업의 추진력으로서 내부의 '국방공업의 발전'을 강조하였다. 김일성의 병기공업 구상을 요약하면 다음과 같다. ▲ 병기생산의 단계 면에서 본다면 우선 재래식 무기의 대량 생산에 치중하면서 동시에 새 품종의 병기를 개발·생산하고 장기적으로는 군 장비의 현대화를 도모한다는 것이었다. ▲ 병기생산에 있어서는 기존 병기공장을 중심으로 하는 대량생산체제를 구축하면서 전시전환 준비를 병행한다는 것이었다. ▲ 병기개발연구를 강화하여 신병기 개발·생산에 적극 대처한다는 것이었다.

병기개발·생산체계의 정비

김일성의 병기공업 구상에 따라 1960년대에 병기개발·생산체계는 대폭 정비·확충되었다. 가장 큰 변화는 병기공장의 확충이었다. 1960년대 북한의 군수산업과 관련된 여러 연구자료에 의하면 60년대 말 무렵 병기공장 수는 대체로 20여 개로 추정된다. 김일성이 병기공업 구상을 피력한 1961년의 병기공장 수는 김일성 자신의 표현에 의하면 '몇 개'에 불과했다. 이 '몇 개'에는 '모체공장'으로 불리는 65호 공장과 이 공장에서 분리된 26호 공장, 62호 공장, 67호 공장이 포함된다. 그리고 1960년에 만들어졌다고 알려져 있는 96호 공장, 38호 공장이 있었다. 김일성이 말한 '몇 개'는 최소 4개 또는 많아야 6개 공장이었다는 것이 된다. 이를 기준으로 볼 때 1960

년대 말의 병기공장 수는 1960년에 비해 적게는 3배 많게는 5배로 증강되었음이 확실하다.

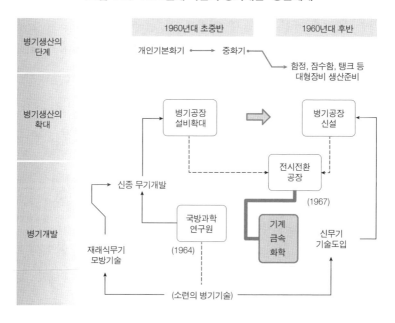

〈그림 4-2〉 1960년대 북한의 병기개발·생산체계

시기적으로 볼 때 그것은 주로 1960년대 말~1970년에 이루어졌다. 김일성의 구상대로 1960년대 초·중반에는 공장 신설을 하지 않았고 대신 기존 공장의 설비확장이 진행되었는데 이 과정에서 종합공장으로서의 면모를 갖추게 된다.

북한의 종합공장은 소재가공에서 반제품, 완제품의 조립제작에 이르기까지 전 공정을 포괄하고 다종의 병기를 동시에 생산할 수 있는 시스템을 구비하고 있다. 종합공장은 주물, 프레스, 선반 등 수십 개의 분업화된 직장을 가지고 있고 직장의 규모는 적게는 수백 명에서 많게는 수천 명 규모에 달한다. 직장은 대소의 차이가 있긴 하지만 하나의 공장과도 같은 규모였다. 종합공장은 단순한 공장차원을 넘어서 실제로는 수십 개의 크고 작은 공장을 결합한 거대한 '병기생산의 집적체'와 같았다. 특히 65호 공장이나 26호 공장은 북한의 대표적인 종합공장인데 1960년대의 대대적인 설비확충이 종합공장화의 주요한 계기가 된 것으로 보인다.[50] 1960년대의 북한의 병기공장의 확장은 실제로는 공장 수의 양적인 변화만이 아닌, 그것을 훨씬 능가하는 수준에서 이루어진 것으로 보아도 별 무리가 없을 것같다.

1960년대 북한의 병기생산체제의 정비에서 주의 깊게 살펴볼 필요가 있는 것은 병기개발체계의 정비였다. 북한에서 병기개발의 역사는 상당히 오래되었다. 전쟁 중이었던 1952년 12월에 북한 최초의 병기개발 연구기관인 '정밀연구소'가 설립되었고 전후에도 '17호연구소'(화학연구소) 등 군종, 병종별의 연구소들이 속속 만들어졌다. 이들 연구소들은 개별 병기공장과 긴밀한 연결하에 병기개발을 진행하였다. 연구소들은 연구사를 병기공장에 파견하거나 혹은 병기공장 내에 연구소(분원)를 설치하면서 병기공장과 직접적인 네트워크를 형성하였다. 1961년의 병기공업 구상에서 김일성은 "과학자, 기술자들과 오랜 병기생산 경험을 가지고 있는 로동자들이 힘을 합쳐" "연구사업"을 추진할 것을 언명하였는데 이는 현장성이 강한 병기개발체계를 강조한 것이라고 보아도 무방할 것이다.

이런 가운데 병기개발에서 큰 변화가 생겼다. 1964년 국방과학원의 설립이었다. 국방과학원은 민족보위성 병기국의 각 부서에 흩어져 있던 병기연구소들을 산하 연구소로 통합하여 설립되었다. 당시 설립을 추진 중이던 평성 과학도시 건설 사업을 연기하면서까지 서둘러 세워진 이것은 그만큼 북한이 국방과학기술 연구를 중시하였다는 것을 입증해 준다.

이 시기에 북한이 서둘러 국방과학원을 만든 배경에 대해서는 그다지 알려져 있지 않다. 왜 그래야만 했을까? 탈북자인 김길선의 이야기를 들어 보자. "기존의 병기연구소들이 병기과학 연구에서 응당한 성과를 내지 못하고 있었고 그 원인은 병기연구소들을 통일적으로 계획적으로 지도할 수 있는 전문지도기관이 없었기 때문"이었다.[51] 즉 국방과학원은 기존 병기연구소들에 대한 통일적·계획적인 지도기관으로서의 위상으로서 병기개발에 박차를 가하기 위해 만들어졌다는 것이다.

병기개발과 관련하여 국방과학원 설립 배경을 유추해본다면 무엇보다 신무기개발과 관련이 있었던 것으로 보인다. 북한은 개인화기에서는 1960년대 초반 무렵 소련의 기술을 개량하여 자동보총을 대량생산할 수 있는 체제를 구축하였고 중기관총도 1963년에는 소련제를 모방생산할 수 있는 단계에 진입하였다. 이 단계에서 북한으로서는 새로운 병기개발을 진척시킬 필요가 있었다.

국방과학원 설립 이후 북한 무기개발의 주요한 흐름을 보면 1965년에는 구소련으로부터 흑연 감속방식의 실험용 원자로를 도입하고 원자력의 연구개발에 착수하였다.[52] 또 다른 흐름은 대형군수기재 개발과 관련된 것이었다. 김일성은 1967년에 대형군수기재

개발을 언급하였다.

국방공업을 발전시켜 여러 가지 무기를 만들어야 합니다. 지금까지 이 부문 일군들이 자력갱생하여 제품의 종류도 늘이고 질도 높였는데 이 경험에 기초해서 결심하고 달라붙어 머리를 쓰고 공부를 더하고 집체적 지혜와 힘을 발동하여 대형군수기재를 생산하기 위한 준비를 잘하여야 하겠습니다.[53]

대형군수기재란 함정, 잠수함, 탱크, 전투기 등을 말하는데 "대형군수기재를 생산하기 위한 준비를 잘해야" 한다고 발언한 것은 이 시기에 이미 병기개발이 시작되었다는 것을 시사한다.

대형군수기재는 장비의 기계화는 물론이고 자동화와도 밀접한 관련을 갖는다. 일 년 후 김일성은 이렇게 말한다.

국방공업을 위하여서도 전자공학을 빨리 발전시켜야 합니다. 지금 우리나라에 마련된 공업의 토대를 가지고 우리에게 필요한 재래식 무기는 얼마든지 만들 수 있습니다. 그러나 국방공업을 한 계단 더 높이 발전시켜 현대적인 자동화 무기들을 많이 생산하려면 자동화 계통, 전자공학을 발전시켜야합니다. 그전에 우리는 동무들에게 직승기 같은 것을 만드는 것을 그만두라고 하였지만 이제는 우리나라에서 직승기도 만들고 다른 비행기도 만들며 로케트를 비롯한 현대적인 자동화 무기를 만들 때가 되었습니다. 동무들이 이제는 이런 현대적인 자동화무기를 만들 생각을 하여야 합니다. 우리가 전자공학을 발전시키면 이런 현대적 무기들을 얼마든

지 많이 만들어낼 수 있습니다.[54]

김일성은 북한의 공업적 수준으로 재래식 무기는 무엇이든 만들 수 있는 정도라 믿고 있었다. 그래서 새로운 무기개발의 가능성과 기술연구의 중요성을 강조한 것이다. 국방과학원이 이러한 신무기의 기술개발에 주도적으로 관여했을 것이라고 추정하는 것은 의심의 여지가 없을 것이다.

국방과학원 설립 이후 병기개발은 현장(=병기공장)과 결합된 연구를 지속시켜 나갔지만 이전 시기에 비해 상대적으로 과학자·기술자의 역할이 훨씬 강조된 차이점을 보였다. 아무래도 신무기의 개발에는 인적자원으로서 과학자·기술자의 역할이 중요성을 더했기 때문일 것이다. 이전의 병기연구소들이 현장지원적이고 개별적인 기술개발에 치우쳤다면 국방과학원은 개별적인 병기연구소들을 통합하고 병기개발에서 일정한 지도력을 지니면서 생산과 개발을 결합해간 것으로 보인다. 이러한 점에서 국방과학원 설립은 군산학의 결합에 의한 병기개발체계가 강화되는 중요한 전환점이 되었다고 할 수 있다.

전시생산체제 확립

국방경제의 재편에서 전시적 색채가 강하게 나타난 부분이 바로 전시생산체제의 확립이었다. 김일성이 처음 밝힌 전시생산체제로의 개편 구상은 간부공장화였다. 이 구상에서 전시생산준비에 동원되는 기업은 모든 병기공장=간부공장과 민수부문의 모든 기계공장을 포함했다. 간부공장의 전시생산준비는 전시에 민수 기계공장의 병기생산을 지휘할 수 있는 간부기능공(인력)을 미리 준비하는 것을 뜻한다. 민수 기계공장의 전시생산 준비란 공구를 만들고 필요한 준비를 갖추는 것이다. 간부공장화는 병기공장 종사자들의 파견과 직접적인 지도에 의해 민수 기계공장을 병기생산체제로 전환시키는 데 주력하였다.

그런데 간부공장화와는 차원을 달리하는 급진적인 전시생산체제 개편 움직임이 나타났다. 1966년 10월 경제국방 병진노선을 확인 채택한 2차 당대회가 기점이었다. 2차 당대회 이후 민수품 생산과 함께 평시에 군수품(병기제품)을 생산하는 공장들이 지정되기 시작하였다. 이 공장들은 민수와 군수품을 동시에 생산한다고 하여 '병진공장'이라 불리었다. 이들 공장에는 '일용직장', '일용작업반'으로 불리는 군수생산을 전문으로 하는 생산라인이 조직되었다.

병진공장은 전시생산준비도 해야 했다. 전시의 군수생산 준비를 위해 공장 근로자들로 구성된 '전시 생산대'가 조직되었고 병진공장은 갱도(=공장 지하화) 건설을 의무적으로 해야만 했다. '후보지'라고 불리는 공장·기업소의 갱도 건설은 이 시기부터 본격화되었다. 당국은 전시에 가동시킬 설비준비를 위해 병진공장과 인접해 있거나 같은 지역에 있는 공장들에 있는 전시생산에 필요한 설비들을 전시에 즉시 이관받도록 했고 전문적인 단능설비들은 자체적으로 생산토록 지시했다. 또한 '5호물자'라는 이름으로 전시의 물자예비를 비축하도록 했다. 이 밖에도 전시생산과 관련된 기술문건과 동원될 노력(勞力)을 준비하도록 했다. 이와 같은 평시 및 전시의 군수생산·준비를 위한 공장 내 관리부서로서 '일용동원과'가 신설되었다.[55]

병진공장은 급속히 늘어났다. 1967년에 정무원 정령으로 종업원 규모 550명 이상 되는 기업소가 병진공장으로 지정되었는데 그 숫자가 114개 공장에 이르렀다.[56] 병진공장 지정은 평시 민수공장의 군수생산을 제도화한 것이었다. 이것은 민수공장의 '제2의 군수공장화'이자 군수산업 확대정책과 다름없었다.[57]

병기생산 지휘체계의 정비

병기생산 지휘체계의 정비에서 주목할 부분은 제2기계공업성의 출현이었다. 제2기계공업성은 병기생산(=병기공업) 담당부서로서 1967년 12월 최고인민회의의 내각구성 문건에서 처음으로 공개되었다.[58] 대규모의 병진공장 지정이 있었던 같은 해 1967년에 제2기계공업성의 존재가 공개되었다는 사실은 중요한 의미가 있었다. 지금까지 알려진 바와 같이 제2기계공업성은 병기생산과 직접 관련이 있는 기계공업(병기공업 또는 군수공업)을 전담하는 부서였다. 1960년대 중·후반 기계공업성은 관할 범위가 크게 확장되었다. 제2기계공업성은 산하 기구로서 일용부서를 신설하고 병진공장을 관할하에 두게 되었다.[59] 즉 그 위상이 대단히 커졌음을 알 수 있다.

여기서 중요한 것은 제2기계공업성에 대한 지휘체계(지도체계) 문제였다. 제2기계공업성은 내각의 부서였던만큼 내각은 병진공장(=

전시전환공장)이나 예비물자 조성 등의 업무에 대한 지도·관리 권한이 부여되었다. 제2기계공업성은 내각의 부서였지만 병기생산과 병기공업에 대해서는 군도 중요한 지휘계통에 있었다. 내각이나 군보다 우월한 지휘체계는 당이었다. 당 군사위원회는 군수산업 및 군사정책에 관한 최고지도기관이었다. 그리고 1966년에는 당내에 군수공업을 담당하는 부서가 신설되고 이 부분에 대한 당적 지도가 강화되는 방향에서 체계가 정비되었다. 이렇게 보면 이 시기에 당 우위의 병기생산 지휘체계를 확립하려는 움직임이 있었던 것은 확실하다. 그렇지만 앞서 언급하였듯이 군사위원회는 병기생산 부문에 대한 일원적인 지휘체계를 확립하지 못하고 있었다. 어떻게 보면 1960년대의 병기생산에 대한 지휘체계는 당·군·정의 3원적 체계였다고 할 수 있다. 이 중에서도 군부가 상당한 파워를 가지고 있었다.

1960년대 말에서 1970년대 초 병기생산에 대한 유일적 지휘체계 확립 움직임이 나타나게 된 데는 이것이 하나의 배경적 요인으로 작용했으리라 생각된다.

<그림 4-3> 1960년대 병기생산 지휘체계

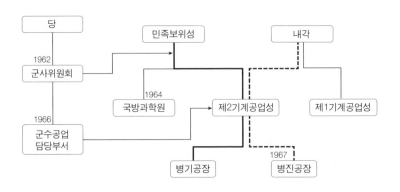

중공업의 생산력 확충

국방경제의 재편에서 중요한 것은 중공업의 생산력 확충이었다. 이 시기에 김일성은 국방공업과 관련된 중공업의 확충에 전력을 다하면서도 중공업 발전의 의의를 매우 근사하게 포장하였다.

우리가 중공업을 발전시키는 것은 생산을 끊임없이 늘이고 기술을 발전시켜 인민생활에 필요한 경공업제품과 농산물을 더 많이 생산하기 위한 것이며 결국은 인민들을 잘살게 하기 위한 것입니다. 중공업을 위한 중공업은 의의가 없는 것입니다.[60]

김일성의 말대로 7개년계획 기간에 민생과 관련된 중공업 투자도 적지 않았다. 그렇지만 전반적으로 보면 이 시기의 중공업 확충은 민생보다는 국방공업에 상당한 비중을 둔 것임이 확실했다. 중공업 중에서도 김일성이 가장 역점을 두었던 것은 기계공업이었는데 여기서도 국방공업에 경사된 모습이 드러난다.

기계공업을 발전시키지 않고서는 나라의 경제토대를 튼튼히 하고 인민생활을 넉넉하게 하는 문제도 국방력을 강화하는 문제도 원만히 해결할 수 없습니다. 중공업이 공업의 기초라면 기계공업은 중공업의 심장이라고 말할 수 있습니다. … 우리가 자주로선 다시 말하여 정치에서 자주, 경제에서 자립, 국방에서 자위의 로선을 견지하려면 기계공업을 발전시켜야 합니다. … 기계공업만 발전시키면 별의별 무기들을 다 만들 수 있습니다. 나라의 경제력을 강화하고 인민생활을 높이며 국방력을 강화하는 모든 문제가 결국은 기계공업의 발전에 달려있다고 하여도 결코 지나친 말이 아닙니다. … 1970년까지 7개년계획의 모든 과제를 수행하는가 못하는가 하는 것도 기계공업에 달려있으며 우리나라 경제의 자립성과 국방력을 강화하는가 못 하는가 하는 것도 기계공업에 달려 있습니다.[61]

김일성이 이 시기에 기계공업 중에서도 가장 주력했던 분야는 병기를 만드는데 없어서는 안 되는 기계제작공업 쪽이었다. 그리고 기계공업 발전의 기술적 과제로서 제기한 열처리와 가공기술의 제고, 단조기술 도입과 주물의 기계화, 설계능력의 제고 등은 모두 국방공업과 밀접한 관련이 있는 것이었다.

또한 7개년계획의 성과로서 종종 이야기되는 기계공업기지의 창설도 국방공업기지 건설의 일환이었다. 김일성이 '매우 중요'하다고 말한 기계공업기지는 자강도의 강계에 입지하고 있다. 자강도는 1960년대에 북의 대표적인 국방공업기지로 성장한 지역이다. 자강도는 북한 군수공업의 '모체공장'이라고 이야기되는 65호 공장과 26호 공장이 입지해 있고 96호공장, 81호공장, 151호공장 등 많은 공장이 신설되면서 1960년대에 군수공업의 거점지역이 되었다.

바로 이곳에 일대 기계공업지대가 만들어진 것이다. 자강도에는 북한 '기계공업의 어머니 공장'이라 불리는 희천공작기계공장, 희천정밀기계공장이 있다. 이외에도 "많은 현대적 기계제작 공장들이 건설되"었다. 이들 공장들은 모두 군수생산과 밀접한 관련을 갖고 있다. 북한에서 '가장 뒤떨어진 산골' 지역이었던 자강도가 '매우 중요한 기계공업지대'로 발전한 것은 김일성이 특별한 관심을 가졌던 사업 덕분이었다. 김일성은 수시로 자강도 현지지도를 다녔고 투자를 아끼지 않았다. 모두가 국방공업화에 대한 고려 때문이었다.

금속공업도 국방공업과의 관련성이 강조되었다. 아래 연설에서 보듯이 김일성은 국방공업적 관점에서 연·동과 같은 유색금속 생산, 철강·선철생산, 경금속 생산의 확대를 지시한다.

유색금속 생산을 늘리는 것은 국방력을 강화하는 데서도 중요한 의의를 가집니다. … 국방공업을 발전시켜 자체로 각종 무기와 포탄, 총탄을 많이 생산하여야 합니다. 국방공업을 발전시키려면 연·동을 비롯한 유색금속이 많아야 합니다. 유색금속 생산을 빨리 늘여 국방공업을 발전시켜야 합니다. 동을 비롯한 유색금속이 없이는 포탄과 탄약도 만들 수 없고 총신기재도 만들 수 없습니다. 강철과 선철생산을 앞세우지 않고서는 경제건설과 국방건설을 힘있게 밀고 나갈 수 없습니다. 기계를 하나 만들려고 하여도 철강재가 있어야 하고 무기를 하나 만들려고 하여도 강철과 선철이 있어야 합니다. 경금속과 순금속, 합금강 생산을 발전시키지 않고서는 기계공업과 전자공업, 국방공업을 더욱 발전시킬 수 없으며 한 계단 더 높은 기술혁명 과업을 성과적으로 수행할 수 없습니다.[62]

이 기간에 북한은 유색금속 생산을 늘리기 위해 유색금속 광산을 확장하거나 대대적인 신규 개발사업에 착수하였다. 경금속과 관련해서는 알루미늄기지 건설사업을 진행하였다. 철강공업에 대한 투자도 급속히 확대하였다. 황해제철소 확장 공사와 4.13 제철소의 신설 등 철강산업의 계열생산체제 구축과 기존 공장의 시설 확충

등으로 전체 공정을 갖춘 종합제철소가 설립됨으로써 연산 200만 톤의 조강 능력을 확보하였다.[63] 이 시기의 강재에 대한 수요는 병기공장과 기계공장, 그리고 갱도 건설을 위한 추가적 수요가 많은 부분을 차지하였다. 늘어나는 국방상의 수요를 충족하기 위해 제철소의 확충은 불가피했던 것이다. 화학공업과 관련해서 보면 1960년대에 과학원 함흥분원이 설치되고 함흥의 2.8비날론공장과 흥남, 신의주, 청진, 아오지, 강계 등지에 화학공장이 건설되었다.

국방공업화와 수출총력전

국방경제의 재편에서 근간이 되는 것은 국방공업을 확충하는 것이었다. 국방공업의 확충은 병기공장의 확충 과정임과 동시에 병기공업(군수공업)의 기초공업 부문인 기계·금속·화학공업의 확충 과정이기도 하였다.

이 시기에 있었던 중화학공업화는 그 요체가 국방공업화였다. 김일성은 1970년의 5차 당대회 연설에서 1960년대에 국방공업의 발전에서 큰 성과가 있었다고 총화하면서 "지난날 보총이나 몇 자루 생산하는 보잘것없는 군수공업이 있었을 뿐"이었지만 "오늘에 와서는 튼튼한 자립적인 국방공업기지가 창설되어 자체로 조국보위에 필요한 여러 가지 현대적 무기와 전투기술기재들을 만들 수 있게 되었"다고 평가하였다.[64]

북한은 국방공업화에 소요되는 대규모 투자자금을 마련하기 위해 한편에서는 내부 자원동원을 꾀하면서 다른 한편에서는 외화자금 확보에 주력하였다. 외화획득과 관련하여 흥미있는 사실은 북한도 1960년대에 수출총력전을 전개하였다는 것이다. 아래는 1966년에 김일성이 한 연설이다.

외화를 더 벌기 위한 투쟁을 전당적, 전국가적, 전인민적 운동으로 벌려야 하겠습니다.[65]

'외화를 더 벌기 위한 투쟁'이란 수출을 늘리자는 것이고 '전당적, 전국가적, 전인민적 운동'이라는 것은 국가총력을 기울이자는 것이다. 이는 사실상 수출총력전을 언급한 것이었다. 김일성이 외화획득과 관련하여 이처럼 강도 높은 표현을 한 것은 처음 있는 일이었다. 이 시기에 북한은 한편에서는 국방총력전을 다른 한편에서는 수출총력전을 전개했던 것이다,

북한이 수출총력전을 표방했던 데는 외화문제가 절박했기 때문이었다. 1960년대에 들어서면서 외부로부터의 자본도입은 급격히 축소되었다. 사회주의권의 무상원조는 제로가 되었다. 1960년 소련이 제공하기로 약속했던 경제원조도 중단되었다. 여기에다 경제국방 병진정책이 시행되면서 국방공업화에 소요되는 외화자금의 수요는 커졌다. 이 상황에서 북한은 외화획득을 위한 비상한 수단을 찾아야했고 그것이 수출총력전으로 나타났던 것이다.

이 시기의 수출총력전은 다음과 같은 양상을 보였다. 첫째, 수출목표를 상향조정하고 이를 달성하기 위해 수출을 두 배 이상 증대시킬 것을 결정하였다.[66] 둘째, '대량적 수출' 증대를 기하기 위해

주력 수출품목을 정하였다. 대량적 수출이 가능한 품목으로는 마그네샤크링카, 무연탄, 세멘트 등이 선정되었다. 여기에 기존의 주 수출품목인 연·아연 등의 유색금속, 철광석도 주력 수출품으로 지정되었다.[67]

셋째, 주력 수출품목의 생산증대를 위한 시설투자를 진행하였다. 넷째, 광물자원의 가공품 수출을 늘리기 위해 관련 제품개발을 추진하였다. 다섯째, 기계제품의 수출상품화를 추진하였다. 여섯째, 대외시장 확대를 위해 사회주의시장을 기본으로 하면서도 제3세계, 서방 자본주의국가들과의 무역을 확대한다는 방침을 정하였다. 일곱째, 합리적 무역계획 수립을 위해 무역성의 수출계획이 생산성의 생산계획에 반영되도록 하는 등 정부 부서 간 무역체계의 정비를 추진했다.

이상에서 보듯이 북한은 외화획득을 늘리기 위해 당시 수준에서 가능한 모든 수단을 동원하여 수출증대를 꾀하였다. 북한의 수출 총력전은 적지 않은 성과를 거두었다. 1970년 무역총액은 8억 달러를 넘어섰고 1961~70년 기간의 무역은 전후복구기에 비해 규모가 2.5배 커졌다. 이런 가운데서 수출액은 1970년 3억 6천만 달러에 달해 1961년에 비해 2배 이상 늘어났다. 1969년의 수출상품 구성을 보면 철, 비철금속이 36.1%로 제1의 수출품목이었다. 그리고 건재가 10%를 차지하였는데 세멘트 수출의 증가가 반영된 것이다. 무연탄이 포함된 광물수출은 7.2%였다. 기계장비 수출은 5.2%를 차지하였다.

여기에는 공작기계 수출이 포함되어 있다. 이를 보면 철, 비철금속, 세멘트 등 북한의 주력 수출품목이 50%를 넘어섰고 미미하지만 기계제품의 수출도 이루어졌다.

〈그림 4-4〉 1960년대 북한의 무역

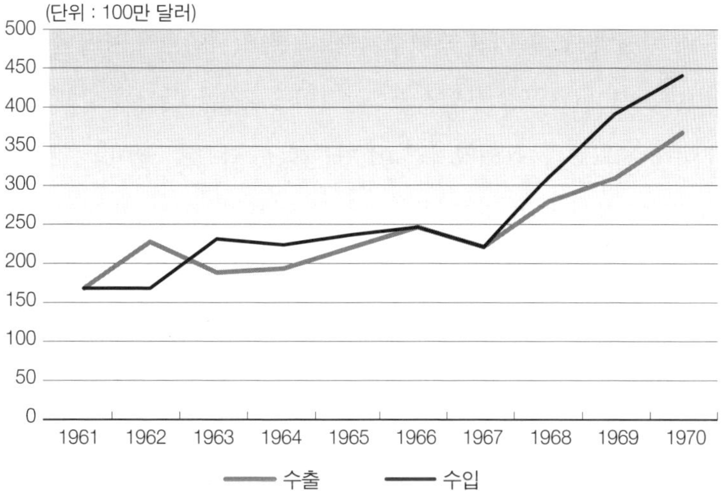

(단위 : 100만 달러)

자료 : 전창원, "북한무역구조의 분석"(1979).

지역별로 보면 1970년의 수출실적은 소련 37.5%, 중국 13.6%, 동구권 18.9%였다. 사회주의권이 전체의 70%를 점하였다. 1960년에 비하면 대 사회주의무역은 비중이 감소하였지만 여전히 큰 부분을 점하였고 소련은 제1의 무역상대국이었다. 서방 자본주의국가(일본 포함)와의 무역은 27.5%를 점하였다. 그리고 제3세계국가와의 무역이 2.5%를 점하였다.[68] 대서방무역이 크게 늘어난 부분에서 북한이 의도한 수출시장 확대가 어느 정도 성과를 거두었음을 확인할 수 있다.

그런데 문제는 수출의 증가에도 불구하고 외화문제는 해결되지 못하였다는 데 있었다. 외화문제의 가장 큰 요인은 무역수지 적자에 있었다. 1961~70년 기간에 북한무역은 1962, 66, 67년을 제외하고 모든 해에 무역적자가 발생하였고 적자폭은 후반기에 갈수록 더 커졌다. 같은 기간 무역수지 적자 총액은 약 2억 달러 수준인데 1968~70년 3년간 무역적자액은 1억 8,400만 달러에 달해 전체의 91%나 되었다. 무역적자가 이 기간에 큰 폭으로 늘어난 것이다. 1960년대 북한의 2대 수입품은 '기계장비류'와 '연료 및 연료용 기름'이었는데 1960년대 말에 이르러 기계장비류 수입이 급증한 것이 적자폭을 확대시키는 요인이 되었다.

1960년대 말 수입된 기계장비들은 대부분 중화학공업 부문에 소요되는 설비들이었다. 그런데 이 기계설비들에는 주력 수출품의 생산설비용이 당연히 포함되었겠지만 주로는 주력 수출품 이외 부문의 용도가 더 많았다. 주력수출품 이외 부문에는 여러 부문이 있겠지만 역시 국방공업과 관련된 설비가 적지 않은 비중을 점하였을 것으로 추정된다. 아래 김일성의 발언을 보자.

유색금속 생산문제도 역시 마찬가지입니다. 금을 비롯한 유색금속을 더 많이 캐내면 낼수록 외화를 더 많이 얻어 국방건설을 더 잘할 수 있고 경제건설도 더 잘할 수 있습니다.[69]

유색금속은 북한의 주력 수출품의 하나인데 여기서 얻은 외화가 국방 부문에 돌려진다는 것을 김일성이 명시적으로 언급한 것이다. 1960년대에 북한에서 가장 우선도가 높은 시국사업은 국방사업이었다. 북한이 당시 수출에 총력을 기울였다고 하더라도 수출부문이 우선적인 투자대상은 아니었다. 수출부문이 획득한 외화는 수출산업에 재투자되고 확대재생산의 물적 기반이 되었다기보다는 수출 이외 부문의 외화수요에 더 많이 충당되었다.

문제는 시국사업은 수입대체형이었고 외화가득에는 별로 도움이 안 되었다는 것이다. 이를테면 공작기계의 수출은 시국사업의 핵심 부분인 기계제작공업에 대한 집중투자의 성과였다고 할 수 있는데 수출액수는 미미하였다. 시국사업과 수출부문의 분리는 수출산업의 발전을 기하는 데 커다란 걸림돌이었다.

1960년대 북한의 입초(入超)문제는 위와 같은 배경이 깔려 있었다. 입초문제는 당장은 소련, 중국의 차관으로 어느 정도 완화할 수 있었다. 그렇지만 전반적으로 차관도입이 크게 줄어드는 상황에서 차관을 통해 수지균형을 도모하는 데는 한계가 있을 수밖에 없었다.

이 상황에서 김일성은 외화문제 해결의 한 방편으로서 외화절약론을 제기했는데 이는 상당히 의미심장한 변화를 함축한 것이었다. 외화절약의 구체적 사례는 ▲ 수입물자의 절약 ▲ 수입대체 생산의 촉진(=수입대체공업화) ▲ 수입 기계설비의 국산화 ▲ 농산물 수입의 축소 ▲ 석탄에 기초한 주체적 제철공업(=콕스탄 수입의 절약)의 개발 등이었다. 외화절약론이 광범위한 부문에 적용되었음을 알 수 있다. 여기서 수입대체 생산을 촉진한다거나 수입 기계설비를 국산화한다거나 석탄에 기초한 제철공업을 개발한다는 것이 나름대로 의의가 없지는 않았다. 그렇지만 수입대체 혹은 국산화의 결과물들은 기술적으로 문제가 있거나 제품의 질이 낮은 경우가 많았고 주체적 제철은 잘 이루어지지 못했다. 따라서 이 부분에서의 외화절약이 큰 성과를 거두었다고 보기는 어렵다.

〈그림 4-5〉 1960년대 북한의 국방공업화

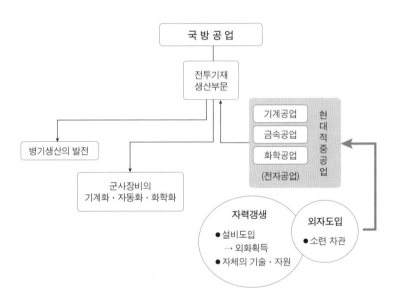

외화절약이 특히 강조된 부분은 농산물 수입이었다. 김일성은 1965년 수출총력전을 표방했던 연설에서 "농촌경리발전에 계속 큰 힘을 넣어 알곡을 비롯한 농산물 수입을 결정적으로 줄일 것"을 지시하였다.[70] 수입 대체작물을 재배한다든지 하는 방식으로 농산물

수입을 대폭 줄이라는 것이었다. 이것은 김일성이 자주 쓰는 표현인 '자체로 해결'하는 방식이었다. 외화를 벌어서 필요한 물자를 스스로 조달하는 방식도 자체해결이었다. 이와 같은 자체해결 방식은 농업 부문만이 아니라 지방 단위, 그리고 경공업·소비재 영역에까지 확대되었다. 외화절약의 주된 대상이 농업과 경공업 그리고 지방의 수입품이 된 것이다. 다르게 말하면 시국사업에 필요한 물자를 비롯하여 국가적인 중요물자의 수입에 외화를 우선 배분한다는 것이다. 사실상의 외화할당이자 외화통제였다. 국가가 외화를 장악하고 이를 시국사업에 우선 배분하고 지방과 농업, 경공업 부문은 자체해결하는 구조가 이때부터 형성되기 시작한 것이었다.

5. 지상낙원론의 궤도 수정

경제국방 병진노선 채택 이후 7개년계획은 변경이 불가피하였다. 이는 김일성의 발언에서도 확인된다.

이러한 사정으로 우리는 할 수 없이 많은 자재와 자금, 많은 청장년 로력을 동원하여 군수생산을 늘리고 국방력을 강화하는 조치를 취하지 않을 수 없었습니다. 그동안 우리가 온 나라를 요새화하고 전체 인민을 무장시킬 수 있는 무기를 마련하여 놓았기 때문에 이제부터는 생산과 건설에 많은 힘을 넣을 수 있게 되었습니다.[71]

물론 이렇게 하자면 많은 인적 및 물적 자원을 국방에 돌려야 할 것이며 이것은 우리나라의 경제발전을 일정하게 지연시키지 않을 수 없을 것입니다. 그러나 우리는 인민경제의 발전 속도를 좀 조절하더라도 조국보위의 완벽을 기하기 위하여 응당 국방력을 강화하는 데 더 큰 힘을 돌려야 합니다.[72]

7개년계획이 어려운 과업인 데다가 몇 해 동안 국방건설에 더 큰 힘을 돌리게 된 결과 앞으로 남은 기간에 7개년계획을 수행하는 것이 더욱 힘들게 되었습니다. 5년 동안에 해야 할 일을 3년 동안에 하지 않으면 안 되며 7개년계획에 예견되였던 많은 건설사업을 올해와 다음해 두 해 동안에 하지 않으면 안 되게 되었습니다.[73]

김일성은 "몇 해 동안 국방건설에 더 큰 힘을 돌리"고 "온 나라를 요새화하고 전체 인민을 무장시킬 수 있는 무기를 마련하여 놓았"다면서 이에 따라 경제건설은 "지연시키지 않을 수 없었"음을 실토하였다. 여기서 국방건설이 우선적으로 추진되었고 7개년계획은 뒤로 미루어졌음이 확인된다. 이는 경제건설의 '지연'을 의미하기도 하지만 보다 중요한 것은 7개년계획에서 공약한 지상낙원의 궤도 수정을 의미하는 것이었다.

5.1 경제건설 → 평화통일론의 변경

2장에서 기술한 바와 같이 김일성은 북한이 지상낙원이 되면 남한에서 반정부투쟁이 촉발되고 남한 인민들 사이에서 북한을 지지하는 움직임이 나타나며 궁극에는 평화통일이 이루어진다고 하였다. 이때까지만 해도 김일성은 경제건설에서 대남 우위를 점하게 되면 이것이 통일을 가져올 것이라는 확신이 있었다. 이것이 바로 경제건설 → 평화통일의 코스였다.

그러나 1964년 2월 이후 김일성은 경제건설 → 평화통일의 코스를 더 이상 말하지 않았다. 이해 2월에는 조선노동당 제4기 제8차 전원회의에서 남조선혁명론이 등장하였다. 3대 혁명역량(북조선혁명역량, 남조선혁명역량, 국제혁명역량) 강화, 남한 내 혁명당 건설, 전략전술 방침, 혁명의 주력군 편성방침 등이 이때 결정되었다.[74] 남조선혁명론이란 남한 내에 북한이 지도하는 혁명당을 건설하고 혁명당이 남조선혁명을 지도하면서 남한정권을 전복하고 북한이 주도하는 통일을 기하겠다는 것이었다. 이것은 곧 기존의 경제건설에서 평화통일로 나아가는 전략의 폐기를 의미하는 것이기도 하였다.

실제로 김일성은 남조선혁명론의 제기 이후 평화통일을 말하기보다는 '우리세대 안의 통일'을 말하면서 '혁명적 대사변'을 강조하였다. 혁명적 대사변이란 "남조선혁명을 완수하고 조국통일을 실현하는 결정적 계기"를 말한다. 혁명적 대사변이란 말 자체가 범상치 않듯이 여기서 말하는 조국통일은 평화적 수단에 의한 것이라기보다는 무력수단까지도 불사하겠다는 것을 염두에 둔 것이었다. 김일성의 다음 연설을 보자.

공산주의자로서 남조선에서 미국놈들을 몰아내고 조국을 통일하기 위하여 어느 때든지 한번은 꼭 그놈들과 해방전쟁을 하여야 한다는 각오를 가져야 합니다. … 우리는 혁명을 계속하여야 하며 제국주의를 반대하여 계속 견결히 투쟁하여야 합니다. 이것은 우리당의 시종일관한 립장이며 확고한 결의입니다. 우리가 원쑤들과 싸울 굳은 결의를 가지고 대사변을 맞이할 준비만 잘해놓는다면 래일 당장 전쟁이 일어나도 겁날 것이 없습니다.[75]

북한은 남조선혁명론의 제기 이후 대남 공작기구를 확대 · 개편하고 베트남의 민족해방전략을 모방한 북한식의 대남 게릴라전을 전개하였다. 이때 일어난 것이 1968년의 1.21사태였고 울진 · 삼척사건이었다. 또한 북한은 남한에 통일혁명당을 조직하여 지하거점의 구축을 시도하였다. 하지만 북한의 시도는 모두 실패로 끝났다.

5.2 대남 압도적 격차론의 소멸

김일성은 북은 천당이고 남은 지옥이라는 압도적 발전격차론을 1960년대 초반까지 되풀이하였다.

우리는 경제를 더욱 발전시켜 도시와 농촌에서 근로자들이 더 부유하고 문명한 생활을 누릴 수 있도록 만들어야 하겠습니다. 이렇게 하여 북조선의 경제력이 강화되고 남북조선 인민들의 생활에서의 차이가 락원과 지옥 같이 더욱 뚜렷하여질 때 남조선인민들은 더욱더 공화국북반부를 동경하게 될 것이며 미제의 식민지통치를 반대하여 용감하게 일떠설 것입니다.[76]

위 연설은 1964년에 있었던 것이나 이후 김일성의 연설에서 압도적 격차론은 사라졌다. 김일성은 북한이 사회주의, 공산주의 지상낙원이라고 여전히 주장하였지만 북과 남의 차이를 하늘과 땅의 차이가 나게 만들자는 말은 더 이상 하지 않았다. 경제국방 병진노선을 채택한 뒤 생활상 지표를 사실상 방기한 셈이었다. 이후 김일성은 천당-지옥론, 혹은 낙원-지옥론을 말할 때 경제면에서 말하기보다는 체제와 정치면에서 남한사회의 모순을 집중적으로 폭로하였다.

오늘 남조선에서 실시되고 있는 군사파쑈 독재정책은 전례 없는 횡포성과 야만성을 띠고 있으며 식민지에 대한 제국주의자들의 악랄한 파쑈통치의 전형으로 되고 있습니다. 미제침략자들과 그 앞잡이들은 여러 가지 파쑈적 악법들을 만들어내는 한편 폭압기구를 대대적으로 늘여 남조선 전역을 군사, 경찰, 정보, 특무망으로 뒤덮고 테로와 학살이 지배하는 생지옥으로 전변시켰습니다.[77]

자본주의 사회는 지주, 자본가들에게는 천당이지만 로동자, 농민을 비롯한 절대다수의 근로인민에게는 지옥입니다. 자본주의 사회는 허위와 기만, 사기와 협잡이 판을 치는 썩고 병든 사회입니다. 오늘 남조선 사회가 바로 그런 사회입니다.[78]

김일성은 군사독재 정치의 횡포성과 자본주의 사회의 모순에 의해 남한은 일부 특권층에는 천당이지만 대다수 민중에게는 지옥이라고 규정하였다. 이에 따라 천당-지옥론은 남한사회의 억압적 정치현실과 계급모순을 드러내는 이데올로기적 도구로 변질되어 갔다.

5.3 생활상 지표 추구의 변질

지상낙원론의 궤도수정을 보여주는 가장 결정적인 부분은 이·고·비·기 공약의 방기에 있었다. 주택문제도 입는 문제도 해결되지 못하였다. 무엇보다 절실한 문제는 식량문제였다.

북한은 이 시기에 주곡으로서의 쌀 공급정책을 사실상 방기하였다. 쌀 공급과 관련된 김일성의 발언을 살펴보자.

1958년 6월 : 알곡을 한 해에 650만 톤 생산하는 수준에 오르면 식량걱정을 하지 않게 될 것입니다. 그때에 가서는 인민들이 입쌀과 밀가루만 식량으로 하고 강냉이로는 고기를 생산하여 먹을 수 있습니다.[79]

1959년 1월 : 정당 수확고를 이와 같이 높인다면 600만 톤 이상의 알곡을 생산할 수 있습니다. 이렇게 되면 우리는 전체 근로자들에게 입쌀만 공급할 수 있게 될 것이며 축산업을 새로운 수준에로 발전시킬 수 있는 토대를 쌓게 될 것입니다.[80]

1962년 2월: 그러나 노동자, 사무원들은 아직도 입쌀 절반에 강냉이 쌀 절반씩 먹고 있습니다. 우리는 가까운 몇 해 안으로 전체 인민이 다 이밥을 먹게 되어야 생활수준이 높다고 할 수 있습니다.[81]

1962년 8월: 우리는 앞으로 300만 톤의 벼를 생산하고 북반부의 모든 사람들이 다 이밥을 먹을 수 있도록 하여야 합니다.[82]

1965년 2월: 인민생활에서 가장 중요한 문제는 먹는 문제, 주로는 쌀 문제입니다.[83]

1967년 3월: 지금 우리나라는 세계적으로 쌀을 많이 소비하는 축에 속합니다. 우리는 식량소비량을 줄이는 방향에서 점차 식생활을 고쳐나가야 합니다.[84]

1969년 2월: 강냉이로 만든 옥쌀로 밥을 지어먹으면 이밥과 비슷합니다.[85]

1969년 10월: 우리나라에서는 쌀을 사 먹지 않고 자급자족하고 있는데 식량을 자급자족한다고 쌀을 낭비하여서는 절대로 안 됩니다.[86]

1970년 7월: 금을 주어도 쌀을 사올 데가 없습니다.[87]

〈표 4-3〉 식량문제에 관한 김일성의 주요 발언

연도	김일성의 발언	식량 생산량 (만톤)
1949	식량문제는 기본으로 해결	265
1957	식량문제는 원만히 해결	320
1960	5개년계획 기간 중 의식주문제를 기본적으로 해결	380
1961	식량문제는 완전히 해결	483
1962	식량의 자급자족을 달성	500
1970	쌀문제는 기본적으로 해결. 남은 과제는 부식물문제	525
1975	480만 톤의 식량이 있으면 충분(1,600만 명 300kg)	770
1978	쌀과 남새문제는 완전히 해결. 앞으로의 과제는 단백질문제	900
1981	쌀은 공산주의. 인민의 수요에 따른 쌀 공급을 목표	-
1982	쌀을 보다 많이 생산하여 먹는 문제를 완전히 해결해야 함	950
1986	식의주문제의 해결을 통해 사회주의의 완전한 승리를 실현	-
1990	쌀 500만 톤을 생산하여 전인민이 흰 쌀밥을 먹도록 해야 함	1,000 (1984)
1994	인민의 먹는 문제를 해결해야 함	-

자료 : 『김일성저작집』(각 권).

김일성은 1967년부터 쌀 소비의 절약과 옥쌀 보급을 지시하였다. 1967년 이후 북한주민들의 주식 구성에서 옥수수가 쌀을 대신하게 되었다. 1960년대 쌀 배급량의 추이를 보더라도 김일성의 공약과는 정반대로 쌀 배급량은 확실히 줄어들었다.[88]

그럴수록 북한당국은 식량문제 해결에서 '자체해결'을 강조하였다. 북한은 1961년부터 '대안의 사업체계'라는 명목으로 후방공급 사업을 확대하였는데 후방공급 사업이 의도한 지역적인 자급자족

체계는 제대로 기능하지 못하였다. 노동자와 그 가족들은 공장 부속지 등에서 직접 농업노동에 참여하면서 부족한 식량을 스스로 해결해야 했지만 부식이나 육류 소비는 언제나 부족하였다. 이것이 이른바 자체해결의 실상이었다.

6. 궤도 수정의 배경

지상낙원론은 북한의 경제건설의 목표로서 a) 생활상 지표와 b) 제도적 지표를 내걸었고 남북관계에서는 c) 북의 압도적 경제 우위를 바탕으로 d) 북한이 주도하는 평화통일을 실현하겠다는 것이었다. 그런데 a), c), d)는 변경되거나 폐기되었다. 남은 것은 b의 제도적 지표였다. 북한은 경제국방 병진노선하에서도 주택건설을 확장하고 사회적 복지를 확충하였다. 그럼에도 불구하고 지상낙원론의 궤도 수정은 확연히 나타났다. 궤도 수정 이후 김일성은 여전히 북한을 사회주의 지상낙원이요 공산주의 지상낙원이라고 말하였는데 이때의 강조점은 사회주의의 제도적 우월성에 있었다.

북한의 사회적 제도는 그 자체로서 적지 않은 성과를 거둔 것도 사실이나 먹는 문제는 여전히 미완의 과제로 남아 있었다. 달리 말하면 사회적 제도는 세워졌지만 그것의 내실은 취약하였다는 것이다. 제도적 우월성을 입증하려면 실제 생활의 튼튼한 내실이 중요하다는 것은 두말할 필요조차 없을 것이다. 진정으로 생활수준의 내실을 기하기 위해서였다면 경제건설에 더욱 박차를 가하고 매진했어야 했다. 그것이 북한의 인민을 진정으로 위하는 길이었다.

그런데 김일성은 생활상의 지표라는 중요한 끈을 스스로 놓아버린 채 국방총력전을 수행하였다. 무엇이 이런 변화를 가져왔을까? 지상낙원론의 궤도 수정의 배경은 과연 무엇인가?

6.1 김일성의 주장

김일성은 1970년 조선노동당 제5차 대회에서 중앙위원회 사업 총화보고를 하면서 연설한다.

우리의 국방력은 매우 크고 비싼 대가로 이루어졌습니다. 털어놓고 말하여 우리의 국방비지출은 나라와 인구가 적은 데 비해서는 너무나 큰 부담으로 되었습니다. 만약 국방에 돌려진 부담의 한 부분이라도 덜어 그것을 경제건설에 돌렸더라면 우리의 인민경제는 보다 빨리 발전하였을 것이며 우리 인민들의 생활은 훨씬 더 높아졌을 것입니다. 그러나 정세는 이렇게 하는 것을 결코 허용하지 않았습니다. 우리는 일시적인 안락을 위하여 혁명의 근본리익을 저버릴 수 없었으며 다시는 망국노가 되기를 바라지 않았습니다. 우리는 나라의 경제발전과 인민들의 생활향상에 많은 제약을 받으면서도 조국보위의 완벽을 기하기 위하여 국방력을 강화하는 데 큰 힘을 돌리도록 하였습니다.[89]

김일성은 인민의 생활향상에 제약이 있었다는 것을 인정하면서 그 요인이 국방비의 과중한 부담 때문이라고 말하였다. 그리고 국방건설에 매진할 수밖에 없었던 이유를 외부의 정세변화에서 찾았다. 아래에서는 김일성의 발언을 단서로 하여 당시의 외부정세(=국제정세 및 남한정세)와 인민생활의 제약요인에 대해 각각 검토해보기로 하자.

6.2 외부 정세 변화

경제국방 병진노선 등장의 배경: 동맹모순 혹은 5.16?

외부정세 변화와 관련하여 가장 먼저 다루어야 할 부분은 경제국방 병진노선 채택의 배경이 무엇인가 검토해 보는 일이다. 지금까지 북한의 1962년의 국방력 강화방침 결정은 동맹모순에 대처하기 위한 것으로 알려져 왔다. 동맹모순이란 대외 안보를 위해 동맹을 맺지만 동맹 상대국으로부터 분쟁에 연루될 위험이 커지거나 방기될 위험이 커질 때 발생하는 모순을 말한다.[90] 예컨대 북한은 1950년대 말과 1960년대 초의 중소분쟁 시에 어느 한쪽에 가담하게 될 때 발생하는 '연루위기'를 경험한 바 있고 1962년 쿠바사태 시에 소련이 취한 태도에서 동맹상대국으로부터 방기될 위험에 처하기도 했다.

최근 연구성과에 의하면 1962년의 결정은 반드시 동맹모순 때문만은 아니었다. 북의 1962년 결정에 남한요인이 작용했던 것이다. 북은 5.16 직후인 5월 18일 노동당 중앙상임위원회를 개최하고 다음의 내용에 대해 논의하였다.

▲ 산업부문의 노동자 수를 줄여 이들을 군수공업 분야에 돌릴 것 ▲ 징병과 청년들을 군대에 동원하는 데 총력을 기울일 것 ▲ 노농적위대를 강화하고 많은 여성들이 인민경제 부문을 감당하도록 동원할 것 ▲ 주택건설 사업은 현 수준에서 합리적 조정이 이루어지거나 유보할 것 ▲ 그 대신 국방공업과 관련이 있는 석탄, 광산, 금속산업 부문은 계속 유지할 것 ▲ 인민들에게 적에 대한 경계태세를 배가하고 생산을 계속하여 근검과 내핍생활을 요구할 것[91]

이에 대해 신종대 교수는 경제국방 병진노선의 골격과 내용이 1962년 12월 시점이 아니라, 바로 5.16 쿠데타 직후에 구체적으로 논의되고 사실상 채택되었다고 주장한다.[92] 이 주장에 따르면 1962년 결정은 동맹모순보다는 남한요인이 더 크게 작용했다고 해석된다. 남한요인을 파악할 때 보다 중요하게 고려해야 할 부분은 1966년 2차 당대회의 결정이었다. 경제국방 병진노선이 다시 확인·채택되었고 이후 급진적 국방국가화가 진행되었기 때문이다. 국방국가화에서는 1966년이 결정적인 전환점이었다. 1962년에서 1966년에 이르는 과정은 남한요인도 있었지만 북한요인도 작용했다.

한일협정과 남방3각동맹

남한요인은 5.16 이후 지속적으로 커져갔다. 북한은 1960년 미일

안보조약 체결 이후 일본 군국주의가 부활하고 머지않아 일본이 남한에서 군사적 역할을 수행할 것이라는 위기의식 속에서 5.16 직후 서둘러 소련, 중국과 방위동맹을 체결하였다. 1965년의 한일협정은 북한의 외부정세 인식에 중대한 영향을 주었다. 북한은 한일조약의 체결은 6.25 직후 조인된 한미상호방위조약, 그리고 미일의 안보조약에 이어 극동에서 한미일이 군사적으로 맺어지는 계기로 보았고 이로써 자유진영의 방위태세가 완비된 것으로 인식하였다.[93] 북한의 안보불안감이 증폭된 것이다.

남한의 베트남파병

김일성의 외부정세 인식에 중요한 영향을 준 것을 또 하나 든다면, 그것은 베트남전쟁이었다. 김일성은 미국의 베트남전쟁 개입을 "웰남 인민들을 반대하여 감행하는 침략전쟁"이자 "모든 사회주의 진영나라들과 아세아, 아프리카, 라틴아메리카의 민족적 독립국가들, 세계의 모든 진보적 인민들에 대한 도전행위"로 규정하였다.[94] 김일성이 베트남전쟁에서 미국에 대한 경계감이 높아졌고 또 위협인식이 생겼을 정황 속에서 이를 증폭시킨 것이 남한의 베트남 파병이었던 것이다.

오늘 미제국주의자들의 침략행위는 더욱 강화되고 있으며 그들의 전쟁확대 음모를 더욱더 로골화하고 있습니다. 남조선의 박정희도당은 미제의 지시에 따라 새 전쟁을 적극 준비하고 있을 뿐 아니라 이미 웰남에서의 미제의 침략전쟁에 직접 가담하고 있습니다. 정세는 한층 더 긴장되었으며 우리나라와 아세아의 전반적 지역에서 전쟁의 위험이 증대되고 있습니다.[95]

김일성은 아시아지역만이 아니라 한반도에서도 전쟁의 위험이 증대되고 있다고 본 것이다. 그런데 김일성은 베트남전쟁을 위기요인으로만 생각지는 않았다. 기회요인으로도 삼으려 했다. 기회요인이란 "미제국주의자들이 웰남 인민의 영웅적 항쟁에 부딪쳐 참패를 거듭하고 있"고 이것이 반제전선의 새로운 가능성을 열어주고 있다는 적극적인 인식을 말한다. 이전부터 김일성은 베트남에서 미군의 피해가 크면 미국이 한반도에 군대를 주둔시키는 것도 곤란하게 되고 주한미군을 철수시키는 유리한 환경이 조성된다고 생각하였다.[96]

이에 따라 김일성은 남한의 베트남 파병에 대응하여 공군부대를 파병하여 북베트남을 직접 지원하는 한편, 남한에서 베트남식의 민족해방전략 수행을 적극 모색하기에 이른다. 이것이 바로 남조선혁명의 모색이기도 하였다. 남조선혁명론은 베트남전쟁의 영향이 크게 작용한 것이었다.[97]

남한의 군사적 잠재력의 증대 및 경제의 군사화

김일성은 남한이 군사적 잠재력이 커지고 있는 부분에 대해서도 경계감을 나타냈다. 당시 남한정세를 어떻게 인식하고 있었던가?

최근년 간에 미제국주의자들은 남조선에서 전쟁준비를 더욱 강화하면서 군사침략 기지로서의 남조선과 그 군사적 잠재력을 자기들의 전쟁정책 수행에 더욱 적극적으로 리용하는 길에 들어섰습니다. 지금 남조선에서는 미제의 침략과 전쟁정책의 요구에 따라 괴뢰군 병력이 증강되고 있으며 그 군사장비는 더욱 현대화되고 있습니다.

전술적 핵무기와 유도무기 등 대량살륙무기들이 계속 남조선에 실려오고 도처에서 군사시설들이 확장되고 있으며 남조선전역에 걸쳐 **전시태세**가 강화되고 있습니다. 미제와 그 주구들은 증대되는 군사적 수요를 충족시키기 위하여 남조선경제를 더욱더 군사화하고 있습니다. **군사정변** 이후 남조선 괴뢰정부 예산에서 군사비 지출은 2배 이상으로 장성하였으며 군사적 의의를 가지는 일련의 산업부문들에 대한 투자가 증대되고 있습니다.

근대화의 미명하에 촉진되고 있는 경제의 군사화에 의하여 오늘 남조선에서는 군사적 수요를 목적으로 하는 일부 공업부문들이 자라나고 통신, 도로, 철도, 항만 시설들이 확장되고 있으며 군사경제적 잠재력이 더욱 강화되고 있습니다. 이리하여 남조선은 방대한 군사력이 집결되고 모든 것이 미제의 전쟁정책에 복무하는 일대 병영으로 되고 있습니다.[98]

이처럼 당 대표자 회의에서 김일성은 이 시기의 남한경제에 대해 '근대화'의 미명하에 '경제의 군사화'가 촉진되고 그 결과 군사경제적 잠재력이 커지고 있는 것으로 진단하였다. 김일성은 박정희가 추진하는 근대화의 실체가 '경제의 군사화'에 있었다고 파악한 것이다. 1966년 이후 북한의 급진적 국방국가화에는 이 부분도 큰 영향을 주었음이 합당한 이해일 것이다.

전체적으로 보면 북한의 국방국가화는 동맹모순에 대한 위기감도 작용했지만 남한요인이 크게 작용했다고 할 수 있다. 다만 1962년에서 1966년에 이르는 과정은 남한요인만이 아니라 북한요인도 함께 작용한 것이었다. 1964년에 제기된 남조선혁명론이 북한을 급진적 국방국가로 가게 한 내적인 동인임엔 틀림없었다.

6.3 인민생활의 제약요인

국방비 부담

북한이 자주국방을 위해 경제국방 병진노선을 채택하고 이에 따라 국방비가 크게 늘어났으며 이것이 다시 인민생활의 큰 희생을 초래했다는 것은 북한 측뿐만 아니라 외부의 여러 연구자들도 동의하고 있다. 북한의 국방비는 1961~66년에 예산지출에서 차지하는 비율은 평균 19~20% 수준이었다.[99] 장비의 현대화가 본격적으로 추진된 1967년 이후 1971년까지 국방비 비율은 30%를 넘어섰다. 북한의 국방비 지출이 급팽창함에 따라 GNP에서 차지하는 비율도 높아졌는데 대체로 10~20% 수준에 도달하였다.[100] 북한의 국방비 지출은 국제적으로 비교해 보아도 대단히 높은 수준이었다. 1970년대 초반 무렵 GDP 대비 군비지출 비율이 가장 높은 나라는 이스

라엘 19.2%, 소련 13.0% 순이었는데 북한은 세 번째로 높았다.[101] '국토가 작고 인구가 적은' 국가 중에서 북한과 같은 수준의 군비를 지출하는 나라는 어디에도 없었다. 김일성의 표현대로 북한의 국방비 지출은 과도한 것이었다. 과도한 국방비 지출이 북한경제에 미친 영향은 컸다. 1960년대에 들어서 나타나기 시작한 북한경제의 침체는 터무니없이 높은 국방비 부담이 한 요인이었다.[102] 공업생산에서도 인민생활과 밀접한 관련을 갖는 소비재 생산의 증가는 둔화되었다. 농업 부문의 성장도 크게 둔화되었으며 덩달아 근로자들의 실질소득도 하락하였다.[103]

제도적 요인

지상낙원론의 궤도수정은 북측 요인도 있었다. 그중 하나가 제도적 요인이었다. 여기서는 식량생산의 정체 혹은 그 결과로서 발생한 항상적인 식량부족의 제도적 요인에 초점을 맞추어 살펴보기로 하자.

김일성은 1961년에 식량문제는 완전히 해결되었다고 선언하였다. 그리고 이듬해 식량의 자급자족을 달성하였다고 하였다. 1961년과 1962년의 식량생산량은 각각 480만 톤, 500만 톤이었다. 1970년 식량생산량은 520만 톤이었다. 북한의 공식 통계상으로 보더라도 1960년대 식량생산의 성장은 크게 둔화된 것이 분명하였다. 여기다가 북한 식량통계의 고질적인 병폐인 과대·허위보고의 문제를 고려하면 실제 생산량은 공식통계보다 훨씬 낮은 수치라고 보아도 무방하다. 실제 식량생산은 정체하였고 식량은 늘 부족하였다. '옥쌀'이 등장할 수밖에 없었다.

북한 식량문제의 제1의 요인은 집단농업의 제도적 비효율성, 즉 '제도의 실패'에 있었다. 이런 '제도의 실패'는 농업집단화=사회주의 제도와는 도저히 맞지 않는 농민의 의식과 행동양식에서 그대로 표출되어 있다. 김일성은 종종 식량 자급자족의 제도적 기초로서 공동노동(농업집단화)과 사상교양 등을 거론하면서 '사회주의 제도에 의한 식량문제의 해결'을 강조하였다. 그러나 농업집단화 이후 농민에 대한 지속적인 사상개조운동에도 불구하고 집단농장에서의 관리 및 노동의욕의 결여, 그리고 개인농 지향의 성향을 없애지는 못하였다.『김일성저작집』에는 그러한 농민상이 적나라하게 묘사되어 있다.[104]

나라의 재산과 조합의 재산은 아무렇게나 되어도 나만 잘살면 좋다는 식으로 생각하는 사람은 결국 착취계급들의 이기주의 사상을 가진 사람입니다. 이 이기주의 사상은 공산주의 사상과는 정반대되는 나쁜 사상입니다. 이기주의가 자라나면 자기의 이익을 위하여 나라와 조합의 재산을 약취하는 것은 물론 심지어 당을 배반하며 국가와 인민을 배반하며 마지막에는 적의 정탐으로까지 굴러 떨어지게 될 수도 있습니다. 이 이기주의 사상은 수천 년 동안 착취계급 사회에서 자라난 것이기 때문에 그 뿌리가 매우 깊이 박혀있습니다.[105]

그러나 사회주의하에서도 농민들의 의식 속에는 낡은 사상잔재, 특히 소소유자적 근성이 오랫동안 남아있게 되며 사상활동이 약화될 때에는 그 것이 되살아날 수도 있고 더욱 조장될 수도 있는 것이다.[106]

이와 같이 농촌에서 제도는 멀리 앞서나가고 있지만 농민들의 사상의식 수준은 아직도 이에 따라가지 못하고 있습니다. 농민들의 머리에는 이기 주의와 소부르죠아 사상, 집단주의에 어긋나는 낡은 사상이 뿌리깊이 남 아있습니다. 협동농장들에서 왜 소를 집집마다 나누어 기르면 잘 기르는 데 공동축사에 넣으면 되는 대로 기릅니까? 어째서 농민들이 자기가 먹 을 양곡은 좋은 것으로 골라서 남겨두려고 하면서 나라에 팔 수매곡은 아 무것으로나 그것도 될수록 적게 내려고 합니까?[107]

반면 농민들은 개인 소유지인 텃밭에 한없는 애착을 가지고 있었 다. 재일교포 이홍구는 그의 방문기에서 다음과 같이 적고 있다.

텃밭은 협동농장이나 국영농장의 넓은 밭에 비하면 문자 그대로 한줌의 토지에 지나지 않는다. 그러나 소유자인 농민이 텃밭에 한없는 애착을 가 지고 있는 것은 처음 보더라도 그 밭을 대단한 정성을 기울여서 가꾸고 있는 것에서 알 수 있다. 텃밭에는 그들이 아침 일찍부터 밤늦게까지 일 하는 직장, 집단농장의 밭에 있는 무성한 잡초는 찾아볼 수 없었다. 좁은 텃밭 주변의 잡초는 깨끗하게 정리되어 있었다.[108]

이와 같이 북한 농민들은 오랜 사회화의 과정에도 불구하고 개인

농의 습관을 쉽게 버리지 못하고 있었다. 또한 텃밭의 생산성은 집단농장에 비해 2배 혹은 5배 이상이었다. 김일성의 묘사에서도 확인할 수 있듯이 집단농 제도는 농민들의 오랜 관습, 소소유자적 인간성에 반하는 제도였다. 집단농 제도를 기반으로 하는 이른바 '사회주의적 식량문제 해결의 구도' 그 자체가 역으로 식량증산의 장애물로 되었던 것이다.

공약(公約)의 진정성 문제

앞서 살펴본 바와 같이 김일성은 생활상 지표에 대한 공약을 사실상 방기하였다. 이와 관련하여 여러 연구자들은 김일성이 한 공약의 진정성에 의문을 표해왔다. 김일성은 정말 생활상 지표의 실천의지를 갖고 있었는가? 이런 의문을 제기한 대표적인 학자는 서대숙 교수와 서동만 박사였다. 서대숙 교수는 김일성의 경제발전관의 문제를 다음과 같이 지적하였다.

> 김일성은 경제문제를 언급할 때마다 자기가 예전에 만주 벌판에서 헐벗고 굶주리면서 싸웠던 시절을 상기하고 주민들의 의식주를 해결하는 것을 경제문제의 전부인 양 인식했다. 즉 추울 때 입을 옷이 있고 배고플 때 먹을 양식이 있고 비나 눈을 피해 잠잘 수 있는 집이 있으면 기본적인 경제문제는 해결되었다고 생각하는 것이다.[109]

김일성은 경제문제 해결에서 의식주 문제만을 말한 것은 아니었다. 사회적 제도도 중시하였다. 김일성이 말한 의식주 문제의 해결 수준은 서 교수가 말하는 것처럼 "추울 때 입을 옷이 있고 배고플 때 먹을 양식이 있고 비나 눈을 피해 잠잘 수 있는 집"이 있는 수준이 아니었다. 이보다 훨씬 높은 수준이었다. 그렇지만 현실은 서 교수가 말한 생활수준에 머물고 말았다. 이런 생활수준을 두고서 김일성이 종종 "기본적인 문제는 해결되었다"고 말했던 것은 사실이었다.

여기에는 경제발전관의 문제가 기저에 있었는지도 모른다. 그렇지만 중요한 것은 김일성이 약속한 생활지표와 현실의 생활수준 간에는 상당한 괴리가 있다는 것을 김일성 본인도 잘 알고 있었다는 점이다. 그래서 다시 생활지표를 공약했던 것이다.

사정이 이러함에도 기본적으로 문제가 해결되었다고 하는 것은 공약(空約)의 문제일 수도 있다. 서동만 박사는 "전체 인민에게 흰 쌀밥을 먹게 한다는 명목은 실현 불가능한 속임수에 지나지 않았다"[110] 고 혹평했다.

필자의 견해로는 생활지표 공약은 처음부터 속임수였다고는 생각되지 않는다. 공약의 방기는 급진적 국방국가화의 과정에서 이루어진 것으로 운 나쁘게도 뒤로 밀려나 잊힐 수밖에 없었던 허공의 약속이 된 셈이었다. 인민들은 지상낙원이 아니라 국방국가적 삶을 살아야 했고 어쩔 수 없이 이밥 대신에 옥쌀을 먹고 한 손에 망치를 들고 한 손에 총을 든 전사가 되어야 했다.

5장

박정희의 '일면국방 일면건설' 노선:
국방국가로 가는 길

1. 국정지표의 수정: 일면국방 일면건설

1.1 박정희, 국정지표를 수정하다

박정희가 국정지표 수정을 공식화한 것은 1968년 2월 7일 경전전 개통식 연설에서였다.[1] 1월 말에 연이어 발생한 북한 무장게릴라의 청와대 기습사건, 미 정보함 푸에블로호의 납치사건 직후였던 만큼 연설의 주조는 북한의 무장침투에 대한 강경한 입장 표명에 있었다.

박정희는 북한의 무장게릴라 침투에 대응해서 ① "적이 오면 우리도 같이 무기를 들고 나와서 싸우겠다"는 새로운 국방개념으로 ② "250만 재향군인을 무장화"하고 ③ "재향군인을 무장시키기 위한 무기공장을 금년 내에 완성"시키겠고 선언하였다. 그리고 ④ "일면 싸우면서 한편으로는 우리가 추진하고 있는 경제건설에 전력을 기울여야 한"다고 덧붙였다.

이것이 바로 새 국정지표인 '일면국방 일면건설'의 주요 내용이었다. 박정희는 이 연설에서 '일면국방 일면건설'이라는 말을 쓰지는 않았다. 처음에는 "싸우면서 일하자"라는 구호를 많이 사용하였다. '싸운다'는 것이 국방이라는 말로 바꿔 표현되기 시작한 것은 6월부터였다. 이때 "일면 경제건설 일면 국방력 강화"라는 표현이 사용되었고 이것을 보다 압축한 표현이 일면건설 일면국방이었다.

박정희는 1969년 신년사에서 "금년이야말로 우리 모든 국민이 싸우면서 건설하자는 각오와 신념을 더욱 굳건히 하고 일면국방 일면건설에 우리 모두 민족의 저력을 발휘해야 할 해"라고 하였다. 1969년 신년사에서는 일면건설 일면국방이 아니라 일면국방 일면건설이라는 말을 사용하였다. 1970년의 연두기자회견에서도 일면국방 일면건설이라는 말을 즐겨썼다. 1971년 신년사에서는 일면건설 일면국방이라고 하였고 이후에는 일면국방 일면건설이라는 말을 자주 썼다.

오원철은 일면국방 일면건설을 국정지표로 했던 시기를 1968~1970년의 3년으로 한정하였지만[2] 사실은 1970년 이후에도 일면국방 일면건설 노선은 정책으로서 연속되었다.[3]

1.2 '일면국방 일면건설'이란 무엇인가

새로운 국방체제 노선과 경제국방 병진노선이 믹스된 것

일면국방 일면건설 노선은 크게 보면 두 개의 노선(정책)이 혼합된 것이었다. 하나는 새로운 국방체제 노선이었고 다른 하나는 경제국방 병진노선이었다. 전자는 자주국방 실현을 모토로 한 ▲ 국군장비의 현대화 ▲ 향토예비군의 무장화 ▲ 소화기 조달(군수산업) ▲ 전시동원체제의 수립 ▲ 요새화가 기본정책이었다. 후자는 경제건설과 국방건설을 동시에 병행한다는 것이다.

이것을 좀 더 알기 쉽게 풀어 말하면 일면국방 일면건설 노선은 김일성의 4대 군사노선과 경제국방 병진노선을 합친 것과 비슷한 개념이라 하겠다. 김일성의 4대 군사노선은 전민무장화, 전국요새화, 전군간부화, 전군현대화인데 박정희의 새 국방체제 노선에도 향토예비군의 무장화, 요새화, 국군장비의 현대화가 들어 있다. 여기에 경제국방 병진정책이 포함된 것이다.

〈그림 5-1〉 일면국방 일면건설의 기본내용

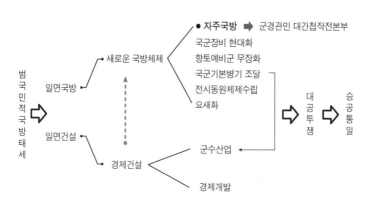

대공투쟁을 위한 체제개편

위의 도표는 일면국방 일면건설 노선을 정책내용을 중심으로 파악한 것이다. 여기서 중요한 것은 체제개편이었다. 박정희가 가장 먼저 착수한 것은 대공투쟁을 위한 체제개편이었다. 경전선 연설에서 박정희는 '향토 방위대'를 조직할 것을 힘주어 말한다.

그렇게 해서 우리의 각 지방마다 향토방위대가 조직되어서 눈이 되고 귀가 되어서 적의 간첩이나 무장공비가 나타나면 어디를 통해서라도 즉각 발견하고, 발견하면 군이나 경찰이 '헬리콥터'나 또 다른 수송편으로 즉시 현장에 와서 잡도록 해야겠읍니다. 또 앞으로 점차 재향군인들이 전부 무장되어 어느 부락에 공산당이 나타나더라도 부락의 청년들이 즉각적으로 무기를 들고 나와서 대항을 하면 공산당이 어디 가서 발을 붙이겠읍니까? 가령 여러분들이 들에 농사를 하러 가다가 이 부근에 간첩이 들어왔다는 말을 들었을 때, 들에 농사를 지으러 가면서도 무기를 가져다가 논두렁에 두었다가 수상한 사람이 지나가면, 간첩인 줄 알고 그 자리에서 두드려 잡을 수 있는 이러한 우리의 국방태세를 근본적으로 고쳐야 하겠다는 것입니다.[4]

박정희는 대공투쟁을 위해 "우리의 국방태세를 근본적으로 고쳐야" 한다고 주장하였다. '국방태세를 근본적으로 고친'다는 것이 의미하는 핵심적 내용은 예비군으로 조직된 시민들(=재향군인들)이 대공투쟁과 국방의 일익을 담당하는 것이었다. 박정희는 이를 '범국민적 국방태세'라 불렀다.

이와 관련된 첫 번째 조치는 국방부에 예비군국을 설치(1968.3.1)한 것이었고 두 번째는 향토예비군법의 제정이었다. 세 번째로는 향토예비군을 국방부의 합참이 지휘하는 '대간첩작전본부' 산하로 편성한 것이었다. 대간첩작전본부는 1967년에 처음 만들어진 것으로 이때는 군과 경찰의 합동체제였다.

대간첩작전본부의 확대개편은 1968년 1월 6일 원주 1군 사령부에서 열린 비상치안회의가 중요한 계기가 되었다. 박정희가 주재한 이 회의는 국무총리를 비롯한 국무위원 전원, 중앙정보부장, 합참의장, 각군 참모총장 및 해병대 사령관, 군단장급 이상의 각군 일선 지휘관, 전국 도시사, 지방검찰청 검사장 등 160여 명의 인사가 참여한 대규모였다.[5] 이 회의는 대간첩작전본부의 실무팀을 육해공의 각군, 치안본부(경찰), 중앙정보부, 검찰이 참여하는 기구로 확대·개편하고 적의 침투상황에 따른 대책을 갑종, 을종, 병종사태의 작전으로 구분·결정하였다.[6]

박정희는 이 회의에서 "군관민이 혼연일체가 되어 지휘급 상호 협력체제를 확립하여 범국민적으로 공산 간첩을 잡는 데 궐기해야 한"다고 하였다.[7] '민'이라고 하는 것은 향토예비군 조직을 염두에 둔 것이었다. 이 회의에서 향토예비군을 대간첩작전본부와 일체화한다는 구상이 표명되었던 것이다. 이후 4월 1일 향토예비군 창설을 기해 향토예비군은 "전시에는 정규군에 편입되지만, 대간첩작전에 있어서는 경찰의 지휘하에 직장방위나 그 고장의 소탕작전에 나서서 향토방위의 주력이 되"도록 규정되었다.[8] 이것은 향토예비군이 대간첩작전본부 산하에 편성되지만 향토방위의 지휘권은 국방부로부터 용병권을 위임받은 일선 경찰이 행사토록 한다는 방침에 따른 것이었다.[9] 박정희는 이를 "한편으로는 군의 통솔을 받으면서 한편으로는 경찰의 지휘를 받는 이중적인 지휘체제"라고 표현하였다. 아무튼 이 대공투쟁의 기구에 향토예비군이 '반게릴라투쟁의 전투원'으로 편성되면서 대간첩작전본부는 그야말로 '범국민적'(=군경관민)인 대공투쟁의 기구가 되었던 것이다.

대게릴라투쟁 차원을 넘어선 체제개편의 움직임

박정희는 향토예비군 창설을 앞두고 "이 향토군이 갖는 국방상의 의의는 실로 건국 이래 획기적인 것"이라 하였다. 1968년 11월, 100명의 무장게릴라가 넘어온 '울진·삼척 게릴라 침투사건'을 겪고 난 직후의 연설에서도 박정희는 "향토예비군은 울진·삼척 지역의 공비 소탕에 있어서, 실로 청사에 길이 빛날 전공을 세웠다"고 높이 평가하였다.[10] 이것은 향토예비군 창설을 중심으로 한 체제개편이 박정희가 의도한 바대로 성과가 있었다는 것을 말하는 것이었다.

체제개편은 여기서 끝나지 않았다. 박정희는 1968년 7월의 한 연설에서 총력전적 국방체제의 확립의 필요성을 주장하였다. 아래의 연설을 보자.

현대는 군사·정치·경제·과학·문화 등의 총체적인 국력이 승패를 좌우하는 총력전의 시대입니다. 따라서 우리는 군사전과 경제전과 사상전과 심리전, 그리고 과학전이 하나로 융합된 새로운 형태의 투쟁에서 승리하

기 위해 새로운 국방체제를 확립해야 합니다.[11]

박정희는 "현대는 군사 · 정치 · 경제 · 과학 · 문화 등의 총체적인 국력이 승패를 좌우하는 총력전의 시대"라고 하여 대단히 '오서독스(Orthodox)'한 총력전사상을 피력하였다.[12]

여기서 중요한 것은 박정희가 총력전적 체제구상을 밝혔다는 점이다. 박정희가 말한 '새로운 국방체제'란 문맥상 총력전체제로서의 국방체제의 확립을 뜻하는 것이다. 이것은 1.21사태 이후 전개된 반게릴라투쟁 차원의 국방체제 담론과는 성격을 달리하는 것이었다.

박정희의 총력전적 국방체제론은 전반적인 체제개편을 함축한 것이었다. 체제개편과 관련하여 박정희는 어떤 '그림'을 그리고 있었을까? 박정희는 총력전 발언 이후 전반적인 체제개편에 대해 명시적으로 말하지는 않았다. 그렇지만 이 시기에 진행된 체제개편과 관련된 여러 움직임 혹은 시책들에서 그림의 '윤곽'이 드러나고 있었다. 그것은 국방국가적인 체제개편의 방향성이었다.

일면국방 일면건설 노선하에서 국방국가화와 관련된 움직임에는 크게 세 가지 흐름이 있었다. 무엇보다 첫째는 정치개편의 움직임이었다. 이 시기에 국방국가적 정치개편이 단행되지는 않았지만 총력안보체제를 암시하면서 박정희의 1인 지배체제를 강화해가는 일련의 정치적인 흐름이 있었다. 둘째는 국가주의적 정신개조 혹은 정신동원과 관련된 움직임이었다. 이것을 상징하는 것이 국민교육헌장의 제정이었다. 셋째는 국방경제체제의 개편이었다.

박정희가 원한 군수산업 육성은 단순히 몇 개의 무기공장을 짓는 문제가 아니라, 전체적으로 시스템의 개편을 의미하였다. 4대핵공장 건설 추진과 동시에 국방경제체제가 출현하였는데, 이 국방경제체제야말로 총력전적 시스템의 맹아였다. 유신체제하에서의 신국방경제체제는 이 때 만들어진 국방경제체제가 그 원형이었다.

세 흐름을 관통하는 것은 '적'(=북괴)에 대한 승리, 즉 승공통일 관념이었다. 박정희는 '총체적인 국력'이 승패를 좌우한다고 하였는데 적에 대한 승리를 기하기 위해서는 '총체적인 국력'이 관건이 되는 것이다. 이 무렵 박정희가 전면화한 국력배양론은 이런 기조에서 나온 것이었다. 국력배양론은 전반적인 체제개편을 추동하고 정당화하는 기본 논리가 되었다.

2. 북을 압도하는 힘의 우위를!

2.1 '제2의 6.25전쟁' 담론

이 시기에 있었던 전반적 체제개편의 움직임은 박정희가 내놓은 북한담론과 밀접한 관련이 있었다. 박정희의 북한담론 중에서 가장 중요한 것은 '제2의 6.25전쟁'설이었다.

1968년 1.21사태 직후 박정희는 김일성이 '1970년'을 '적화통일의 해'로 정했다고 말하였다. 북한의 무력도발이 절정에 달한 '1968년'의 한반도는 한국전쟁 이후 가장 전시에 가까운 상태였다.[13] 박정희는 심각한 위협인식을 가졌고 이 위협인식의 표현이 바로 '제2

의 6.25전쟁'설이었다.

그런데 북한이 베트남전 지원과 남조선혁명을 위해 대남 무력도발을 강화한 것은 사실이지만 북한 지도부가 6.25전쟁과 같은 전면전의 의지를 가지고 있었는지는 의문이다.[14] 미국 정부는 북한의 전쟁준비에도 불구하고 북한의 전면 침공 가능성은 희박한 것으로 보고 있었다.[15] 실제로 1969년 이후 북한의 무력도발은 현저하게 줄어들었다. 북한은 무장게릴라 사건을 일으킨 군부 강경세력을 숙청하고 1970년 11월 열린 조선노동당 제5차 당대회에서 대남사업에 대한 정책을 전면적으로 전환했다.[16]

이런 상황에서도 전쟁 담론은 지속되었다. 박정희는 1969~70년에 들어서부터 무력 적화통일의 결정적 시기를 '70년대 초' 또는 '70년대'라 하였다. 한국정부 요인들은 1970년 이후에도 더 나아가 데탕트가 본격화되고 남북대화가 시작된 1971년 이후에도 북한의 남침위협성이 임박한 현실로 존재한다고 계속 주장했다. 박정희는 남북대화가 진행되던 1972년 4월 존슨 행정부 시기에 국무부 차관보를 지냈던 윌리엄 번디가 방문했을 때에도 지도까지 펴놓고, 북한이 기습 공격으로 서울을 점령하려 한다며 무려 한 시간 가까이 설명하기도 했다.[17]

이 무렵 안보위협이 실재했던 건 사실이지만 '제2의 6.25전쟁'설은 과장된 면이 없지 않았다. 박정희는 북한의 남침 위협을 과장하여 더욱 위기의식을 증폭시키고 국가의 대내적 통제를 강화하는 계기로 삼았던 것이다.[18]

2.2 대북 압도적 우위론

박정희는 북한의 남침 기도에 대한 만반의 태세를 확립해야 하고 이를 위해서는 국방력과 경제력 등 총체적 국력배양이 긴요하다는 논리를 전개하였다. 국력배양론이 북한의 전쟁위협론과 쌍을 이루면서 제기된 것이다.

이 시기의 국력배양론은 5.16 쿠데타 직후 나온 실력배양론과 연속하면서도 다른 부분이 있었다. 가장 중요한 차이는 힘의 압도적 우위론이었다. 박정희의 압도적 우위론은 다음과 같은 내용을 그 특징으로 하였다.

첫째, 총력전사상에 입각한 '국력관'을 선명하게 드러냈다는 점이다. 이것은 박정희의 국력관이 국방을 중시하는 총력전체제에 부합하는 것임을 나타낸다. 둘째, 경제력에서 북한을 압도한다는 것이다. 셋째, 경제력만이 아니라 군사력에서도 북한을 압도하는 힘을 가진다는 것이다. 압도적인 군사력 건설에서 기본적인 목표는 '자주국방'이었다. 박정희는 자주국방과 관련된 과제로서 장비 현대화, 향토예비군 동원체제 확립, 군수산업 육성 등을 들었다. 넷째, 남북의 국력에서 '엄청난 차이'가 벌어지는 시기를 1970년대 중반기로 본다는 것이다. 다섯째, 남한이 힘의 압도적 우위를 갖게 되면 김일성은 '무력침공 혹은 적화통일 야욕을 포기'하게 된다는 것이다. 여섯째, 남한의 압도적 힘으로 북한동포를 구출하자는 것이었다. 이는 힘에 의한 승공(반공)통일론을 표방한 것이었다.

2.3 공세적 대북전략

박정희의 대북 압도적 우위론은 북한에 대한 공세적 전략의 한 표현이었다. 박정희의 승공통일론도 대단히 공세적이었다. 승공통일론은 북한에 대해 명시적으로 무력적인 통일을 표방하지는 않았다. 그렇지만 승공통일론이 평화통일 전략이었다고 보기는 어렵다. 사실 박정희는 1.21사태와 푸에블로호 납치 직후 실제 전쟁을 심각하게 고려하기도 한 것 같다. 김성은 국방부장관의 증언을 들어보자.

> 그래서 한때 박 대통령과 나는 "우리 군사력만으로도 일단 북한을 때리고 보자. 그렇게 전쟁을 시작하면 미국도 가만있지는 않을 것이다. 우리 탄약과 유류를 가지고 먼저 시작해보자"라는 협의까지 했다.[19]

다른 사례는 실미도부대 사건이었다. 실미도부대는 1.21사태 직후 박정희가 지시한 대북 보복응징계획에 따라 만들어진 것이었다. 이 무렵 북파공작원 숫자는 남파공작원 숫자보다 두 배 이상 많았다.[20]

또한 국방건설 병진노선 자체가 공세적 대북전략이었다. 이는 다음의 연설에서 잘 나타나 있다.

> 전 국민이 "싸우면서 건설하자"는 기치 아래 정신 면에서나 물량 면에서나 태세 면에서나 북괴를 여지없이 압도하고 북괴로 하여금 스스로 자멸하든지, 그렇지 않으면 스스로 대한민국의 품 안에 들어오든지, 할 것을

우리가 실천과 업적 면에서 판가름 하는 해입니다.[21]

박정희는 북한을 '자멸' 혹은 '투항'을 통한 정복의 대상으로 보았고 이를 위해 정신, 물량, 태세 면에서 북한을 압도해야 한다고 하였다.

2.4 대북 압도적 우위론과 남한체제

대북 압도적 우위론은 체제개편과도 관련 있는 담론이었다. 북한을 압도한다는 것은 '정신'의 문제이자 '물량'의 문제이자 '태세'의 문제였다. 이 문제들은 국가총력과 관련된 것이고 따라서 총력전적 국방체제의 문제였다. 북한담론이 곧 체제담론으로 이어지는 것이다. 박정희는 체제개편의 명분을 북한동포구출(=승공통일)과 '번영된 복지사회' 실현에서 찾았다.

> 따라서 싸우면서 일하는 일면국방 일면건설의 이중과업은 오늘 우리 민족의 절실한 이중과업입니다. … 우리가 추진하고 있는 국가건설의 궁극 목표는 바로 저 공산 학정에 시달리고 있는 북한동포를 하루속히 구출하기 위해 먼저 우리 스스로를 강화하고 번영된 복지사회를 이룩하자는 데 있는 것입니다.[22]

박정희는 다른 연설에서는 국가건설의 목표는 '번영된 민주사회'라고도 하였다. 곧 '번영된 민주·복지사회'가 국가건설의 목표라는 것이었다. 그렇지만 일면국방 일면건설 노선하에서 민주사회 또는 복지사회로의 발전은 없었다.[23] 오히려 그 반대였다. 민주사회가 아니라 박정희 1인 지배체제가 굳혀졌고 복지사회가 아니라 최소한의 노동기본권조차 보장받지 못하는 노동배제적인 사회가 되어갔다. 1970년 평화시장 근로자 전태일의 분신은 남한 근로자의 노동현실을 상징하는 사건이었다.[24] 승공이라는 이름의 극적인 북한담론과 남한의 억압적 민중배제적 정치사회는 동전의 양면이었다.

3. 총력전적 국방체제와 정신동원 그리고 정치

3.1 총력전적 국방체제와 정신동원

일면국방 일면건설과 정신동원

총력전적 국방체제와 관련하여 가장 먼저 구체적인 모습을 드러낸 것은 정신동원 쪽이었다. 박정희는 일면국방 일면건설 노선의 제기와 함께 대공투쟁과 건설에 임하는 '정신'의 중요성을 매우 강조하였다. '정신의 무장화'라는 표현도 썼다. 박정희의 주요 발언을 살펴보자.

또 한 번 지난번 서울에 침입한 무장공비가 나타났을 때 우리 국민들이 보여준 투철한 반공정신, 우리 국민들이 공산당을 미워하는 이러한 적개심, 이러한 모든 국민들의 정신적인 무장을 공산주의자들이 어떻게 판단을 하는지 모르지만, 그들이 무력을 가지고 우리를 침략해봤자 6.25 때와 같이 호락호락 넘어갈 우리 대한민국도 아니고, 그때와 같이 하루아침에 무너질 우리 60만 국군도 아니라는 것을 공산집단들은 확실히 인식해야 할 것입니다.[25]

이 시점에서 우리가 당면한 과제는 개발계획을 적극적으로 추진하면서 북괴의 적화 야망을 사전에 분쇄하여 자유통일을 성취할 수 있는 태세의 확립과 실력의 배양입니다. 북괴의 야욕을 똑바로 인식하고 우리의 자력으로 그를 분쇄하고야 말겠다는 정신의 재무장입니다. 우리는 온 국민이 합심 협력하여, 근면 · 저축 · 검소에 더욱 힘쓰고, 창의와 기술의 개발로 증산 · 수출 · 건설에 박차를 가하면서 우리 손으로 공산 괴뢰를 무찌르겠다는 생활태세를 확립해야 하겠습니다. "한편으로 건설하면서 한편으로 방공 투쟁"하는 범국민적 태세를 갖추어 나가야 하겠다는 것입니다.[26]

다음은 반공정신 무장의 강화입니다. 대공투쟁에 있어서 가장 중요하고도 기초적인 것이 투철한 반공정신 무장임은 더 말할 필요가 없습니다. 반공정신 무장은 남녀노소 할 것 없이 전 국민의 정신 무장화를 뜻하는 것입니다. 우리는 어떠한 것이 간첩이며, 어떠한 것이 이적 행위자인가를 똑바로 분간시켜, 간첩이 이 땅에 발을 붙이지 못하도록 물샐 틈 없는 경계망을 펴야 하겠습니다. 동시에 적의 침공에 대하여 '게릴라' 또는 역 '게릴라'로 향토를 방위하고야 말겠다는 향토방위 의식을 확립해야 하겠다는 것입니다. … 군경이 아무리 방위망을 잘 편성해 놓고 있다 하더라도 그 지역 주민이 군경의 눈이 되고 귀가 되어 주지 않는 한, 효과적인 작전이 되지 않는다는 것은 이미 우리가 경험한 바와 같습니다. 모든 국민이 군경의 귀가 되고 눈이 되어 효과적인 대공 작전을 할 수 있도록 계몽 교육을 강화해야 하겠읍니다. 향토방위의 이상은 "일하며 싸우고", "싸우면서 일하는 것"입니다. 평시에는 논밭에서 일을 하다가도 간첩이 나타나면 곧 군경에 연락하고, 또 스스로는 그를 소탕할 수 있는 체제와 태세를 갖추는 것입니다. 촌락에서나 직장에서나 모든 주민이 이러한 의식과 태세로 정신무장을 한다면 이 땅에는 한 명의 북괴 공비도 침투하지 못할 것입니다.[27]

우리가 살고 있는 고장에서 한 치도 물러서지 않고 죽음으로써 이를 지키겠다는 향토방위와 자주국방의 결의와 역량만이 우리가 살 수 있는 길이라는 것을 깊이 명심해야 하겠읍니다. 싸우면서 건설하고 일하면서 싸워야하는 이중의 시련을 극복하기 위해서, 오직 일사불란한 단결과 강고한 정신무장이 있을 뿐입니다.[28]

정신무장에서 가장 중요한 것은 반공정신 무장이었다. 반공정신은 "공산당을 미워하는 적개심"이고 "북괴의 야욕을 똑바로 인식하고 우리의 자력으로 그를 분쇄하고야 말겠다는 정신"이고 "적의 침공에 대하여 '게릴라' 또는 역 '게릴라'로 향토를 방위하고야 말겠다는 향토방위 의식"이며 "모든 국민이 군경의 귀가 되고 눈이 되어 효과적인 대공 작전"에 협력하는 정신자세이다. 요약하면 정신무장이란 일면국방 일면건설에 합심·협력하는 일사불란한 반공적인 정신자세와 태세를 갖추는 것이었다.

박정희의 정신 무장화는 언술 차원에서 머무르지 않았다. 정신동원을 체제화하는 움직임으로 나아갔다. 아래의 연설을 보자.

전쟁에 있어서 적을 이기기 위해서는 여러 가지 요소가 갖추어져야 할 것입니다. 훌륭한 장비를 가져야 하고 많은 병력을 가져야 하고 여러 가지 군에 필요한 보급 물자가 충족해야 될 것이고 전쟁을 밀고 나갈 수 있는 국가의 경제적인 뒷받침이 있어야 하고 그외 여러 가지 문제가 있을 것입니다. 그러나 여기 있어서 이런 모든 요소 중에 가장 으뜸가야 할 문제가 있습니다. 그것은 우리들의 정신력 즉 정신적인 무장인 것입니다.[29]

'전쟁에서 적을 이기기 위한 여러 가지 요소'는 장비, 병력, 보급물자, 전쟁을 밀고 나갈 수 있는 경제력, 그외 여러 가지라고 하였는데 이것은 전시의 국가총력을 구성하는 요소와 다름없었다. 이 발언은 총력전사상의 표현이자 전시적인 총동원과 관련된 언술이었다. 박정희는 이 중에서도 가장 중요한 것이 정신력, 즉 정신적인 무장이라고 하였다. 여기서의 정신무장은 단순한 언술이 아니라 총동원으로서의 정신무장이었다. 이것은 정신동원의 체제화를 시사하는 발언이었다.

박정희는 위 연설을 하기 한 달 전쯤인 1968년 6월 15일 문교부 장관에게 교육장전의 제정을 지시하였다. 그리고 위 연설 직후 총력전적 국방체제 구상이 나왔다. 전후 맥락을 보면 박정희의 교육장전

제정 지시는 총력전적 국방체제 구상과 밀접한 관련이 있었다.

국방국가의 교육칙서-국민교육헌장

총력전적 국방체제와 국민교육헌장의 관련성은 우선 '헌장'이 일면국방 일면건설 노선과 목적에서 일체성을 갖는다는 데에 있다. 박정희는 1969년 신년사에서 다음과 같이 천명하였다.

현 단계에 있어서 국방과 건설이라는 두 가지 과제는 결코 서로 떨어진 두 개의 임무가 아닌 것입니다. 국방이 즉 건설이요 건설이 즉 국방인 것입니다. 우리가 북괴의 온갖 도발을 물리치고 대공투쟁에서 승리하는 것이나 치열한 경제전쟁의 무대에서 승리하고 조국근대화 과업을 촉진하는 것이나 조국을 통일하고 민족의 중흥을 이룩하자는 목적은 같은 것입니다.[30]

박정희는 국방의 과제는 '대공투쟁에서 승리하는 것'이고 건설의 과제는 '조국 근대화의 과업을 촉진하는 것'이라고 하면서 두 과제는 '조국을 통일하고 민족의 중흥을 이룩하자는 목적은 같은 것'이라 하였다. 일면국방 일면건설이 '민족중흥'이나 '통일조국'을 목적으로 한다는 것이다. '민족중흥'이나 '통일조국'은 헌장의 맨 처음과 끝 부분에 등장하여 역사적 과업으로서 적시(摘示)된 말이다. 이것은 일면국방 일면건설이나 국민교육헌장이 지향하는 목적에서 일체성을 갖는다는 것인데 그만큼 국민교육헌장 속에 일면국방 일면건설(이념)이 침윤되어 있다는 것을 잘 나타내고 있다고 할 수 있다.

둘째는 박정희가 국민교육헌장에서 가장 중요한 정신적 덕목을 국가=대아(大我)를 위해 소아(小我)를 희생하는 정신과 반공정신을 들고 있다는 점이다. 1970년 연두기자회견에서 한 박정희의 발언을 보자.

국민교육헌장 속에 면면히 흐르는 일관된 정신을 우리가 몇 가지로 간추려 본다면, 나는 서너 가지를 들 수 있다고 생각합니다. … 또 하나는 국가와 사회를 위한 공동운명 의식과 연대책임 의식을 강조하고 **소아**를 승화시켜서 **대아**를 완성해야 되겠다는 것을 강조하고 있지 않은가 생각됩니다. 국민교육헌장의 한 구절에 이런 말이 있습니다. "나라의 융성이 나의 발전의 근본임을 깨달아" 이런 말이 있는데, 이는 나라가 잘되는 것이 내가 잘되는 근본이 된다. 나라라는 것은 **나**를 확대한 **대아**이기 때문에, 나라가 잘되는 것은 결국은 내가 잘되는 결과다, 이런 뜻인 것이며, 이 말은 내가 지금 여러 가지 말한 취지 바로 그것인 것입니다. 또한 "반공민주정신에 투철한 애국 애족이 우리의 삶이 길이며" 하는 구절이 있는데, 이 속의 애국 애족하는 것이 우리가 사는 결국은 내가 사는 길이다, 하는 말도 같은 뜻의 말인데 이런 말이 모두 우리 교육헌장 내에 명백히 명시가 되어 있습니다.[31]

반공정신은 앞서 본 바와 같이 총력전적 국방체제에서 가장 중요한 정신적 가치였다. 소아를 희생해서 국가=대아에 충성한다는 국가주의적 정신은 그 원류가 일본 국방국가의 교의에 있었다. '소아를 버리고 대아에 따르는 정신'은 일본제국이 국민을 전쟁에 동원

하기 위해 상용한 '국민정신총동원'의 주요한 '실천강령'이었다.[32]

소아·대아론은 유신체제의 총력안보이데올로기에서도 중심적인 가치로 재현되었다. 박정희는 국방국가화에 선행해서 국민교육헌장을 통해 국방국가적인 정신동원의 지표를 확립했던 것이다.

3.2 비상시의 정치-'일면국방 일면건설'의 정치화

필자는 앞서 박정희의 총력전 발언이 전반적 체제변화를 함축한 것이라고 하였다. 이와 비슷한 시각에서 총력전 발언에 주목한 연구자는 구라다 히데야(倉田秀也) 교수였다. 구라다 교수는 박정희의 총력전 발언이 총력안보체제의 맹아를 예고하는 것이었다고 지적하였다.[33]

이런 맥락에서 본다면 박정희의 총력전 발언은 정치와 관련하여 대단히 의미심장한 것이었다. 무엇보다 박정희의 총력전 발언에 '정치'가 포함되었나는 사실이다. 총력전직 국방체제에서 정치를 언급하였다는 것은 평시의 정치가 아닌 준전시 또는 비상시의 정치를 염두에 둔 것이라고 볼 수밖에 없다.

사실 이 시기의 정치는 평시적인 것에서 점차 비상시적인 것으로 변질해가는 과정이었다. 박정희가 국정지표를 일면국방 일면건설로 한 것도, 시민을 향토방위군으로 편성한 것도 따지고 보면 비상시적인 정치행태였다. 반공 국민정신 함양을 위한 국민교육헌장의 제정도 비상시적인 정신동원의 한 형태였다.

위와 같은 비상시의 정치가 공식화된 것이라면 비공식적으로 진행된 부분도 있었다. 이 시기의 비상시의 정치에서 중요하게 보아야 할 대목은 비공식적 영역에서의 변화 또는 변화의 징후였다. 비공식적 영역이란 정치체제와 관련된 박정희 개인의 발언이나 내면화된 의식, 혹은 측근세력의 움직임 등을 지칭하는 것인데 이런 영역에서 후일의 정치체제를 암시하는 중요한 징후들이 나타났다.

이 징후들은 첫째, 1967년 대선을 앞둔 시점에서 박정희의 '종신집권 의지'의 표명이었다.[34] 정구영에 의하면 1967년 선거 전에 이미 박정희는 "경제건설도 이제 시작이고 자주국방을 위한 군수산업도 이제 구상 단계일 뿐인데 내가 나가고 나면 이런 일을 누가 맡아야 하느냐"라는 이야기를 측근에 자주했다고 한다. 1967년 재선이 낙관적이던 시점에서 이런 걱정을 하는 것은 1971년 이후를 생각하고 장기집권 구상을 하고 있었다는 증거이다.[35]

둘째, 3선개헌 당시 여당 내에서 개헌이 논의될 때 박정희가 처음에는 대통령의 임기를 '통일될 때까지' 또는 6년으로 연장할 것을 주장했지만 당시 상황이 도저히 이를 허락하지 않았기 때문에 4년 임기에 한 번 더, 즉 3기까지 연임하는 것으로 결론이 났다는 것이다.[36] 셋째는 1971년 7대 대선을 이틀 앞둔 4월 25일 장충단 공원 유세에서 "나를 한 번 더 뽑아 주시오 하는 정치연설은 이것이 마지막이라는 것을 확실히 말씀드립니다"고 발언하였는데, 이때 이미 "박정희가 마음속으로 헌정을 중단시키는 일대 결심을 하고 있었"다는 것이다.[37]

여기서 흥미로운 것은 박정희가 경제건설과 국방, 그리고 통일을 명분으로 종신집권 의지를 표했다는 사실이다. 국방과 건설은 1968년 이후 일면국방 일면건설의 국정지표가 되었다. 그리고 이해 연말에 제정된 반공통일을 내세운 국민교육헌장이 제정되었다. 일면국방 일면건설과 국민교육헌장은 이념과 지향성에서 일체성을 갖는 것이었다. 이렇게 보면 일면국방 일면건설 노선은 박정희의 정치구상의 한 표현이었다고 할 수 있다.

다르게 말하면 안보위기를 활용하여 위기의식을 고조시키면서 한편에서 군사적 동원체제를 확립하고 다른 한편에서 체제순응적인 '국민 만들기'를 통해서 장기집권의 발판을 만든다고 하는 구상이 일면국방 일면건설의 정치적 맥락이 아니었던가 하는 것이다.

그런데 일면국방 일면건설의 정치는 7대 대선 국면에서 '김대중 쇼크'로 크게 동요하게 된다. 김대중 쇼크란 신민당의 김대중 후보가 향토예비군 폐지, 4대국 안보보장론 등을 대선 공약으로 내걸고 절반에 가까운 지지를 얻은 것을 말한다. 비록 정권교체에는 실패했지만 김대중의 선전은 박 정권에 큰 충격이었다. 김대중이 내건 향토예비군 폐지론에 국민들이 큰 반향을 보이고 지지를 보냈다는 것은 박정희의 일면국방 일면건설의 정치에 대한 심각한 민심이반이었다. 이것은 박정희가 추진해 온 국방국가화의 위기라고 할 만한 상황이었다.

7대 대선 도중 박정희가 "마음속으로 헌정을 중단시키는 일대 결심을 하고 있었"다는 것은 '쇼크'가 그만큼 컸다는 것을 말해주는 것임과 동시에 이미 다른 대응방식을 찾고 있었다는 것을 의미하는 것이다. 민심이반은 한 달 만에 치러진 5.25 총선에서도 다시 확인되었다.

박정희는 1971년 신년사에서 국민총화를 말하였고 8.15 기념연설에서도 강조되었다. 총화이데올로기가 유신체제의 핵심적인 정치이데올로기였다는 것을 상기하면 총화발언은 사실상 전면적인 체제개편을 예고한 것이나 마찬가지였다.

4. 4대핵공장 건설 추진

4.1 4대핵공장 건설 추진의 전사(前史)

향토예비군의 무장화를 위한 무기공장 건설

박정희가 무기공장 건설을 처음 언급한 것은 1968년 2월의 경전선 개통식 연설에서였다. 이때 무기공장은 "재향 군인을 무장시키기 위한 무기공장을 금년 내에 완성"한다는 것이었다. 박정희가 언급한 무기공장 건설이란 M16공장을 염두에 둔 것이었다. 연초에 군당국은 M16을 군의 기본병기로 최종 결정하였고 박정희도 M16공장 건설과 관련된 준비작업을 지시해둔 상태였다.

M16공장 건설과 예비군 무장화는 별개였다. 1968년 5월 10일 국회에서 통과된 「향토예비군 설치법개정안」은 무장화를 "예비군은 연차적으로 완전 무장시키고 무장은 M1소총, 카빈소총, 기관단총을 기본무기로 한다"고 규정하였다. 향토예비군의 무장화는 M1이나 카빈소총과 같은 구식의 병기로 무장한다는 것인데, 여기에 별

도의 무기공장 건설을 요하는 것은 아니었다. 예비군 무장화는 다른 방식으로 해결되었다.

당시 국방장관이었던 김성은은 본스틸(Charles H. Bonesteel) 유엔군 사령관과 협의하여 미군이 M16을 주력화기로 선택함으로써 폐기 장비가 된 카빈 소총과 M1소총 100만 정 및 실탄 5,000만 발을 무상으로 지원받았다고 진술하였다. 김 장관은 후일 미군의 지원을 통해 "예비군의 무장 문제가 해결됐다"고 회고한 바 있다.[38] 김 장관에 의하면 처음부터 M16으로 예비군을 무장화한다고 하는 구상은 없었다는 것을 알 수 있다. 당시 국군조차도 대부분 구식병기인 M1이나 카빈소총으로 무장하고 있던 상황에서 국군의 기본병기로서 M16으로의 교체가 우선적인 고려사항이었고 M16 공장 건설은 이런 차원에서 추진된 것이었다.

박정희가 향토예비군 창설을 선언하면서 예비군의 무장화와 무기공장 건설을 언명했다고 하는 것은 북한의 전민무장화를 의식한 측면에서 이해될 수 있다. 북한은 1960년대 중반 소련제의 개량기술로 AK자동소총을 대량생산하는 체제를 구축하였고 1966년부터 노농적위대에 AK소총을 지급하였다. 1.21사태 시 남파된 게릴라들이 휴대한 무기도 AK소총이었다. 박정희가 M16 공장 건설을 서둘렀던 데는 북한의 AK소총에 대한 대응책이기도 하였다.

M16 공장 건설의 지체

박정희의 경전선 연설 이후 M16 공장 건설과 관련된 움직임들이 가시화되었다. 당시 국방당국이 구상한 M16 공장 건설방식은 미국 군수업체로부터 기술, 기계, 자재, 부품 일체를 도입해서 병기를 생산하는 라이선스 방식이었다. 무기공장을 100% 수입해서 병기를 생산하겠다는 것이었다. 이런 방식은 박정희의 의중이 반영된 것이었다.

박정희는 "병기개발이나 생산은 부득이 미국에 의존할 수밖에 없다는 생각을 갖고 있었"다. 그래서 "막대한 자금을 지불하는 불리한 조건으로 미국에 매달리다시피 하면서 부탁"하는 처지에서 M16 공장 건설을 추진했다고 한다.[39]

M16 공장 건설은 처음부터 미국의존적으로, 미국의 입장에 따라 좌우되는 상황이었다. 박정희의 M16 공장 건설 요구에 대해 미국은 어떤 입장이었을까? 1968년 2월 내한한 밴스 미 국무장관은 박정희와 회담을 갖고 "소화기를 공급하는 문제를 토의했다"는 공동성명을 발표했다. 소화기란 M16을 가리키는 것인데 미국은 M16을 공급하는 차원에서 이 문제를 보고 있었다는 것이다. 공급과 공장 건설은 다른 것이다. 미국은 처음부터 한국의 M16 공장 건설에 선뜻 동의하지 않았다는 것이다.[40]

5월에 열린 제1회 한미 국방장관회담에서도 M16 공장 건설문제가 의제가 되었지만 공동성명에서는 이 문제를 '토의'했다고 언급하는 정도였다. 1969년 6월의 제2회 한미국방장관회담에서도 "구체적인 문제는 1969년 6월 말 이후 내한하는 미 국방성 대표 및 콜트 총기제작회사 관계자와 수시 협의해서 결정한다"고 하였지만 그 이후 구체적인 교섭은 지지부진하였다.[41]

한편 국방당국은 1968년 7월에 '방위산업 3개년계획(1969~1971)'을 공표하였다. 3개년계획은 '한국 최초의 군수산업 정비를 위한 장기계획'이었다. 동 계획은 '자주국방체제의 확립'을 언명하면서 '국군필수병기의 자기조달'을 목표로 하여 'M16을 포함한 중소화기' 생산을 우선 추진한다는 것이었다.[42]

주목할 것은 'M16을 포함한 중소화기' 생산을 우선 추진한다는 부분이었다. M16 생산은 미국의 무기공장을 유치한다는 방침에서 미국과 교섭이 진행 중이었지만 미국의 소극적 태도로 그 결과를 낙관할 수 없었다. 이런 상황에서 중소화기 생산이 언급된 것은 한국의 독자적인 무기공장 건설, 즉 독자적인 군수산업화를 표방한 것이나 다름이 없었다.

4.2 포철에서 4대핵공장 건설로

제철소에서 탱크도 대포도 군함도!

박정희의 독자적 군수산업 구상에서 중요한 비중을 점하는 것은 종합제철 건설 사업이었다. 박정희는 오래전부터 종합제철 건설에 특별한 관심을 기울였는데 그 배경에는 이미 여러 논자가 지적해온 바와 같이 군수산업화에 대한 고려가 주요하게 작용하고 있었다.

이 시기에 미국으로부터 M16 공장 도입을 우선 추진했지만 원래 가졌던 제철소와 연계된 군수산업화에 대한 그의 열망은 여전히 강렬하였다. 박정희가 포철설립을 독려하면서 "일본이 태평양전쟁을 일으킬 수 있었던 힘은 제철소에서 나온 거야. 제철소가 있으니까 탱크니 대포니 군함까지 만들었잖아"[43]라는 말을 했던 것도 이 무렵이었다.

이 발언은 박정희가 전시일본을 모델로 한 군수산업의 심벌로서 제철소에 대한 관념을 가지고 있었다는 것을 보여주는 것이었다. 또한 박정희가 이 시기에 이런 발언을 했다는 것은 제철소를 기반으로 한 군수산업화에 대한 의지의 표현이기도 하였다.

박정희가 구상한 군수산업화의 프로세스에서 관건은 제철소를 우선 건립하는 것이었다. 제철소 건립은 대한국제제철차관단(KISA)이 조직되면서 사업이 성사되는 듯했지만 차관문제가 쉽게 풀리지 않았다. 제철소 건설에 대한 국제사회의 반응은 대단히 부정적이었다.

세계은행과 미국 국제개발처(USAID)는 경제적 타당성에 문제가 있고 기계공업의 기반을 결여한 상태에서 이미 많은 외채를 지고 있는 가운데 또 다른 외채를 충당하여 공장을 건설한다는 것이 위험하다는 이유에서 융자를 거부하였다.[44] 결국 1969년 5월 파리에서 열린 대한국제경제협의체(IECOK) 3차 회의는 실패로 끝났다.

박정희는 KISA 프로젝트가 불투명해지면서 교섭이 실패할 경우를 대비하여 대일청구권 자금을 전용하여 일본의 자본과 기술로 포철을 건설한다는 복안을 가지고 있었고 일본 3대 제철사 측과도 협조 가능성을 타진해두고 있었다. 박정희는 1969년 5월 제철교섭의 최종실패를 전후하여 일본의 지원으로 포철을 설립하기로 방침을 굳혔다. 박정희는 6월 경제기획원 장관을 박충훈에서 김학렬로 교체하였다. 김학렬 장관은 7월 종합제철 신사업계획을 확정하고 대일교섭을 본격화하였다.

이 무렵 박정희는 관계자들에게 포철건설을 독려하면서 안보논리를 내세웠다. 즉 국방상 이유에서 포철건설이 시급하다는 것이다. 한국의 실무교섭단도 안보논리에 입각해서 일본의 협조를 구하였다. 1969년 8월 7~8일 막후 접촉을 위해 일본을 방문한 박태준은 통산성의 오히라(大平) 장관이 포철 타당성을 문제 삼자 다음과 같이 응수하였다.

"일본이 청일전쟁(1884) 뒤에 군수산업을 위해 야하다제철(八幡製鐵)을 지을 때(1901) 채산성을 문제 삼으셨던가요. 한국은 지금 휴전선이 있는 전쟁상태입니다. … 채산성이 아니라 방위문제로 제철소는 필요합니다"[45]

경제적 타당성보다는 방위문제, 즉 군수산업 건설 차원에서 포철 건설이 필요하다는 것이었다.

한국의 실무교섭단은 일본의 정계실력자들과 막후 교섭을 벌이면서 "한국의 안보가 일본의 안보에 매우 중요하고 한국이 안보를 지키기 위해서는 경제개발이 전제되어야 하며 따라서 한국의 경제개발을 돕는 것이 결국 일본의 안보에도 유익하다"는 논리를 개진하였다.[46]

보수우익 인사로 구성된 일본의 정계 실력자들은 한국 교섭단의 주장에 공감하고 관료들로 하여금 한국에 협조하도록 압력을 행사하였다. 일본업계는 경제적인 면에서 이점이 많았기에 포철 건설에 적극적으로 참여하기로 결정하고 8월 22일 8개 민간기업으로 구성된 '건설협력협의회'를 발족시켰다. 같은 날 일본정부는 각의를 소집하고 한국의 종합제철사업에 협력하기로 대체적인 의견을 모았다.[47]

이러한 의견 조율을 거친 뒤 김학렬 장관은 1969년 8월 26~29일 동경에서 열린 제3차 한일각료회의에 참석하여 '종합제철소 안'을 제출하고 협력을 구하였다. 이때도 김 장관은 제철소 건설의 당위성을 경제성이 아닌 북한도발에 대한 대항수단으로 역설하였다.[48] 8월 28일 회의에서 일본 측은 "일본정부가 조사단을 파견하여 한국의 종합제철사업의 타당성이 인정될 경우 이를 적극적으로 지원하겠다"는 입장을 표명하였다.

이후 일본과 세계은행의 실사에서 타당성이 인정되고 한일 간의 실무 조정을 거쳐 포철건설에 관한 최종안이 확정되었다. 최종안의 골자는 ▲ 제1기 공사기간은 1970년 4월~1973년 7월로 하고 ▲ 일본은 대일청구권 자금 7,370만 달러(유상 4,290만 달러, 무상 3,080만 달러)를 3년에 걸쳐 공여하면서 5,000만 달러의 상업차관을 제공하기로 했으며 ▲ 전체 건설비용은 외자 1억 2,370만 달러와 내자 230억 원(약 7,690만 달러)으로 한다는 것이다.

비밀리에 4대핵공장 연구계획 수립에 착수

1969년 6월 2일 경제기획원 장관교체는 국방경제 개편의 중요한 전환점이었다. 김학렬 장관은 임명 이후 종합제철소 건설과 함께 군수산업의 기초가 될 기계공업의 육성방안을 모색하고자 했다. 이는 박정희의 의중에 따른 것이었다.[49] 박정희는 1969년 신년사에서 역설했다.

이제까지 우리 힘이 잘 미치지 못했던 중화학공업, 종합제철, 기계공업 등을 중점적으로 건설·육성해야 합니다.

평소 박정희가 가지고 있던 종합제철과 연계된 군수공업화 구상을 간접 표명한 것이었다.

김 장관은 우선 진행 중인 종합제철 건설문제의 해결에 주력했다. 앞서 본대로 종합제철 건설 문제는 8월의 3차 한일각료회담 이후 어느 정도 해결 기미를 보였다. 이런 상황에서 박정희는 10월 20일 김정렴 상공부장관을 청와대로 불러 자신은 국방·안보외교에 치중하지 않을 수 없게 되었으니 경제를 맡아달라고 당부하였다.[50]

박정희의 '10월 발언' 이후 군수공업화를 위한 움직임이 본격화되었다. 김학렬 장관은 종합제철소의 수요를 보장하면서 동시에 군수공업에 핵심적인 기계공업공장(병기공장) 건설계획에 착수하였다. 김 장관은 1969년 11월 미국 바텔기념연구소의 해리 최 박사를 불러 한국과학기술연구소(KIST)와 함께 팀을 만들었다.[51] 이 팀이 바로 4대핵공장 건설계획 연구팀이었다.

국방 이퀄 경제, 경제 이퀄 국방

1970년 1월 9일 박정희는 연두기자회견에서 "시간을 다투어" "군수산업을 육성해"야 한다고 힘주어 말하였다.

오늘날 현대전쟁에 있어서 경제력의 뒷받침이 없는 국방, 전쟁이라는 것은 우리가 생각할 수 없습니다. 따라서 우리가 추진하고 있는 경제건설이라는 것은 곧 국방력의 강화라고 생각해야 하겠습니다. 우리가 늘 이야기하는 일면국방 일면건설이라는 이 두 가지 말은 똑같은 뜻인 것입니다. 국방 그 자체가 경제건설입니다. 왜냐 하면 국방을 잘 해서 북괴가 침범하지 못하도록 해야 경제건설이 되지 국가의 방위가 위험할 때에는 경제건설이 될 수 없는 것이며, 그와 동시에 경제건설을 빨리 해서 모든 실력을 하루 속히 증강해야만 보다 더 국방의 바탕이 튼튼해지지, 경제건설이 이루어지지 않으면 국방이라는 것도 될 수 없다 하는 것입니다. 국방 이퀼 경제건설, 경제건설 이퀼 국방이다, 즉 국방과 건설은 동의어이다. 이렇게 생각해도 틀림이 없다고 봅니다.[52]

박정희는 "경제건설을 빨리해서 모든 실력을 하루 속히 증강해야만 보다 더 국방의 바탕이 튼튼해진"다고 했는데, 국방의 바탕이 되는 경제건설이란 중공업에 기반한 군수산업을 의미하는 것이었다. 군수산업의 토대가 되는 종합제철은 이 발언이 있기 불과 몇 주 전에 한일 간 합의를 본 상태였고 무기공장 건설을 위한 4대핵공장 건설계획은 막 연구팀이 꾸려진 상태였다. 시간을 다투어 군수산업을 육성하려면 경제건설에 박차를 가해야 했다. 박정희가 말한 경제건설이란 국방 목적을 위한 군수산업 건설이 중핵이었다. 그래서 박정희는 경제 이퀼 국방이라고 했던 것이다. 요컨대 박정희가 말한 경제·국방 일체성의 요체는 군수산업이었다.

박정희의 경제·국방 일체성 발언은 본격적인 국방경제의 재편을 알리는 예고편이었다. 1월 19일 국방부 연두순시에서 박정희는 "군수산업 육성과 국방과학기술 연구가 시급한 과제"라고 지시하였다. 이 지시에 따라 국방부는 군수국 산하에 '군수산업 육성을 위한 담당관실'을 설치하고 군수산업 육성 및 지원에 관한 기본방침 연구에 착수하게 되었다.[53] 4월 1일 포철착공식 연설에서 박정희는 다시 "지금 우리가 시도하고 있는 군수산업을 육성·발전시키기 위해서는 철강공업을 우선적으로 개발하지 않으면 안 된"다고 하여 포철이 군수산업 개발과 연계된 것임을 분명히 하였다.[54] 4월 25일 박정희는 '메모'에서 군수산업 건설의 전략적 방침을 밝혔다. 4월 27일 박정희는 정래혁 국방장관에게 방위산업 육성에 관해 지침을 주면서 병기개발을 위한 연구기관 설치를 지시하였다.

〈표 5-1〉 박정희 메모(1970. 4. 25)

① 군공장이나 화포공장을 세우는 접근방법을 택하지 않고 민수산업에 병기생산을 위한 일부 추가시설을 함으로써 민수산업을 바탕으로 병기, 기재(器材), 탄약 등의 국산화를 도모한다.

② 군수산업은 쉬운 것부터 착수, 차차 어려운 것으로 발전시켜 나간다.

③ 추가시설 등 소요자금을 정부에서 지원하되 필요하면 외국차관을 도입한다.

④ 기술이 없으면 외국과 기술제휴한다.

⑤ 군수산업체에서 자금상의 불이익이 오지 않도록 제품이 비싸도 그대로 사들인다.

⑥ 한국과학기술연구소(KIST)가 중요한 역할을 담당해야 한다.

4대핵공장 보고서 제출

4대핵공장 연구팀은 5월 31일「한국기계공업 육성방향 연구조사보고서」를 장관에게 제출하였다.[55] 동 보고서의 '최종 결론 및 건의'는 4대핵공장을 중점으로 건설·육성한다는 것이 핵심내용이었다.

그 건설계획은 포철과 연계된 군수산업용 기계·금속공업, 보다 정확하게 말하면 병기공업에 속하는 4개 공장건설 계획이었다. 4대핵공장이란 중기계종합공장, 주물선공장, 특수강공장, 조선소를 말한다. 4대핵공장 선정의 배경은 다음과 같다.[56]

첫째, 중기계종합공장 건설이 추진된 배경은 "공작기계공업을 중심으로 한 기계공업부문은 민수재 생산 및 국방생산 양도(兩途)의 기반인데 공히 저개발상태에 놓여 있어 국가 안전보장상 큰 애로요인을 형성"하고 있었다.[57] 특히 기계공업부문 내에 "병기·장비 국산화의 기반으로서 병기공업이 전무"하다는 점이 중대한 문제였다.[58] 이 문제에 대한 대책으로서 "국방과제의 공고한 실현을 위하여 금속·공작기계공업의 최중점 우선적 주력 육성"의 필요성이 제기되었다.

둘째, 주물선공장은 중기계종합공장에의 원료공급원 확보차원에서 선정된 것이었다.[59] 셋째, 특수강공장은 병기공업의 기초소재이나 개발계획이 극히 빈약하였고 그 대책으로서 공장건설이 추진되었다. 넷째, 조선공업은 기계공업의 한 분지이자 군수산업의 심벌이었는데 조선과 기관제조 양 부문 모두 공업기반이 대단히 빈약한 수준에 있었고 그 대책으로서 조선공업 건설이 긴요하였다.

해리 최는 당초 보고에서 4대공장과 종합제철소를 포함하여 5개공장 건설계획을 세웠다. 종합제철소는 '우리나라 방위의 초석'이자 '방위력 증강의 주축'이라는 위상을 갖고 있었고 무기생산을 위해서는 소재공급을 하는 제철소가 필수적이었기 때문이었다.

〈그림 5-2〉 포항중공업단지 구성도와 4대공장 관련도(1976 예측)

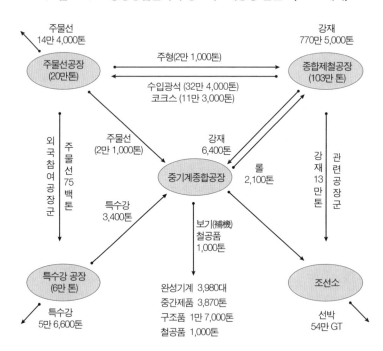

자료: 『한국기계공업 육성방향 연구조사보고서』(1970), p. 156.

해리 최는 6월 초, 청와대에서 박정희에게 계획을 직접 보고하면서 결론에서 "본 사업들이 모두 성공적으로 이루어졌을 때 우리나라는 방위산업의 기반을 구축하게 된다"라고 보고하였다. 박정희는 이 말을 듣자 "순간적으로 주위 사람들에게 긴장감을 줄" 정도로 "눈에 빛이 났"으며, 보고가 끝나고 대단히 만족해하면서 김 부총리에게 사업추진을 지시하였다고 한다.[60]

4.3 국방경제체제의 출현

국방경제체제의 출현

4대핵공장 보고 이후 박정희는 이미 한미 간 합의한 M16 외의 무기생산공장 건설을 비밀리에 진행할 것을 지시하였다. 이에 김정렴 비서실장과 김 장관은 즉각 무기공장 건설을 위한 4인위원회를 만들었다.[61] 6월 27일 청와대 연석회의에서 '군수산업의 효율적 지원과 통제'를 위하여 경제기획원장관, 국방부장관, 상공부장관, 대통령 안보담당 특별보좌관으로 구성되는 '한국경제공업위원회'를 설치하고 국방과학연구소 설립을 결정하였다.[62] 8월 6일 국방과학연구소(ADD)가 창설되었고 8월 16일 극비의 무기개발위원회가 만들어졌다.[63] 이를 도시(圖示)하면 〈그림 5-3〉과 같다.

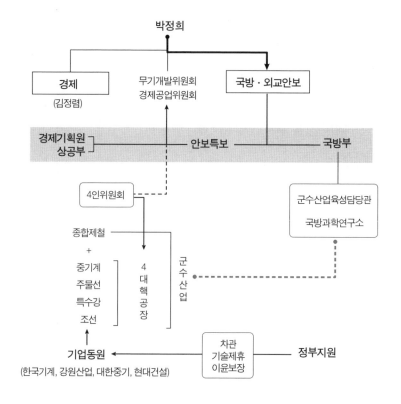

〈그림 5-3〉 일면국방 일면건설의 국방경제체제

국방경제체제의 특징

위의 국방경제체제는 크게 보면 ▲ 포철과 연계한 4대핵공장 건
설 ▲ 무기개발체계 ▲ 경제국방 자원의 조직편성 체계 ▲ 군수산
업 전반에 대한 지휘 체계(지도체계)의 네 부분으로 구성된 것이다.
이와 같은 체계는 박정희 '메모'의 군수산업 구상과도 상당한 관련
이 있었다. 아래에서는 4대핵공장 건설 방침, '4.25 메모'를 참조하

면서 국방경제체제의 특징을 살펴보기로 하자.

첫째, 박정희는 무기공장을 만들 때 "군공창이나 화포공장을 세우는 접근방법을 택하지 않고 민수산업을 바탕으로 병기, 기재, 탄약 등의 국산화를 도모한다"(메모 ①)는 구상을 밝혔다. 정부가 4대 핵공장의 실수요자로 초기에 강원산업(주물선), 대한중기(특수강), 한국기계(중기계), 현대건설(조선) 등 민간기업을 선정한 것은 이 구상과 관련이 있다고 볼 수 있다.

그런데 정부와 기업의 관계를 보면 정부가 각 공장 설립에 대한 계획을 만들고 기업은 단지 생산만 하도록 하였고 사실상 정부가 공장건설의 주체가 되었다.[64] 민간기업의 실수요자 선정은 위로부터 '지정'된 것이고 동원적인 색채가 강한 것이었다. 여기서 중요한 것은 국가주도형의 군수공업화에 민간기업이 동원적으로 결합하는 형태가 이 체제에서 처음으로 그 모습을 드러냈다는 것이다.

둘째, 4대핵공장 건설의 계획과 추진에서 주도적인 역할을 한 부서가 경제기획원이었다는 사실이다. 군수산업 관련이 고유업무가 아님에도 불구하고 경제기획원이 4대핵공장 건설을 주도한 것은 자금, 기술 문제와 밀접한 관련이 있었다. 박정희는 외자(차관)와 해외기술을 도입해서라도 군수공업화를 추진하겠다는 구상을 가지고 있었고(메모 ③, ④) 포철 교섭이 타결된 후 대일의존적인 군수공업화로 경사하였다.

이 무렵 박정희를 비롯하여 주요 정책추진자들 사이에서 "국내의 자본과 공업력의 동원에 기초하여 군수공업화를 추진한다"는 발상은 보이지 않았다.[65] 박정희는 군수공업화에서 '한일협력'만이 최상의 해결책이라고 생각하였다. 대통령의 의중에 충실하고 포철교섭을 성사시킨 경험이 있는 김학렬 장관이야말로 4대핵공장 추진의 적임자였던 것이다. 어떻게 보면 역설적이기는 하지만 경제기획원의 주도성은 대일의존적인 군수공업화의 추진에 적합한 것이었는지 모른다.

셋째, 군수공업화를 위한 재정동원책이 시사된 것이다. 4.25 메모는 군수기업의 자금지원(메모 ③), 방산물자 구입, 이윤보장(메모 ⑤)을 언급하였는데 이는 정부의 재정동원과 관련된 것이었다. 이 시기에 군수기업에 대한 재정지원책이 구체화되지는 않았지만 재정동원의 방향성이 시사되었다는 점에서 중요한 의미가 있는 것이었다.

넷째, 4대핵공장 건설 추진과 동시에 무기개발 체계가 정비된 것이다. 박정희는 "군수산업은 쉬운 것부터 착수, 차차 어려운 것으로 발전시켜 나간다"(메모 ②)고 하였다. 이를 위해서는 병기개발 기능이 중요하였다. 박정희는 병기개발 관련 기구로서 처음에는 미국의 지원으로 설립한 KIST를 센터로 설정하였지만(메모 ⑥) 나중에 국방부 산하에 국방과학연구소를 설립하면서 동 연구소를 병기개발의 중심기구로 하였다. ADD는 육해공군의 연구개발 기능을 통합하여 만든 것인데 병기 및 장비의 생산 그리고 물자의 국산화를 위한 병기개발연구의 센터가 되었다.[66] ADD는 후일의 군산학복합체 출현의 맹아였고 이점에서 국방경제체제에서 대단히 중요한 의미를 갖는 것이었다.

다섯째, 경제공업위원회가 만들어진 것이다. 경제공업위원회는 그 취지가 '군수산업의 효율적 지원과 통합'을 위한 것이었다. 취지에서 알 수 있듯이 동 위원회는 4대핵공장 건설과 관련하여 정부차원의 군수공업화 지원책(=경제공업화계획)을 마련하는 기구였다. 여섯째, 일반적인 경제는 김정렴 비서실장이 맡고 박정희는 국방·외교안보를 전담하겠다고 하여 스스로 군수산업 개발의 총사령관 역할을 자임한 것이다. 박정희는 안보특보가 관할하는 경제공업위원회를 설치하고 군수산업 개발에 필요한 국방·경제자원의 동원과 배분에 관한 강력한 통제·결정권을 행사할 수 있는 직할체제를 구축하였다. 대통령의 직할체제의 출현은 경제운영에서의 우선순위가 군수산업, 국방경제에 있다는 것을 의미하는 것이었다.

4.4 국방경제체제 출현의 배경

박정희의 초기 군수산업 구상은 대미·대일 의존적이었다. 하나는 미국의 지원에 의한 국군현대화계획이었고 다른 하나는 일본의 경제협력을 얻어 국방산업(=군수공업)의 토대를 구축하는 것이었다. 전자의 국군현대화계획은 베트남 파병 이후 브라운 각서에 따라 일정한 진전이 있었지만 박정희의 기대와 요구를 충족하지는 못하였다. 미국이 아시아에 대한 군사적 개입을 줄이고 아시아제국에 국방 '자조' 노력을 촉구한 닉슨독트린이 나온 뒤에도 사정은 달라지지 않았다. 존슨정부 말기에 시작된 M16 공장 건설 추진은 닉슨정권에서도 뚜렷한 진전이 없었다. 미국은 박정희의 군수산업 구상에

소극적이었다. 미국으로서는 '한국의 병기 국산화는 중요한 무기시장의 상실을 의미'하는 것이었다.[67]

박정희로서는 M16 공장 건설을 비롯하여 국군현대화계획은 미국의 지원이 필수적이었지만 언제까지 미국만 쳐다보고 있을 수 없었다. 그래서 박정희는 독자의 군수공업화를 추진하기로 하였고 이번에는 일본의 힘을 빌리기로 하였다. 1969년에 들어서 박정희는 안보논리에 입각한 일본의 대한 경제협력 제공의 필요성을 역설하기 시작하였다. 일본 관련 발언은 1969년 연두기자회견에서 나타났다.

> 한국의 안전이라는 것이 일본의 안전과 직결된다. 이것은 나아가서는 아시아 전체의 안전과 직결이 된다는 것을 일본의 지도자들이나 국민들이 빨리 인식을 해야만 이러한 문제들이 시정되리라고 생각합니다.[68]

박정희의 이 발언은 일본이 한국의 안전보장에 무엇인가 역할을 해주기를 바라는 '기대'의 표명이었다.[69] 이후 한국은 안보논리를 내세워 일본의 대한 경제협력을 강도 높게 주문하였다. 한국은 IECOK 교섭실패 이후 일본에 경사된 신제철사업을 추진하였는데 일본 측에 제시한 논리가 경제적 타당성보다도 바로 안보논리였다. 제철소 건설은 국방산업의 토대이자 방위력 증강의 주축이 되는 사업이었다.

일본은 우여곡절 끝에 포철건설에 대한 지원(한일 공동선언)을 결정하기에 이른다. 일본의 이 결정과 관련하여 주목해야 하는 것은

1969년 11월의 닉슨-사토(佐藤) 공동성명이었다. 공동성명은 "아세아 태평양 시대의 새로운 국면에 대처함에 있어서 미국과 일본은 각각 그 좌표를 획정하고 이 지역의 안전보장에 공동책임을 진다"는 표현을 담았다. 뿐만 아니라 "한국의 안전은 일본 자신의 안전에 긴요하다"라는 '한국조항'을 두었다. 1969년 말은 한국에서의 미군 철수 움직임이 물밑에서 진행 중에 있던 시점이었다. 미국은 닉슨독트린 이후 일본이 아시아에서의 경제적·군사적 역할 증대를 기대했다. 닉슨-사토 공동성명은 이런 배경에서 나온 것이었다. 여기서 흥미있는 부분은 한국조항이었다. 사토는 내셔널프레스클럽 연설에서 한국조항에 대해 다음과 같이 부연 설명을 하였다.

한국에 대한 무력공격이 발생하고 주일 미군기지가 전투작전 행동의 발진기지로서 사용되지 않으면 안 되는 상황에서는 **전향적이고 신속하게 태도를 결정할 방침이다.**"70

사토의 부연 설명만을 놓고 본다면 한국조항은 한국 '전시'에서의 미일 방위협력의 문맥에서 파악된다. 그렇지만 한국조항은 한국 '평시'에서 갖는 의미가 없었던 것은 아니었다. 한국조항이 미국의 군사적 개입의 체감만이 아니라 아시아제국의 '자조'도 언급한 닉슨독트린에 이어서 발표된 이상, 한국조항이 갖는 의미는 한국 '전시'에 한정되지 않았다. 이 시기의 한국으로서는 '평시'에서의 '자조'가 당장 의미하는 것은 국방력의 향상과 그것을 뒷받침하는 국방산업의 육성과 다름없었다.71 사토는 이와 관련하여 다음과 같은 발언을 하였다.

아시아제국의 국가건설에 대한 경제·기술면에서의 지원이라는 분야에서
는 미국보다도 오히려 일본이 주체적인 역할을 해야 한다고 생각한다.[72]

구라다 교수에 의하면 이 발언은 한국 '평시'의 '자조'에 대한 일
본의 지원을 의미하는 것이었다. 이점에서 한국조항은 한국 '전시'
의 미일 방위협력만이 아니라 '평시'의 한국의 국방산업 육성의 형
태를 시사한 것이었다. 평시 한국의 '국방산업의 육성'이란 포철 건
설 지원에 있었다. 포철사업은 일본이 국방산업의 토대가 되는 중
화학공업에 관여하는 것으로서 간접적으로 한국의 국방 '자조'에
공헌하는 방식을 상징하는 것이었다.[73]

박정희는 미일 공동성명의 한국조항에 상당히 고무된 것 같다.
앞서 언급한 바와 같이 포철문제가 해결기미를 보이자 박정희는 서
둘러 대일의존적인 4대핵공장 건설계획에 착수한 것이다.

그런데 이 부분에 문제가 있었다. 한국조항은 포철과 같은 중화
학공업을 지원하여 간접적으로 한국의 국방 '자조'에 공헌하는 방
식을 승인한 것이지만 박정희의 군수공업화 구상을 직접 승인한 것
은 아니었다. 미국은 한국조항 발표 이후에도 M16 공장 건설이나
한국군현대화계획에 대해서 미온적이었다. M16 공장 건설은 미군
철수가 통보된 이후인 1970년 8월에야 계약이 이루어졌고 한국군
현대화계획은 1971년 3월 미군철수 이후에야 구체화되었다. 일본
조차도 4대핵공장 건설에 대해서는 타당성 등의 이유를 들어 부정

적이었다.

한마디로 박정희의 군수산업 구상은 미일 간의 의견조율이 이루어지지 않은 상태에서 지나치게 급진적으로 추진된 것이었다. 박정희는 이런 환경에서 국내적 체제를 정비하면서 4대핵공장 건설의 강행 돌파를 시도하였다. 이것이 국제정치경제적 측면에서 본 '비밀'의 국방경제체제 출현의 배경적 요인이었다.

4대핵공장 건설사업이 '비밀'리에 진행된 것에는 국내적 요인도 한몫을 했다. 4대핵공장 건설이 추진된 1969~71년은 외자도입과 수출주도에 의한 외부지향적 성장전략이 지닌 모순이 현재화된 시점이었다. 당시 한국경제는 심각한 구조적 위기에 직면했다. 외자도입의 냉각과 국제수지개선 시책에 따르는 수입억제 조치로 경기침체가 가속화되었고 또 차관원리금 상환압박이 겹쳐 기업의 자금난과 부실화가 심화되고 있던 때였다.[74] 이런 상황에서 정부가 다시 차관을 도입해서 그것도 군수공장 건설을 위한 사업을 공표하기에는 부담스러웠을 것이다.

5. 4대핵공장 실패의 영향

1971년 11월 10일 경제기획원은 박정희에게 일본과 미국, 유럽 국가 등에 15개월 넘게 외자도입 교섭을 하였지만 4대핵공장 사업에 필요한 외자를 얻지 못했음을 보고하였다. 결국 4대핵공장 건설 계획은 실패로 끝났다.[75]

박정희는 크게 실망하고 낙심했다. 이때 혜성처럼 나타난 인물이 오원철이었다. 그는 군수산업을 중화학공업화의 일환으로 추진해야 한다는 신구상을 박정희에게 진언하였다.[76] 박정희는 오원철의 구상을 수용하고 즉각 군수산업 신전략을 결정하고, 병기개발에 착수할 것을 명령하였다. 그리고 경제 제2수석실의 신설을 지시하였다.[77]

오원철은 1971년 11월 10일은 '역사적인 날'이라고 의미부여를 한 바 있다. 그도 그럴 것이 이날은 군수산업에 관한 기본방침이 결정되었을 뿐만 아니라 후일의 율곡사업과 중화학공업화의 출발점이었기 때문이다.[78] 무엇보다 각별한 의미를 갖는 것은 이날 신설된 경제 제2수석실이었다. 이 기구는 군수산업화와 중화학공업화, 그리고 율곡사업을 관장하게 되면서 유신체제 하에서 재편된 신국방경제체제의 사령탑으로서 기능하였다

1971년 11월 10일은 남한사회가 본격적인 국방국가로 가는 결정적인 전환점이었다. 4대핵공장의 실패가 남한사회 전체를 국방국가화의 소용돌이 속으로 몰아간 주요한 계기가 된 것이다.

3부

유일체제의 신국방경제체제
vs
유신체제의 신국방경제체제

6장

김일성의 유일체제와
신국방경제체제

1. 유일체제란 무엇인가?

1.1 1972년 12월 27일, 「사회주의헌법」 제정

1972년 12월 27일, '남북조선'이 경쟁적으로 헌법을 고치다

1972년 12월 27일, 이날 남에서는 유신헌법이 공포되었고 북에서는 사회주의헌법이 채택되었다. 유신헌법이 박정희의 1인 독재를 제도화한 것이라면 사회주의헌법은 김일성의 1인 독재를 제도화한 것이었다. 같은 날 남과 북에서 1인 독재체제의 신헌법이 제정된 것이다.

남과 북은 10월 12일 남북조절위원회 개최와 10월 17일 계엄령과 유신선포를 전후한 시점 사이에서 '모종의 관계'가 있었다. 남측

중앙정보부장 이후락은 12일 박성철 북측 조절위원장 대리(당시 제
2부수상)에게 '박대통령의 계엄령 선포 의지와 집권 연장계획'을 알
렸다.[1] 이후 남측은 16일, 17일 북측 조절위원회 인사와 접촉하고
10월 17일 계엄령과 유신선포를 통보하였다. 그리고 유신선포 직
후인 18일에도 남측은 북측 인사를 접촉하고 유신선포의 배경을
설명하는 메시지를 전달하였다.[2]

이에 대해 북한은 사실상 동의를 표했다. 12일 접촉 시 북측의
반응과 관련하여 이후락은 "북한 측이 계엄령 선포와 헌법 개정이
남북회담의 지속과 성공을 보장하기 위한 것이라는 한국정부의
입장을 수용했다는 느낌을 받았다"고 한다.[3] 이후 평양은 유신헌
법 제정이라는 중대한 정치변동에 대해서 이례적으로 침묵을 지
켰다.[4]

북한이 이런 반응을 보인 것은 신헌법 제정과 무관하지 않았다.
북한은 1948년에 제정한 구헌법을 그대로 사용하고 있었기 때문에
새로운 헌법제정을 필요로 하고 있었다. 김일성의 발언에 의하면
새로운 헌법의 제정준비가 1970년 11월에 있었던 조선노동당 5차
대회 전부터 있었다. 그런데 신헌법 제정은 잘 진행되지 않았다. 이
에 대해 김일성은 다음과 같이 말하였다.

그런데 이 사업은 정세의 변동과 여러 가지 사업상 관계로 계속하지 못하
고 하다가 중단하군 하였습니다. 그래서 결국 5차당대회 전에 새로운 헌
법을 만들지 못하였습니다.[5]

이런 가운데서 사회주의헌법 초안이 제출된 것은 10월 23~26일에 열린 조선노동당 중앙위원회 제5기 제5차 전원회의 때였다. 시기적으로 보면 남에서 10월 17일 유신선포 이후 6일 만이었다. 왜 하필 이때였을까? 이와 관련하여 김일성은 제5기 제5차 전원회의에서 다음과 같은 발언을 하였다.

요즘 남조선 괴뢰도당도 **헌법**을 고치려 하고 있습니다. 남조선에서도 **헌법**을 고치기 때문에 지금 우리가 헌법을 고치면 다른 나라 사람들에게 마치도 남북조선이 경쟁적으로 헌법을 고친다는 감을 줄 수 있습니다. 그러나 남조선에서 **헌법**을 고치기 때문에 우리가 헌법을 고치는 것은 아닙니다. 우리는 새로운 사회주의헌법을 채택하기 위하여 이미 오래전부터 준비해왔습니다. 그러므로 지금 우리가 새 헌법을 채택한다고 하여 문제로 될 것은 없습니다. 남조선에서는 **헌법**을 고치기 위하여 계엄령을 선포하였지만 우리는 계엄령도 선포하지 않고 평온한 분위기 속에서 헌법을 채택하게 됩니다. 이와 같은 것을 세상사람들이 대조적으로 보게 되는 것만큼 지금 우리가 헌법을 채택하여도 나쁠 것이 없습니다. 또한 우리는 새 헌법을 채택하는 것을 오래 미룰 수도 없습니다.[6]

흥미있는 사실은 김일성이 "남조선에서도 **헌법**을 고치기 때문에 지금 우리가 헌법을 고치면 다른 나라 사람들에게 마치도 남북조선이 경쟁적으로 헌법을 고친다는 감을 줄 수 있다"고 말한 부분이다. 김일성은 이를 부정하기 위해 애써 "남조선에서 **헌법**을 고치기 때문에 우리가 헌법을 고치는 것은 아니"며 "우리는 새로운 사회주의헌법을 채택하기 위하여 이미 오래전부터 준비해 왔"다는 것을 강조했다.

김일성의 말대로 신헌법 제정이 오래전에 준비해온 것이라고 하더라도 신헌법 제정이 표면화되고 전격적으로 추진된 것은 남한에서 유신선포가 계기가 되었다는 것은 부정하기 어렵다. 김일성도 "남북조선이 경쟁적으로 헌법을 고친다는 감을 줄 수 있다"는 부분에 대해 의식하고 있었다. 그럼에도 불구하고 이 시기에 사회주의헌법 초안을 제출한 것은 신헌법 채택의 절호의 기회로 판단했기 때문이 아닐까? 아무튼 김일성은 이후 초스피드로 사회주의헌법 초안에 대한 심의·토론을 거쳐 12월 27일 최고인민회의에서 만장일치로 신헌법을 채택하였다.

「사회주의헌법」에서 보는 유일체제

김일성의 유일체제는 1960년대 중·후반에 이미 확립되었다. 사회주의헌법은 이것을 제도화한 것이었다. 사회주의헌법의 가장 큰 특징은 국가주석제의 신설이다.

국가주석제는 혁명적 수령론에 입각한 '수령의 유일적 영도제', 즉 수령의 유일독재를 제도화한 것이다. 국가주석은 종래의 최고인민회의 상임위원장과 내각 수상의 중요한 권한을 대부분 이관받았을 뿐만 아니라 신설된 국가주권의 최고지도기관인 중앙인민위원회까지 직접 지도하게 되었다. 군권과 관련해서는 중앙당 군사위원회 위원장에다 신설된 국방위원회 위원장, 최고사령관을 겸

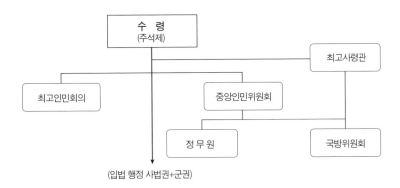

〈그림 6-1〉 사회주의헌법의 유일체제

함으로써 김일성은 입법 · 행정 · 사법 등 3권뿐 아니라 군권까지
장악하였다.

「사회주의헌법」은 김일성전용헌법

　북한의 법제사 교과서는 「사회주의헌법」을 김일성이 직접 작성
한 것으로 기술하고 있다.[7] 김일성 스스로 자신의 1인 독재를 제도
화하였다는 것이 된다. 「사회주의헌법」은 이름만 사회주의헌법이지
실제로는 '김일성의 헌법'이자 '김일성을 위한 헌법'이었던 것이다.

　이것을 다르게 표현하면 '김일성전용헌법'이라는 것이다. 이 용
어를 사용한 연구자는 김운룡 교수였다. 그는 "북한의 헌법과 권력
구조"라는 논문에서 사회주의헌법의 성격을 다음과 같이 규정하고

있다.[8]

첫째, 북한의 권력구조는 권력통합적인 것일 뿐만 아니라 김일성 개인의 독재체제를 확보해 놓는 것으로 일관되어 있다. 이 점에서 공산권의 일반적인 통치원칙인 민주적 중앙집권제와 집단지도체제가 크게 퇴색되었다. 둘째, 주석제도의 신설로 말미암아 김일성에 대한 개인숭배, 우상화가 하나의 헌법제도로 공식화되어 김일성에 당과 국가기구를 초월한 절대적 지위를 보장해 주게 되었다. 셋째, 이러한 북한의 헌법구조는 공산주의 통치방식의 퇴화를 뜻하며 공산권 내에서도 이례적인 것이었다.

신헌법의 이러한 성격에 비추어볼 때 유일체제는 사회주의로부터의 역사적 퇴행(退行)을 의미하는 것이라고 해도 과언이 아닐 것이다.

1.2 국방국가의 제도화

신헌법의 국방 관련 조항

1972년의 신헌법은 유일체제를 제도화한 것임과 동시에 국방국가를 제도화한 것이었다. 신헌법의 국방 관련 조항은 다음과 같다.

조문 내용	
제14조	조선민주주의인민공화국은 전인민적, 전국가적 방위체계에 의거하며 자위적 군사노선을 관철한다.
제31조	경제건설을 다그치고 인민생활을 끊임없이 높이며 국방력을 강화할 수 있도록 인민경제발전계획을 작성하여 실행한다.
제47조	국가는 체육을 대중화하고 국방체육을 발전시켜 전체 인민을 노동과 국방에 튼튼히 준비시킨다.
제93조	조선민주주의인민공화국 주석은 조선민주주의인민공화국 전반적 무력의 최고사령관, 국방위원회 위원장으로 되며 국가의 일체 무력을 지휘통솔한다.

제14조의 전인민적, 전국가적 방위체계나 자위적 군사노선은 1960년대의 전군간부화, 전군현대화, 전민무장화, 전국요새화의 4대 군사노선의 다른 표현이다. 따라서 준전시의 군사노선이 법제화된 것이라고 할 수 있다.

제31조는 경제국방 병진노선을 완곡하게 표현한 것이다. 김일성은 1972년 신헌법 채택 이후에도 경제국방 병진노선의 관철을 여러 번 언급하였다.

제47조의 내용은 전시 일본 국방국가의 국민체육 규정과 거의 흡사한 내용이다. 특히 주목할 부분은 전시 일본의 국민체육보다 더 전시적인 색채가 짙은 국방체육이 법제화되었다는 사실이다.

제93조 최고사령관은 6.25전쟁 시에 만들어진 전시지휘체계인데 이것이 법제화되었다는 것은 평시의 전시적 지휘체계의 부활을 의미하는 것이다. 김일성이 최고사령관, 국방위원회 위원장을 맡음으

로서 '국가의 일체 무력을 지휘통솔'하는 위치에 서게 되었고 이는 군권 전반에 대한 김일성의 유일적 지휘체계 확립을 뜻한다.

신헌법은 김일성을 정점으로 하는 전시적인 유일적 지휘체계를 부활하고 국방의 총노선과 그에 따른 국방경제의 강화를 규정한 것이었다. 국방기구가 신설·강화되고 군사노선과 국방경제노선이 법제화되었다는 것은 평시에도 (준)전시적인 국방국가 체제를 상태화(常態化)하겠다는 것이나 다를 바 없는 것이었다.

1.3 후계체제-김정일 코드

김일성 유일체제의 확립은 자신의 후계구도와 밀접히 결합되어 진행되었다. 후계구도를 암시한 하나의 변화는 신헌법이었다. 신헌법에는 '김정일 코드'가 숨어 있었다. 신헌법의 국방위원회 신설은 군사관련 최고지도권을 김정일에게 우선적으로 이양할 준비를 갖추기 위한 제도적 장치였다.[9]

근자에 북한의 문헌은 김정일의 선군정치의 기원이 군부숙청 이후인 1969년 1월부터였다고 공개하고 있다. 이는 김정일의 군사관련 최고지도권 이양과 관련된 움직임이 신헌법 제정 이전부터 시작되었다는 것을 의미한다. 이런 막후의 움직임 중 하나가 김정일이 군수산업을 총괄하는 제2경제위원회의 창설을 주도하면서 군수산업에 대한 유일지도체계를 확립한 사실이다. 신헌법이 규정하고 있는 국방국가는 김정일의 등장을 예비한 것이었다.

1.4 경제의 수령 직속경제화

필자는 한 논문에서 1972년 신헌법을 통해 성립한 북한의 새로운 체제를 1972년 체제로 명명하고 이 체제에서 발생한 변화를 전체적이고 종합적으로 파악하기 위해서는 전기와 후기로 구분해 볼 필요가 있다는 것을 주장한 바 있었다.[10]

1972년 체제의 전기는 1960년대 말에서 1970년대 초에 이르는 시기인데 이때는 김일성의 유일체제 확립에 이르는 과정, 즉 북한체제의 정치·이데올로기적 변화가 주된 것이었다. 그런데 1972년 체제는 정치·이데올로기적 변화만 있었던 것이 아니었다. 이른바 국가사회주의의 기본틀을 바꾸는 경제시스템상의 대변화가 있었다. 이 변화는 1972년 체제의 후기에 주로 발생하였다. 1972년 체제의 후기란 1972년에서 1978년 사이의 시기를 말한다. 1972년에는 북한의 군수산업을 총괄하는 제2경제위원회가 창설되었다. 1974년에는 조선노동당에 당의 새 경제기구로서 39호실이 만들어지고 북한의 주요 무역부문을 그 산하에 편입하는 조치가 취해졌다. 새로운 당경제체제가 출범한 것이었다. 이로서 북한경제는 당경제, 제2경제, 내각 관할의 인민경제의 3중 경제로 분절되었다. 1978년은 당경제와 제2경제가 금융적으로 융합하면서 북한경제 전체가 하나의 거대한 군산학복합체로 변모하는 전환점이었다. 군산학복합체의 출현에서 중심적 역할을 수행한 것은 김정일이었다. 김정일은 김일성의 후견 아래서 군산학복합체의 실권을 장악하였다. 북한 경제시스템의 극적인 변화는 당경제와 제2경제가 최고권력자인 수령(김일성+김정일)의 직속경제로 된 것이다.

2. 유일체제와 대남 경제전의 논리

2.1 지상낙원론, 잔영(殘影)과 환영(幻影)

1972년 '김일성헌법'의 제정 이후에도 김일성은 지상낙원을 말하였다. 그렇지만 지상낙원을 언급하는 빈도수는 훨씬 줄어들었다. 내용적으로도 1970년대의 지상낙원론은 예전의 지상낙원론이 아니었다. 예전의 지상낙원론이 생활상 지표와 제도적 지표를 확충하여 북한을 남한보다 월등히 잘사는 지상낙원으로 만든다는 것이었다면 1970년대의 지상낙원론은 '영생하는 주체사상'의 지상낙원론이었다.

영생불멸의 주체사상과 그 빛나는 승리로 하여 우리 인민은 착취와 압박
이 없고 세금도 없는 사회주의 지상락원에서 더 넉넉하고 보다 자주적이
며 창조적인 생활을 누리게 되었다.[11]

김일성의 지상낙원에서 제일 앞자리를 차지하는 것은 '영생불멸의 주체사상'이었다. 주체사상은 김일성의 혁명사상이다. "주체사상과 그 빛나는 승리"란 김일성의 영도를 찬미하는 문구이다. 김일성의 영도가 있었기에 북한 인민은 "착취와 압박이 없고 세금도 없

는 사회주의 지상락원"에서 "더 넉넉한 생활을 누리게" 되었다는 것이다.

김일성의 발언에 의하면 북은 '사회주의 지상낙원'이다. 그런데 이 지상낙원에서 생활상 지표는 더 이상 언급되지 않았다. 사회적 제도와 관련해서는 김일성의 말대로 1974년 세금제도가 폐지되었다. 여기다가 11년제 전반적 의무교육제도가 시행되었다. 1970년대에 사회적 제도의 확충이 있었던 것은 평가할 만한 부분이지만 세금의 폐지는 상징적인 조치였다.[12]

이미 살펴본 바와 같이 김일성이 지상낙원론에서 역점을 두었던 것은 생활상 지표였다. 그렇지만 1960년대 초 경제국방 병진노선을 제기한 이래 김일성은 사실상 생활상 지표를 방기하였다. 생활상 지표를 방기한 지상낙원은 더 이상 지상낙원이 아닌 것이다. 먹는 문제가 여전히 미해결의 상태로 있는데 어찌 지상낙원이라고 부를 수 있겠는가! 그래서 김일성은 1970년대 이후 지상낙원이라는 말을 잘 사용하지 않았던 것이다. 김일성이 어쩌다가 지상낙원을 말한 경우에도 로직이나 뉘앙스가 많이 달라진 것이었다.

우리나라는 비록 크지 않은 나라이지만 전체 인민이 주체사상으로 튼튼히 무장하고 정치에서 자주, 경제에서 자립, 국방에서 자위의 원칙을 철저히 구현하여나간다면 우리는 자체의 힘으로 능히 나라의 완전한 자주 독립을 이룩하고 이 땅 우에 5천만 조선인민이 다 같이 행복하게 사는 지상락원을 건설할 수 있습니다.[13]

여기서는 수령의 사상인 주체사상에 기초한 국정운영 원칙을 철저히 구현하면 나라의 통일(=완전한 자주독립)을 이룩하고 지상낙원을 건설할 수 있다고 말하고 있다. 즉 수령의 영도 → 통일 → 지상낙원의 순서인 것이다. 초기의 지상낙원론에서 그렸던 통일론은 지상낙원 → 북남의 압도적 격차 → 통일의 코스였다. 북 우위의 압도적 격차론은 사라졌고 주체사상이 그것을 대체하였다. 압도적 격차론이 사라지면서 남한을 설명하는 방식도 달라졌다. 당초 김일성은 북과 남의 차이를 천당과 지옥의 차이가 나도록 하자고 한 이래 남한 전체를 지옥이라고 묘사하는 경우가 많았다. 그런데 1970년대 중반 김일성은 남한은 자본가에게는 천당이지만 노동자에게는 지옥이라는 표현을 썼다. 남한의 경제성장을 의식한 표현인 것이다. 천당-지옥론은 남한사회의 자본주의적 모순을 드러내는 이데올로기적 언술이 되었다.

2.2 '사회주의의 제도적 우월성'에 공을 들이다

유일체제하에서 김일성이 즐겨 사용한 언술은 '사회주의의 제도적 우월성'이었다.

공화국 북반부의 사회주의제도가 남반부의 사회제도에 비할 바 없이 우월하다는 것이 뚜렷이 나타납니다. 지금 당장 남조선 사람들이 공화국 북반부에 들어와 우리의 현실을 본다고 하여도 경탄하지 않을 수 없을 것입

니다.[14]

　김일성은 북한의 "사회주의제도가 남한의 사회제도에 비할 바 없이 우월하다"는 것을 강조하였다. 김일성이 자랑하는 사회주의제도란 무엇인가?

　우리 인민들은 누구나 다 먹을 걱정, 입을 걱정을 모르고 전반적 무료교육제와 무상치료제의 혜택을 받으면서 보람차게 일하며 행복하게 생활하고 있습니다.[15]

　반면 남한에 대해서는 다음과 같이 말하고 있다.

　우리 조국의 절반 땅인 남조선은 아직도 미제국주의자들의 강점 밑에 있으며 거기에는 지주, 자본가놈들이 그대로 있습니다. 거기에서는 또한 파쑈통치가 실시되고 있습니다. 남조선사회에서는 사람들이 생활고에 시달리다 못해 온가족이 독약을 먹고 집단자살을 하며 학생들이 학비를 내지 못하여 물에 빠져죽는 것과 같은 참상이 매일같이 벌어지고 있습니다.[16]

　김일성은 사회적 제도 면에서 북한이 남한보다 우월하다는 것을 자랑했지만 약점에 대해서도 말하였다.

　그러나 아직 우리에게는 사소한 부족점들이 적지 않으며 그것으로 인하여 사회주의 제도의 우월성이 충분히 나타나지 못하고 있습니다.[17]

김일성은 뜻밖에도 "사회주의제도의 우월성이 충분히 나타나지 못하고 있다"고 말하였다.

위 연설을 한 시점은 1973년인데 이 무렵 남한의 1인당 GNP는 숫자상으로 북한을 역전하기 시작할 무렵이었다. 북한의 지도부는 한해 전 남북적십자회담 시 남한의 발전상을 직접 목격하였다. 김일성은 경제에서 남한이 북한을 추격하고 역전하고 있는 현상에 대해 초조감을 가졌을 수 있다. 그래서인지 김일성은 위 연설을 한 다음 해인 1974년 2월 '10대 경제건설 전망목표'를 발표하였다.

우리는 지금 새 전망계획을 세우고 있습니다. 우리는 새 전망계획 기간에 당이 내놓은 10대 경제건설 전망목표를 점령하려고 합니다. 이 목표는 매우 웅대한 목표입니다. 우리는 10대 경제건설 전망목표를 점령함으로써 공화국 북반부 사회주의제도의 우월성을 더욱 높이 발양시켜 썩어빠진 남조선 사회제도와 현저한 대조를 이루게 하려고 합니다. 물론 지금도 우리의 사회주의제도는 남조선 사회제도에 비할 바 없이 우월합니다. 그러나 우리는 여기에 만족하지 않고 사회주의 건설을 힘있게 다그쳐 우리나라 사회주의제도의 우월성을 더욱 뚜렷이 나타냄으로써 미제국주의자들과 일본군국주의자들 그리고 남조선 반동들이 우리의 사회주의제도를 감히 침범할 수 없게 하려고 합니다. 10대 경제건설 전망목표를 점령하면 우리나라는 발전된 나라들의 대렬에 들어서게 될 것입니다.[18]

10대 전망목표는 철강·세멘트 등 중공업 생산, 석탄·전력 등 에너지 생산, 그리고 알곡 등 식량생산을 획기적으로 늘리겠다는 것이다. 김일성의 말대로 '웅대한 목표'였다. 김일성이 갑자기 6개년계획 기간 중에 '10대 전망목표'를 발표한 것은 다분히 남한을 의식한 것이었다. 김일성은 "10대 경제건설 전망목표를 점령함으로써 공화국 북반부 사회주의제도의 우월성을 더욱 높이 발양시켜 썩어빠진 남조선 사회제도와 현저한 대조를 이루"겠다고 공언하였다.

그런데 10대 전망목표는 1970년대에는 실현되지 못하였다. 1980년에 김일성은 다시 '사회주의경제건설 10대 전망목표'를 발표하였다. 새로 발표된 전망목표는 10대 전망목표의 수치를 일부 조정하고 목표달성 년도를 1980년대 말로 길게 잡은 것이었다. 북은 1980년대 내내 '사회주의경제건설 10대 전망목표'로 요란했다. 하지만 어느 시점부터 10대 전망목표라는 말은 사라졌다.[19] 1980년대에도 10대 전망목표는 구호에 그쳤던 것이다.

〈표 6-2〉 10대 전망목표

10대 전망목표 (1974)		사회주의경제건설 전망목표 (1980)	
강철	1,200만톤	강철	1,500만톤
세멘트	2,000만톤	세멘트	2,000만톤
유색금속	100만톤	유색금속	150만톤
석탄	1억톤	석탄	1억 2,000만톤
전력	500억kw/h	전력	1,000억kw/h
기계가공품	500만톤	천	15억m
수산물	500만톤	수산물	500만톤
화학비료	500만톤	화학비료	700만톤
간석지개간	10만정보	간석지	30만정보
알곡	1,000만톤	알곡	1,500만톤

자료 : 김광수, "북한경제계획에 대한 평가"(1990), p. 246.

아무튼 김일성은 북한의 사회주의제도의 내실을 기하기 위해 10대 전망목표를 내걸었지만 실패했다. '북과 남의 사회적 제도' 간의 경쟁에서 '현저한 대조'를 이룬다는 김일성의 구상도 빛이 바랬다. 10대 전망목표 달성의 실패는 아래에서 설명할 경제신체제(=신국방경제체제)와 관련이 있다. 1972년 신헌법 제정 이후 최고지도자인 김일성은 사회주의의 제도적 우월성을 발양하기 위해 경제건설에 주력한다고 하였지만 사실은 국정의 우선순위를 군산학복합체 건설에 두었다.

3. 국방경제의 재편(1)-제2경제위원회의 설립

3.1 비밀리에 제2경제위원회 설립

제2경제위원회 조직

1970년대 초 북한에서의 국방경제체제의 일대 변화는 제2경제위원회 설립으로부터 시작되었다. 제2경제위원회는 평양시 강동군에 위치하고 있다. 단군릉에서 동북쪽으로 조금 더 가면 로봉산이라는 해발 500m 가량의 산중턱에 5층 건물 다섯 채가 단지를 형성하고 있다. 제2경제위원회는 비밀조직이었기에 외부세계에 전혀 알려지지 않았다. 남한 또는 일본의 북한 전문가들은 1972년의 국방위원회 신설과 비슷한 시기에 정무원 산하에 있던 군수공업을 전담하는 제2기계공업성이 공식문헌에서 더 이상 언급되지 않는 사실에서 국방경제체제에서 무엇인가 변화가 있다는 감을 잡았지만 변화의 실체를 규명하지는 못하였다. 제2경제의 실체가 알려진 것은 1990년대 중반 이후 탈북자들의 증언에 의해서였다.

탈북자들이 작성한 제2경제위원회 조직에 관한 기록에는 세 가지 버전이 있다. 첫째는 정유진의 "북한 군수산업의 실태와 운영"[20]이고 둘째는 고청송의 『김정일의 비밀살상무기공장』[21], 셋째는 탈북 연구원들이 공동으로 작성한 "북한의 당, 정, 군 경제 운영구조 평가"[22]이다. 이들 기록을 대조·검토하면 제2경제위원회의 조직은 〈그림 6-2〉와 같다.

〈그림 6-2〉 제2경제위원회 조직

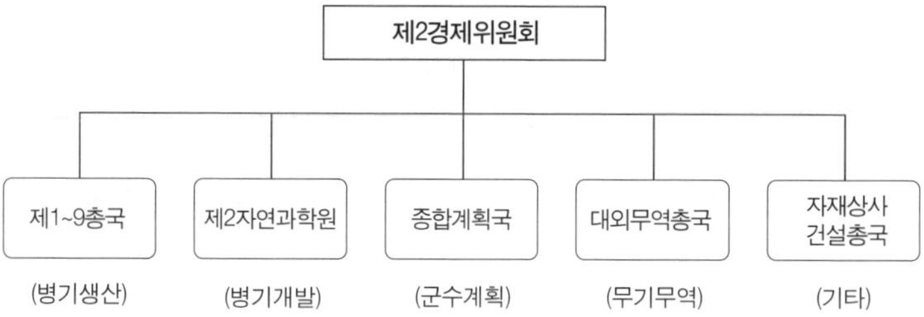

제2경제위원회는 설립초기에는 ▲ 인민무력부를 비롯한 무력부문의 군수 수요에 입각한 생산계획, 자재계획, 예산계획을 수립하고 총괄 기획을 담당하는 종합계획국 ▲ 병기생산 부문에서는 개인화기를 생산하는 제1총국, 각종 포탄을 생산하는 제2총국, 탱크 등 기계화 무기를 생산하는 제4총국, 통신전자장비국인 제5총국, 생화

학무기국인 제6총국의 5개 총국 ▲ 연구부문에서는 제2자연과학원 ▲ 자재공급을 담당하는 자재상사 ▲ 군수 관련 무역을 담당하는 대외경제총국 ▲ 군수공장 건설을 담당하는 건설총국으로 구성되었다. 설립 이후 제2경제위원회는 점차 확대되었는데 ▲ 병기생산부문에서는 선박부문의 제3총국, 미사일총국인 제7총국이 신설되었고 ▲ 철·강철 공급을 담당하는 제8총국 ▲ 전시 전환공장을 관할하는 제9총국이 신설되었다.

3.2 제2경제위원회의 설립시기

1974년 설립설(說)

제2경제위원회의 설립시기에 대해서는 두 가지 설이 있다. 하나는 1974년 설립설이고 다른 하나는 1972년 설립설이다.

전자는 북한의 군수공업 관련 매체에서 17년간 일하다가 남한으로 넘어온 김길선의 주장이다. 김길선은 한 논문에서 제2경제위원회는 김일성과 김정일의 지시로 1974년에 설립되었다고 주장하였다.[23] 후자는 북한 군사경제 전문가인 성채기 교수가 주장하는 것이다. 성 교수는 제2경의 설립 시기는 1971년 5월 ~1972년 4월 말 이전의 기간이었는데 공식 출범은 1972년이었다고 한다.[24]

전자의 1974년설은 구체적인 근거를 제시하고 있는 것은 아니다. 다만 추정한다면 1974년은 김정일이 당 정치위원이 되면서 후계자로서 사실상 실권을 장악하고 새로운 당경제 기구인 39호실을 만들고 대대적인 경제 개편을 단행한 해인데, 이 무렵에 제2경제위원회도 동시에 설립한 것이 아니겠는가 하는 것이다.

1972년 설립설(說)

그런데 1974년 설립설은 그보다 앞선 1972년을 전후한 시점에서 있었던 국방경제의 실제 재편 움직임을 반영하지 못한다는 난점이 있다. 국방경제 재편은 1970년 11월 5차 당대회에서의 김일성의 지속적인 국방력 강화 방침에서 이미 그 필요성이 제기된 상태에 있었다. 이후 정무원 산하의 군수산업 지도체계의 재편이 진행되었고 1971년 5월 이후 제2기계공업성은 공식문헌에서 더 이상 언급되지 않게 된다. 그리고 1972년 4월부터 국방예산의 은폐가 시작된다. 제2경제위원회는 이 시기에 만들어졌다. 국방예산의 은폐는 예산과 조직에서 독립적인 제2경제위원회의 출범과 밀접한 관련이 있다는 것이다. 이것이 성채기 교수가 제기한 1972년 설립설의 요지이다.[25] 성 교수의 1972년 설립설에 따르면 제2경제위원회는 신헌법의 채택 이전에 출범한 것이 된다. 이것이 의미하는 바는 신헌법에서 국방국가의 제도화가 이루어지기 이전에 이미 내부적으로 국방경제의 재편 작업이 준비되고 구체화되는 과정을 거쳤다는 것이다.[26]

제2경제위원회의 설립시기에 관한 양자의 설은 각기 강점이 있다. 이 시점에서 설립시기를 어느 하나로 단정하기는 어렵다. 그럼에도 불구하고 제2경제위원회는 국방경제 관련 예산, 기구 등의 재편의 움직임을 놓고 볼 때 성 교수가 주장하는 것처럼 1972년 신헌법 채택 이전에 출범하였을 개연성이 높은 것으로 보인다.[27]

3.3 제2경제위원회는 수령 직속기관이었다

김일성은 정무원 산하에 있던 제2기계공업성을 분리하면서 자신의 직할체제하에 두었다. 이 부분은 제2경제위원회에 대한 지도체계를 보면 분명해진다. 지도체계를 생각할 때 첫 번째 문제는 신설된 국방위원회와의 관계이다. 국방위원회 신설은 군수산업의 대대적인 개편과 밀접한 관련이 있었다. 백환기 교수는 국방위원회가 군수산업의 최고지도기관이라고 추정하였다. 이 추정이 갖는 강점은 1972년 신헌법에서 베일에 감추어져 있었던 국방위원회의 역할을 군수산업과 관련지어서 해석하고 있다는 데 있다. 실제 제2경제위원회는 중앙인민위원회 소속이면서 국방위원회의 산하기관이었다.

그렇다면 국방위원회는 군수산업의 최고지도기관이었을까? 이 문제에 대해 결론부터 말하자면 군수산업의 최고지도기관은 여전히 당 중앙위원회 군사위원회였다. 그 이유는 이렇다. 첫째, 제2경제위원회의 총괄기획부서인 종합계획국은 군사위원회 소속 군수계획국[28]의 지도하에 있었다. 종합계획국은 군수부문의 생산계획, 자재계획, 예산계획을 총괄 작성하여 군수계획국에 제출하도록 되어 있었다.[29] 둘째, 제2경제위원회에 대한 생산명령은 군사위원회로부터 나왔다. 군수계획국은 종합계획국의 병기생산 계획을 조정한 뒤

〈그림 6-3〉 제2경제위원회에 대한 지도체계

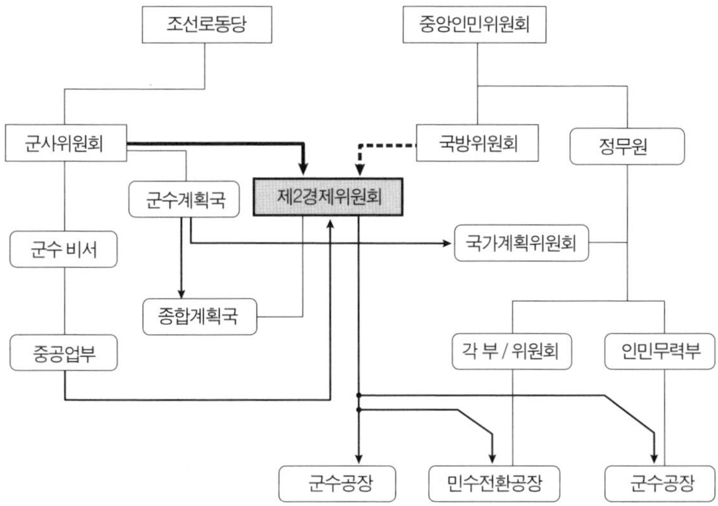

이를 군사위원회에 제출하고 군사위원회는 이를 바탕으로 제2경제위원회에 생산명령을 하달하는 시스템이었다.[30] 셋째, 제2경제위원회는 군사위원회 하달명령을 실무적으로 지휘·감독하는 집행체계인 노동당 비서국의 군수공업담당 비서와 당 중공업부(나중에 군수공업부)의 지도하에 있었다. 넷째, 제2경제위원회는 출범과 함께 당위원회가 설치되었으며 당에 의한 정치적 지도가 관철되는 체계하에 놓여 있었다.[31]

이것을 보면 제2경제위원회는 군사위원회의 계획작성, 생산명령, 실무적인 지휘·감독하에 있었고 또한 당적 지도하에 놓여 있었음을 알 수 있다. 이는 제2경제위원회 설립 이후에도 당 군사위원회가 여전히 군수산업의 최고지도기관의 위치에 있었음을 의미한다.

그런데 군사위원회가 군수산업 지도와 관련하여 최고의 지도권을 행사하였지만 국방위원회와의 관계에서 우월적인 지위에 있었던 것은 아니었다. 양 기구는 군사부문에 공통의 사업기반을 가졌지만 구체적인 역할이 달랐다. 군사위원회는 당소속 기구이지만 국방위원회는 중앙인민위원회 소속 기구이고 따라서 정무원 산하 인민무력부 군수공장이나 민수전환공장(일용분공장)의 지도와 관련이 있는 기구였다.[32] 양 기구는 모두 김일성이 위원장직에 있었고 양 기구의 조정은 자연스럽게 김일성의 유일지도가 관철되는 방식으로 진행되었다. 특히 제2경제위원회 설립 이후 군수산업은 최종적으로는 김일성 1인에 종속하고 김일성 1인이 컨트롤하는 체제하에 놓이게 되었다. 이 점에서 제2경제위원회 설립은 군수산업에 대한 김일성의 유일지도체계의 확립을 상징하는 일이기도 하였다.

그런데 군수산업 지도체계에서 한 가지 주의를 요하는 사항은 김정일의 역할과 관련된 부분이다. 제2경제위원회 출범에는 김정일도 직접 관여하였다. 김정일은 제2경제위원회 설립을 지시하였고 사업을 지도하였다.[33]

김정일은 1974년에 중앙당 정치위원이 되었고 1980년에 당중앙군사위원회 군사위원이 되었다. 이 기간에 김정일이 국방위원회에 어떤 포스트를 가지고 있었는지는 확인하기 어렵다. 그런데 중앙당 정치위원이 군사위원보다 우월적인 위치에 있었다는 것을 고려하면 김정일은 1974~1980년 기간에 당 정치위원의 자격으로도 군사위원회와 국방위원회 사업을 충분히 지도할 수 있는 위치에 있었다고 할 수 있다. 김정일이 제2경제위원회의 설립과 지도에 관여하였다는 것이 이를 말해준다.

여기서 중요한 것은 김정일이 제2경제위원회 설립에 관여한 이래 군수산업에 대한 김정일의 유일지도체계가 언급되기 시작하였다는 것이다.[34] 김정일의 군수산업에 대한 유일지도체계는 군사위원으로 선출된 1980년 이후 확고해졌다.

요컨대 제2경제위원회의 지도체계에서 기구 차원에서는 당 군사위원회가 최고 지도권을 행사하고 있었지만 인적인 차원에서는 후계자가 된 김정일이 자신의 유일지도체계를 확립해가고 있었다고 할 수 있다. 이는 제2경제위원회 설립 이후 군수산업 전반에 대한 실질적인 지도권이 사실상 김정일에게 이양되기 시작하였다는 것을 의미한다.

3.4 제2경제위원회는 총력전적인 군산학복합체였다

제 발로 나가는 국방공업 건설

제2경제위원회는 명칭도 그러하지만 군수산업과 관련된 기구로서는 대단히 특이한 것이었다. 김일성은 왜 이와 같은 기구를 만들었을까? 제2경제위원회는 비밀리에 만들어진 기구였기 때문에 이 부분과 관련된 공식적인 자료가 있을 리가 없다. 이 문제에 대해서는 탈북자 김길선의 글이 중요하게 참고가 된다. 그는 「북한의 국방산업 개관」이라는 글에서 김일성이 제2경제위원회 초대위원장으로 연형묵을 임명하면서 하명한 지시내용을 소개하고 있다.

> 동무에게 한 개 나라의 경제를 맡긴다. 앞으로 제2경제위원회를 잘 운영
> 하여 인민경제에 의존하지 않고 제 발로 나가는 국방공업을 건설하여야
> 한다. … 앞으로 제2경제위원회는 생산된 성능이 좋은 무기들은 제3세계
> 를 비롯한 다른 나라들에 내다 팔고 거기서 벌어들인 외화로 필요한 원
> 료, 자재들을 수입함으로써 군수생산을 정상화하여 전쟁준비를 다그쳐야
> 한다. … 아직까지 노천에 나와 있는 군수공장들을 빨리 지하에 잡아넣기
> 위한 공사를 대대적으로 벌려 전쟁이 일어나도 군수공장을 정상적으로
> 가동시킬 수 있게 만들어야 한다.[35]

김일성은 제2경제위원회를 '한 개 나라의 경제'라고 표현하였다.
제2경제위원회는 독자의 계획기능을 가졌고 그 산하에 북한 유수
의 군수공장·기업소를 망라하여 모든 병종의 병기를 자체에서 개
발·생산할 수 있는 체계를 갖추었다. 여기다가 자재상사에 무역기
능까지 겸비하여 군수물자의 자체적인 조달이 가능하도록 하였고
건설기능까지 부가되었다. 이러니 제2경제위원회를 '한 개 나라의
경제'라 부르더라도 과언이 아닐 정도였다.

김일성이 이처럼 방대한 기능과 규모를 갖는 제2경제위원회를 만
든 의도를 파악하기 위해서는 '인민경제에 의존하지 않고 제 발로
나가는 국방공업 건설'이라고 말한 부분에 대해 유의할 필요가 있
다. 그러면 '인민경제에 의존하지 않는다'는 것은 무엇을 의미하는
것일까? 이것은 김일성의 발언에 의하면 '군수생산 정상화'의 과제

를 스스로 해결하는 문제와 관련이 있다.

　김일성이 '군수생산의 정상화'를 언급했다고 하는 것은 많은 것을 시사한다. 이는 1960년대 초 경제국방 병진노선 이래 군수공장이 양적으로 확대되었지만 군수생산에 적지 않은 애로가 있었다는 것을 말하는 것이다. 김일성의 지시내용에서 짐작할 수 있는 애로사항은 외부에서 수입해야 하는 '원료, 자재' 등 군수물자 조달이 원활하지 못했다는 것이다. 군수생산의 애로사항이 이것만은 아니겠지만 '필요한 원료, 자재의 수입'을 언급하였다는 것은 이 문제가 가장 시급한 과제였을 수 있다. 이 문제는 따지고 보면 외화부족에 기인하는 것이기도 하였다. 그래서 김일성은 제2경제위원회가 '무기를 팔아'(=무기수출) '벌어들인 외화'로 필요한 자재와 원료를 수입해서 군수생산을 정상화할 것을 지시하고 있는 것이다. 결국 '인민경제에 의존하지 않는다'는 것은 '무기수출'을 통해 '외화를 벌어들이고', '군수물자를 스스로 조달하여' 군수생산의 정상화 문제를 제2경제위원회 자체적으로 해결한다는 것을 의미하는 것이다.

　그런데 제2경제위원회가 무기수출을 통해 외화를 벌어들이고 군수조달을 자체적으로 해결한다고 해서 이것이 '인민경제에 의존하지 않는' 것이라고 말할 수 있을까? 병기개발·생산에는 외부로부터의 군수조달도 있어야 하지만 내부의 군수조달도 큰 비중을 차지한다. 즉 국내적인 인적·물적 자원의 동원이 기본이 되는데 이런 부분들은 인민경제로부터 충용되지 않을 수 없는 것이다. 제2경제위원회가 인민경제로부터 인적·물적 자원을 충용해서 비로소 성립함에도 불구하고 '인민경제에 의존하지 않는다'고 한 것은 또 다른 의도가 있는 표현이었다. 이어지는 김일성의 발언에는 이런 부분이 드러나 있다. 김일성은 '제 발로 나가는 국방공업 건설'을 말하였는데 이는 독립적인 혹은 독자적인 국방공업 건설을 의미하는 것이다. 이 문맥에서 다시 살펴보면 '인민경제에 의존하지 않는'다는 것은 인민경제로부터 분리된 독립적인 국방공업 건설을 함축한 것으로 해석할 수 있다.

실제로 제2경제위원회는 정무원 산하에 있던 제2기계공업성이 명칭 변경과 함께 분리·독립하여 만들어진 것이었다. 앞서 본 바와 같이 제2경제위원회는 정무원에서 분리·독립함과 동시에 김일성과 김정일의 직속하에 놓이게 된다. 이것은 군수산업이 수령의 제일의 관심사업이라는 것을 의미한다. 수령의 제일의 관심사업인만큼 제2경제위원회는 국가적인 자원배분에서 제일의 우선순위가 주어졌다. 제2경제위원회는 인민경제에 의존하지 않는 것이 아니라 인민경제로부터 가장 많은 자원을 우선적으로 배분받는 위상을 가지고 있었다. 그럼에도 불구하고 제2경제위원회의 예산과 조직이 독립적이라는 것은 마치 '한 개 나라의 경제'와 같이 독자적인 운영메커니즘을 갖는 경제영역이 새롭게 탄생하였다는 것을 의미한다.

전쟁준비를 다그쳐야!

다음으로 김일성의 발언에서 주의를 기울여야 할 대목은 '군수생산을 정상화하여 전쟁준비를 다그쳐야 한다'는 부분이다. 제2경제위원회의 창설시기인 1972년을 전후하여 김일성은 '전쟁준비'를 자주 언급하였다. 아래는 1970년과 1972년에 한 김일성의 연설이다.

전쟁준비를 잘하기 위하여서는 우리나라 실정에 맞는 현대적인 무기와 전투기술기재를 많이 만들어내야 합니다. 군수공업부문에서는 공장들을 잘 꾸리고 군수물자생산에 힘을 집중하여야 하겠습니다.[36]

전쟁준비도 계속 강화하여야 합니다. 우리 당의 평화통일방침은 하나의 투쟁방법입니다. 우리는 조국을 통일하기 위하여 두 가지 수를 다 준비하여야 합니다. 조국이 평화적으로 통일되면 좋은 일이지만 적들이 전쟁을 일으킬 때에는 맞받아나가 적들을 단매에 처부시고 조국을 통일하여야 합니다. 그러자면 언제나 적들의 침략에 대처할 수 있는 만단의 준비를 갖추고 있어야 합니다. … 전쟁준비를 잘하기 위하여서는 전민무장화, 전국요새화, 전군간부화, 전군현대화 방침을 철저히 관철하여야 합니다.[37]

북한은 1970년 5차 당대회에서 전쟁준비와 관련된 결정을 내린 바 있고 이 대회에서 김일성은 현대적인 무기생산과 군수공업의 정비, 군수물자 생산에 힘을 집중해야 한다는 것을 역설하였다. 1972년 연설에서도 전쟁준비를 잘하기 위해서는 4대 군사노선을 철저히 관철해야 한다고 하였다. 이런 기조에서 본다면 김일성이 연형묵에게 임명장을 주면서 전쟁준비를 다그치라고 지시하였다고 하는 것은 놀랄 일이 아니다. 그리고 "노천에 나와 있는 군수공장들을 빨리 지하에 잡아넣기 위한 공사를 대대적으로 벌"이라는 지시도 위의 4대 군사노선 관철 발언과 일맥상통한다. 모두 전쟁준비를 잘하기 위한 방침과 관련된 것이었다.

제2경제위원회는 북한판 군산학복합체

이제부터 제2경제위원회의 성격에 대해 살펴보기로 하자. 이 문제를 생각하는 데 있어서는 일본의 저명한 북한 연구자인 와다 하루키(和田春樹)의 '북한판 군산복합체'론이 단서가 된다. 와다는 제2경제위원회를 다음과 같이 규정하였다.

작게는 군복, 크게는 미사일까지 생산해내며 독자적으로 무역을 하기도 하고 수익을 독자적으로 관리하고 있다.[38]

와다는 제2경제위원회는 군수품 및 병기를 생산하고, 독자적인 무역을 행하고, 독자적인 수익 관리를 행하고 있다고 보았다. 그리고 이런 점들이 제2경제위원회를 북한판 군산복합체로 규정하는 요인들이라는 것이다. 와다는 제2경제위원회의 실체를 비교적 정확하게 파악하였다고 할 수 있지만 몇 가지 점에서 문제가 있다.

첫째는 병기개발 · 연구기능을 빠트리고 있다는 점이다. 제2경제위원회에는 병기개발 · 연구기관인 제2자연과학원이 소속하고 있다. 제2자연과학원의 전신은 1964년에 설립된 국방과학원이었는데 제2경제위원회 설립과 동시에 명칭이 변경되고 인민부력부에서 제2경제위원회 산하로 소속이 변경되었다. 제2자연과학원은 핵심부서가 과학기술지도국인데 현대무기=유도무기개발을 전담하고 있는 1국, 상용무기계열의 연구사업을 지도하는 2국, 지방에 소재하는 연구소를 관리하는 3국으로 구성되어 있다.

제2자연과학원은 산하에 각종 병기개발과 관련된 공학연구소, 정밀연구소, 선박연구소, 금속재료연구소, 112호 연구소 등 30여 개에 달하는 대소의 연구소를 두고 이들 연구소에 대한 통일적 · 계획적 지도를 행하는 국방과학연구의 메카이다.[39] 요컨대 제2경제위원회는 연구기관='學'의 기능이 중요한 위상을 점하고 있다. 따라서 제2경제위원회는 군산학복합체로 규정하는 것이 타당하다.

둘째는 와다는 북한의 군산복합체를 제2경제위원회의 독자적인 경영활동에 한정해서 파악하고 있다는 점에 문제가 있다. 제2경제위원회는 설립 당초 무역총국을 설치하고 독자적인 무역을 하도록 되어있었지만 본격적인 무기무역은 1980년대에 가서야 이루어졌다.

달리 말하면 1970년대까지 필요한 외화자금은 외부로부터 배분을 받아야 했다는 것이다. 외부의 외화공급선이 어디였던가? 바로 당경제였다. 당경제에 대해서는 다음 절에서 상술한다. 북한의 군산학복합체는 제2경제위원회가 주축이 된 것은 분명하지만 여기에 제2경제위원회와 당경제의 금융적 결합이 이루어진 부분을 고려에 넣어야 한다. 북한의 군산학복합체의 범위는 제2경제위원회의 범위를 넘어선 것이었다. 금융적인 면에서 북한의 군산학복합체는 당경제가 우위에 있었고 따라서 당경제와 제2경제위원회의 결합체였다고 봐야 한다.

4. 국방경제의 재편(2)-당경제체제의 출범

4.1 새로운 당경제 기구(=39호실) 설립

1974년은 북한의 공식경제가 당경제 중심으로 넘어가는 중요한 전환이 있었던 해이다. 이 전환은 김정일과 밀접한 관련이 있었다. 김정일은 이 해에 후계자로 추대되었다. 김정일이 당내에 39호실이라는 새로운 경제기구를 만든 시기도 1974년이었다. 김정일은 39호실 산하에 무역성 소속이었던 대성무역을 편입하는 조치를 취하면서 대성총국(대성무역총회사)을 신설하였다. 주요 무역부문의 당경제화는 이때부터 시작되었다. 그야말로 새로운 '당경제체제'가 출범한 것이다.

〈그림 6-4〉 1970년대 당경제체제의 형성

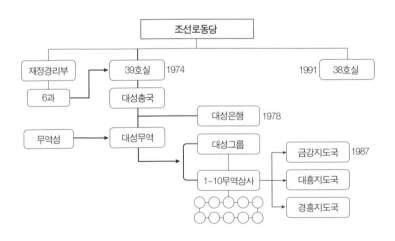

4.2 당경제체제 출범의 배경

당경제체제는 북한 유수의 수출자원과 이것에 기반한 기업을 당 산하에 끌어들여 직접 '외화벌이'를 하려는 것이었다. 그래서 당경 제체제의 기본은 외화벌이를 위한 무역체제였다고 할 수 있다. 종 래의 무역체제가 내각의 무역성 중심 체제였다면 당경제체제는 당 산하 기업을 중심으로 하는 신무역체제인 셈이다.

김정일은 왜 이런 당경제체제를 만들어낸 것일까? 당경제는 돈 을 만들기 위한 것이다. 이 돈을 북한에서는 '혁명자금'이라 부른다. 북한에서 혁명은 지고지선의 공적인 가치를 갖는 용어이다. 따라서 혁명자금은 공적인 자금이라는 말이 된다. 그런데 혁명자금이 언제 나 공적인 성격을 갖는 것은 아니었다. 사적인 성격도 있다. 예컨대 김일성, 김정일의 통치자금은 공적인 성격도 있지만 사적인 성격도 있다. 공사(公私)가 혼재되어 있다고 해야 할 것이다.

아무튼 북에서 말하는 혁명자금은 공사의 이중성을 가지고 있다. 이 점을 고려하면서 당경제체제 출범의 배경을 생각해보기로 하자. 첫째는 막대한 통치자금의 필요성이다. 유일체제는 수령제의 유지, 즉 정치적·문화적·사회적 관리에 막대한 비용을 필요로 하는 체 제였다. 우선 수령과 그 가족이 필요로 하는 소비물자를 조달해야 했고 김일성에 충성하는 특권층에 고가의 선물도 주어야 했다. 그 리고 김일성의 영도를 찬미하기 위한 대(大)건조물도 만들어야 했 고 인민대중에게 수령의 하사품도 보내야 했다. 유일체제는 고비용 의 정치체제였던 것이다.

종래 당자금을 마련하는 부서는 재정경리부 6과였다. 김정일은 처음에는 재정경리부를 통해 해외 무역대표부를 동원하여 비자금을 조성하기도 하였다. 하지만 이 방식은 인포멀하고 일회적인 것이었다. 항상적인 시스템이 필요하였다. 그래서 김정일은 우상화 대상 건설에 필요한 물자, 선물, 1호 제품 구입(김 부자 일가가 소비하는 물품)을 맡아 하던 기업인 대성무역을 당 산하 기업으로 편입하는 조치를 취하였던 것이다.[40]

둘째는 새로 설립한 제2경제위원회에 필요한 외화자금을 조성할 필요성이 있었다. 이 부분에 대해서는 다음 절에서 상술한다. 셋째는 새로운 중화학공업기지 건설을 위한 자금의 필요성이 있었다. 이 부분은 1970년대 초중반에 있었던 서방세계와의 대규모의 플랜트무역에 대한 약간의 설명을 요한다.

북한은 1972년 이후 인민생활 향상을 목표로 하여 1970년에 결정된 6개년계획(1971~76)의 조기달성을 목표로 할 것을 결정하고, 새로운 중화학공업기지 건설을 급속히 추진하는 방침을 결정하였다.[41] 이후 북한은 1973년부터 서측으로부터 대규모 플랜트를 도입하기 시작하였다. 플랜트의 수입에는 막대한 외화자금이 소요되었다. 1974년의 한 연설에서 김일성은 "사회주의시장은 너무 좁습니다. 좁은 사회주의시장에만 의존하여서는 우리의 경제발전에 필요한 외화문제를 원만히 풀 수 없습니다. 우리에게 필요한 외화를 많이 벌기 위하여서는 제3세계시장과 자본주의시장에 적극 진출해"야 한다며 대외무역을 강조하였다.[42] 그리고 김일성은 "수출품을 생산하는 공장들을 지정하여 놓고 수출품생산을 늘리기 위한 적극적인 대책을 세워 더 많은 상품을 대외시장에 내다팔도록"할 것을 지시하였다.[43] 그런데 1973년부터 세계적인 오일쇼크가 발생하였다. 1974년 말에는 북한의 주요 수출품목이었던 연·아연 가격이 폭락하였다. 이로 인해 북한의 대외무역은 적지 않은 영향을 받았다. 북한의 수출실적은 1974년 8억 달러에서 1975~77년간 7억 달러 대로 감소하였다. 김일성은 당시의 상황을 다음과 같이 말하고 있다.

우리에게 물건은 많지만 자본주의나라들과 신생독립국가들이 그것을 제대로 사 가지 못한 데 있습니다. 자본주의나라들은 경제위기로 하여 우리의 물건을 사 가지 못하였으며 사 가는 경우에도 눅게 사 가려고 하였습니다. 신생독립국가들은 우리의 물건을 지난 시기에는 많이 사 갔지만 최근에는 한랭전선의 영향으로 식량난을 겪다보니 사 가지 못하였습니다.[44]

이후 북은 서방세계에 플랜트 대금을 지불하지 못하게 되었고 결국 '채무불이행국'이 되고 말았다. 39호실의 대성총국이 만들어진 시점은 플랜트 무역을 계기로 외화문제가 긴박성을 더했던 시기였다. 당경제는 목표가 첫째도 둘째도 외화를 벌어들이는 것이었다.[45] 이 시기에 당경제체제가 출범했다는 것은 긴박한 외화문제에 대처하기 위한 것일 수도 있다. 이렇게 본다면 당경제체제는 북한식의 수출총력전 체제였다고 할 수 있다.

4.3 당경제의 성장

당경제체제 출범 이후 김일성은 '공격전'이라는 군사적 용어를 사용하면서까지 수출증대를 독려하였다.

수출품생산을 늘여 외화문제를 푸는 데서도 마찬가지입니다. 외화문제를 푸는 데서 방어전을 할 것이 아니라 공격전을 들이대야 합니다. 다시 말하여 강철, 세멘트, 비료 같은 중공업제품을 많이 생산하여 다른 나라에 팔아 뭉테기돈을 벌어야 합니다. 중공업제품을 생산하여 팔지 않고 소극적인 방법으로 박하심기나 해서는 뭉텅이 돈을 벌 수 없습니다.[46]

북한 내부의 적극적인 수출증대책에 더하여 국제시장의 동향도 당경제체제에 유리한 방향으로 움직이기 시작하였다. 1978년부터 연·아연을 비롯해 금, 은 등 귀금속의 국제가격이 상승국면으로 다시 돌아섰다. 이때부터 북한 수출도 다시 증가로 돌아섰고 1978년 수출실적은 9억 달러에 달하였다.[47] 이것에 힘입어 당경제도 비약적인 발전을 보게 된다. 1978년 무렵 대성무역상사는 1~10의 무역상사를 갖는 거대 기업그룹으로 성장하였다. 산하에 독자적인 금융결제기관인 대성은행이 만들어진 것도 1978년이었다. 대성은행은 내각과 중앙은행의 통제를 벗어난 당자금 관리 은행이었다. 이로서 당경제는 제2경제위원회와 마찬가지로 인민경제와는 완전히 분리된 독자적인 경제체제를 구축하게 된 것이다.

4.4 당경제의 지도체계

대성무역은 외화벌이를 위해 계획, 생산, 무역, 선박, 투자, 금융에 이르기까지 모든 부문을 완비한 기업 그룹으로 성장하였다. 대성그룹은 북한에서 기업그룹화의 효시가 되었다. 외화획득을 최우선하기 때문에 이 기업그룹은 당연히 북한에서 가장 수출지향적이었다. 그래서 미헤에프는 이를 북한판 현대 그룹 또는 북한판 삼성 그룹이라고 불렀던 것이다.

북한판 기업그룹에 대한 지도체계는 김정일을 빼고는 설명할 수 없다. 당경제는 김정일의 직접적인 관리와 통제하에서 운영된다. 당경제 산하 기업들은 당에 지도부서들을 가지고 있으며 이를 통하여 김정일과 수직적으로 연계되어 있다. 모든 문제는 김정일의 직접적인 재가를 받아 처리한다. 내각은 이에 대한 간섭·관할권이 전혀 없다. 당경제가 벌어들인 모든 외화는 산하의 금융부문에 의해 독자적으로 관리되며 궁극적으로 김정일에게 보고되고 집중된다. 김정일은 마치 기업총수와도 같이 막강한 경제권력을 수중에 장악하였다.[48] 북한식으로 말하자면 경제(특히 외화부문)에 대한 김정일의 유일지도체계가 확립된 것이다.

4.5 당경제와 제2경제의 융합

당경제와 제2경제위원회는 각각 무역부문과 군수산업을 독자적인 기반으로 하면서 인민경제로부터 분리·독립한 경제체제이지만 양자는 동시에 밀접한 관계를 형성하게 된다. 양자의 밀접한 관련성은 여러 가지가 있을 수 있겠지만 사실관계 확인이 가능한 부분은 금융관계이다. 당경제와 제2경제위원회의 금융관계를 보면 흥미로운 사실이 드러난다. 당경제 산하의 대성은행이 설립된 것은 1978년이었다. 제2경제위원회는 자체의 무역체제가 정비되는 시점인 1983년에 산하 특수은행으로서 조선용악산은행을 설립하지만 곧 대성은행에 흡수된다. 제2경제위원회가 다시 독립적인 금융기관을 갖게 되는 것은 1989년이었다. 이해에 대성은행으로부터 분리·독립하여 조선창광신용은행이 설립된 것이다.

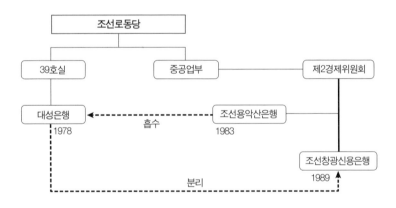

〈그림 6-5〉 당경제와 제2경제의 금융관계

제2경제위원회는 잠시 산하의 특수은행을 개설하였지만 곧 대성은행에 흡수되고 1989년까지 은행을 갖지 못하였다. 이것이 의미하는 바는 무엇일까? 이는 제2경제위원회의 금융부분이 1989년 조선창광신용은행이 분리·독립하기 전까지 대성은행의 직접적인 관리하에 있었다는 것이 된다. 대성은행은 설립 당초부터 대성그룹의 대외결제 기관임과 동시에 당·군 소속 기관들의 외화관리도 총괄하는 위치에 있었다.[49] 제2경제위원회에 대해서도 대성은행은 조선용악산은행의 흡수사실에서 보듯이 제2경제위원회의 금융을 컨트롤하는 위치에 있었다. 이것이 가능했던 것은 대성그룹이 북한 최대의 무역부문의 기업그룹이었고 외화자금을 수중에 집중하고 있었기 때문이었다.

반면 제2경제위원회는 초기에는 외화자금이 부족한 상태에 있었다. 김일성은 제2경제위원회를 설립하면서 무기무역을 통해 군수산업 육성에 필요한 물자나 기기를 자체적으로 해결할 것을 지시하고, 산하에 대외무역총국을 만들었지만 처음부터 무기무역을 할 수 있었던 것은 아니었다. 무기무역이 본격화하는 것은 1980년대 이후이다. 따라서 설립 이후 상당 기간 동안 제2경제위원회가 투자재원을 자체해결 하기는 어려웠을 것이다. 제2경제위원회가 필요로 하는 투자재원은 당연히 중앙정부의 국방예산에서 조달하였지만 외화자금 배분은 1978년 대성은행 설립 이후부터는 대성은행의 몫이었을 것이다.

대성은행은 제2경제위원회 산하 은행을 흡수하면서 규모가 더 커졌다. 대성은행이 제2경제위원회의 금융부분을 자신의 관리하에 둠으로써 대성은행은 당경제와 제2경제위원회를 금융적으로 연결하는 고리가 되었다. 이 사실은 당경제와 제2경제위원회가 금융적으로 융합되었다는 것을 말한다. 이것은 당경제와 제2경제위원회가 사실상 밀접한 결합관계에 있다는 것을 확정하는 것이고 이를 더 구체적으로 말한다면 북한판 군산학복합체로서 새로운 결합관계가 형성되었다는 것을 의미하는 것이기도 하다.

5. 신국방경제체제의 구조와 성격

1972년 체제의 후기에 발생한 경제시스템의 변동을 총괄하면 '공식경제의 3중경제화'로 결론지을 수 있다. 3중경제의 특징은 첫째, 경제운영에 있어서 당경제와 제2경제위원회(제2경제)가 최우선하며 국민경제 전반을 관장하는 내각의 인민경제는 제3의 위치로 전락하게 되었다는 것이다.[50] 당경제와 제2경제는 인민경제의 물적·인적 자원을 동원하여 생산과 경영에 충용하지만 인민경제와는 아무런 피드백 관계가 존재하지 않으며 인민경제에 대하여 책임을 지지 않는다.[51] 그 결과 당경제와 제2경제가 확대되면 될수록 인민경제는 부단히 형해화되지 않을 수 없다.

둘째, 작동메커니즘에 있어서는 군수계획과 당 군사위원회의 명령에 의한 생산체제가 중심에 있다는 것이다. 이것이 전형적으로 나타나고 있는 부문이 바로 제2경제위원회이다. 제2경제위원회의 종합계획국은 군수계획국의 지휘 하에 놓여 있는데 군수계획국은 당 군사위원회의 직속 기관이다. 당 군사위원회는 군수계획 작성은 물론 생산 명령을 하달하는 주체이다. 생산명령은 인민경제 산하의 일용직장에도 적용된다. 이는 북한경제의 광범한 부분이 결국 전시경제적 운용 메커니즘하에 놓여 있다는 것을 의미한다.

셋째, 북한경제가 마치 하나의 군산학복합체와 같이 운영되는 시스템으로 바뀌었다는 것이다. 제2경제위원회는 모든 병종의 병기생산을 망라하고, 여기에다 연구, 무역기능을 결합한 거대한 군수산업의 복합체이다. 그런데 북한의 군수산업은 1972년 시점에서 일부 재래식 무기의 수입대체를 실현하고 국방공업의 발전이 있었던것은 사실이지만 전체적으로 본다면 국방공업의 기술적 기반에 한계가 있었고 신병기의 핵심기술은 외부에 의존하지 않으면 안 되었다. 이를 위해서는 막대한 외화가 소요되었지만 제2경제위원회가 처음부터 이를 자체적으로 해결할 수는 없었다. 그래서 주요 무역부문을 산하에 두면서 외화를 집중하고 있었던 당경제가 제2경제위원회에 대한 금융적 지원을 행하게 되었고 이로서 북한의 군산학복합체가 동력을 갖게 되었던 것이다. 김일성은 제2경제위원회를만들면서 '한 개 나라의 경제'와도 같다고 말하였는데 여기에 당경제가 결합하여 군산학복합체가 가동된다는 것은 북한경제 전체가군산학복합체화하였다고 하여도 과언이 아닐 것이다.

넷째, 신국방경제체제는 국방개발을 중심으로 하는 대남 경제전의 항상적인 시스템화를 의미하는 것이었다. 신국방경제체제하에서 국가경제 전체가 거대한 군산학복합체로 변모하였다. 군산학복합체의 기동은 일차적으로 국내적인 자원의 총동원에 근거하지만중요한 것은 외화확보였다. 북한의 군산학복합체는 남한과 마찬가지로 신무역체제와 결합되었다. 신무역체제는 제2경제위원회의 무기수출이 한 구성부분이었고 당경제체제의 외화획득 체계가 중요한 비중을 차치하였다. 당경제체제는 북한판의 수출 혹은 외화벌이 총력전체제였다.

〈그림 6-6〉 공식경제의 3중경제화

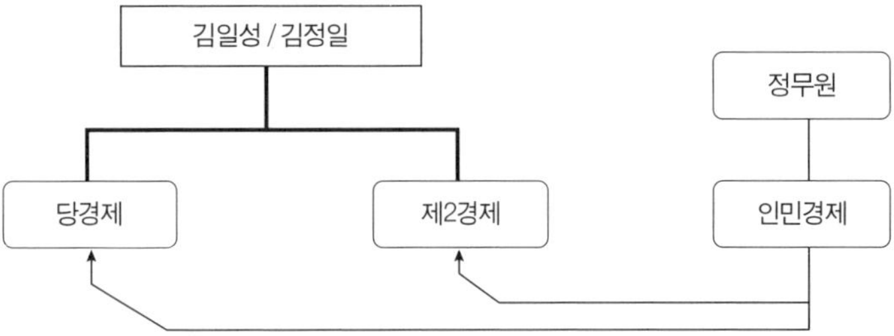

다섯째, 수령 직속경제가 출현하였다는 것이다. 제2경제위원회는 김일성과 김정일의 지시에 의해 만들어졌다. 당경제체제를 만든 것은 김정일이었다. 김정일의 군수산업에 대한 유일지도체계는 제2경제위원회 설립을 전후하여 형성되기 시작하였고 1978년 대성은행 설립 이후 제2경제위원회를 금융 면에서 컨트롤하게 되면서 더욱 공고해졌다. 당경제와 제2경제위원회는 김정일 이외에는 어느 누구도 관여할 수 없는 김정일의 직속경제가 되었다.

그러면 수령의 직속경제란 무엇일까? 먼저 김일성의 발언을 보자. 김일성은 간부들을 모아놓고 다음과 같이 말하였다.

국가의 돈을 여러 사람이 주인이 되어 쓰게 되면 공평하게 쓸 수 없다. 국가의 돈은 한 사람이 주인이 되어 쓰도록 하여야 한다. 내가 혼자서 먹으면 얼마나 먹겠는가. 그러니 안심하고 국가의 돈을 쓰는 것을 나에게 맡겨두면 된다.[52]

김일성의 말을 있는 그대로 해석하면 김일성은 수령 개인에게 '국가의 돈'을 집중하고 이를 수령이 배분·관리하는 체계를 수립하고자 하였던 것이다. 화폐적인 면에 초점을 맞추면 수령의 직속경제란 이와 같은 성격의 것이다. 앞서 살펴본 바와 같이 김정일은 당경제를 창설하고 금융적으로 제2경제위원회를 융합하면서 외화자금을 집중하는 시스템을 만들었는데 이는 김일성의 구상과 흡사하다고 할 수 있다. 이 점에서 김일성이 수령의 직속경제에 대한 설계자였다면 김정일은 그 집행자였다. 김정일이 대대적인 경제시스템의 재편을 주도할 수 있었던 것은 그가 1974년에 사실상 후계자로 내정되고 황장엽의 표현대로 김일성-김정일의 2중 정권의 실권자였기 때문이다.[53] 김일성은 이 시기에 자기의 권력을 김정일에게 넘겨주기 위해 의도적으로 노력하였고 김정일은 이 권력으로 대대적인 경제재편을 단행하고 수령의 직속경제를 창출하였던 것이다. 결국 수령의 직속경제는 세습적인 가족국가 체제의 산물이고 이 체제를 떠나서는 상상하기 어려운 시스템이라고 할 수 있다.

7장

박정희의 유신체제와
신국방경제체제

1. 유신체제란 무엇인가?

1.1 유신체제의 두 측면

유신체제는 유신헌법에 의해 성립된 정치신체제였다. 유신헌법은
▲ 통일주체국민회의가 국민을 대신하여 토론 없이 무기명투표로
대통령을 선출할 권한 ▲ 대통령의 국회의원 1/3 임명권(유신정우회)
▲ 행사의 요건과 한계가 전혀 없는 대통령의 국회해산권 ▲ 현존
하는 위협뿐만 아니라 그 우려만으로도 국정전반에 걸쳐 자신이 판
단하여 '필요한' 긴급조치를 취할 권한 ▲ 국회의 정부통제의 주요
한 수단이 되어왔던 국정감사권의 폐지 ▲ 대법원장을 비롯한 모든
법관의 대통령 임명권 등을 제도화한 것이었다.[1]

김선택 교수에 의하면 유신헌법은 "그 내용에 있어서는 헌법에 의해 창설 가능한 국가권력 전부를 대통령 개인에게 집중시키고 그 대통령 개인의 영구집권을 가능케 함으로써 실질적으로는 군주제에 유사한 권력구조"였다. 또한 유신헌법은 "과거 독일의 수권법이 총통 히틀러에게 국회 법률의 형태로 국회입법권을 위양하였던 전례를 훨씬 넘어 헌법의 형태로 전 국가권력을 대통령 박정희에게 위양한 수권헌법이었다."[2] 한마디로 말하면 유신체제는 공화정의 원리를 부정하고 그 위에 성립한 박정희의 1인 독재체제였다. 이것이 바로 정치적 측면에서 파악한 유신체제이다.

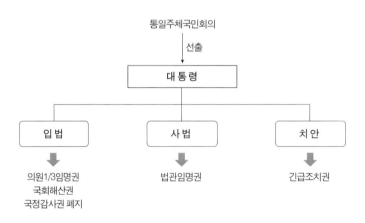

〈그림 7-1〉 정치신체제로서의 유신체제

그런데 유신체제는 '정치신체제로서의 유신체제'만은 아니었다. 잘 알려져 있지 않지만 유신체제는 경제와 관련된 새로운 시스템을 출현시켰다. 유신시대의 경제 하면 보통은 중화학공업화, 수출 100

억 달러, 1000불 소득, 높은 경제성장 등을 연상할 것이다. 정치는 독재였지만 경제는 성공했다는 일반의 이미지는 이런 표면적 경제 수치에서 비롯된다고 봐야 할 것이다.

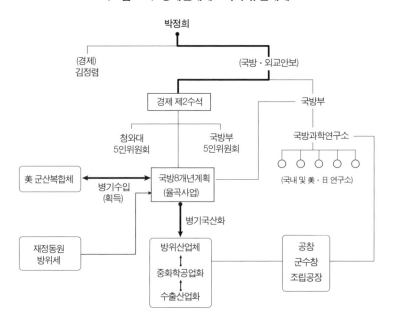

〈그림 7-2〉 경제신체제로서의 유신체제

그런데 수출이나 중화학공업화는 군수산업화와 밀접한 관련이 있었다. 유신체제하에서 박정희가 국가총력을 동원하여 가장 중점적으로 추진한 정책은 국방사업이었다. 국방사업에는 두 가지가 있었다. 하나는 병기의 국산화였고 다른 하나는 병기의 수입(=획득)이었다. 박정희는 한편에서 병기생산을 위해 '군수산업 국가총력체제'(=군산학복합체)를 출범시켰고 다른 한편에서는 단군 이래 최대의 병기획득 사업인 율곡사업을 추진하였다.

이 두 사업을 위해 추진된 것이 중화학공업화였고 6대 중점부문의 수출산업화와 방위세 신설이었다. 이 과정에서 국방경제의 재편이 진행되었는데 여기서 국방경제체제가 만들어진 것이다. 유신시대에 출현한 새로운 경제시스템(=경제신체제)이 바로 신국방경제체제였다. 중화학공업화나 수출 100억 달러라는 구호는 이 경제신체제의 외화(外化)된 표현이었다. 이런 구호의 이면에서 비밀리에 편성된 신국방경제체제야말로 유신시대 경제의 정수였고 '박정희 경제'의 본질적 면모였다.

1.2 경제신체제와 정치신체제의 관계

경제신체제의 출발점: 1971년 11월 10일

유신체제를 정치신체제로서만이 아니라 경제신체제를 포함해서 파악한다고 할 때 경제신체제의 시점(始點)이 언제였던가를 먼저 확인해둘 필요가 있다. 유신체제는 경제신체제가 정치신체제에 선행해서 나타났다.

경제신체제 출범은 1971년 11월 10일이었다. 이날 박정희는 김정렴 비서실장, 오원철 상공부 국장과 3자회동을 갖고 중화학공업화가 포함된 군수산업 육성전략을 결정하였다. 그리고 청와대 비서실에 군수산업을 관장하는 경제 제2수서비서관실을 신설하고 오원철을 비서관으로 임명하였다. 이어서 박정희는 김 실장에게 "국방장관과 국방과학연구소 소장에게 즉시 병기개발을 시작하라"는 대통령 명령을 하달했다.[3] 박정희는 이날 스스로 "방위산업 육성의 총사령관이 되어서 진두지휘하겠다는 결심을 했"고 또 "총사령관으로 임무를 개시했"던 것이다.[4]

오원철은 이날 있었던 결정에 대해 다음과 같이 회고하였다.

이렇게 되어서 방위산업 육성은 박대통령이 진두지휘하는 국가 최고 긴급과제로 등장하게 되었다. 방위산업이란 중화학공업을 기반으로 한다. 우리나라는 방위산업을 육성하기 위해서 중화학공업화를 서두를 수밖에 없었다. … 이날, 즉 1971년 11월 10일은 방위산업에 관한 기본방침이 결정된 역사적인 날이다. 뿐만 아니라 장차 율곡사업과 중화학공업화로 이어지고 나아가서는 우리나라의 공업구조개편의 … 출발점이 되기도 한다. 그리고 경제 제2수석비서관실이 새로이 마련되었다.[5]

신국방경제체제의 코어는 1971년 11월 10일 신설된 경제 제2수석실이었다. 경제 제2수석실은 신국방경제체제의 구조를 만들어낸 사령탑이었고 경제신체제로서의 유신체제의 중핵부분이었다. 경제신체제로서의 유신체제는 1971년 11월 10일에 탄생한 셈이었다.

경제신체제에서 정치신체제로

유신체제는 경제신체제가 선행하였고 그리고 정치신체제가 출현하였다. 경제신체제에서 정치신체제가 출현하는 과정은 단선적이지 않았다. 여기에는 세 가지 흐름이 있었다. 첫째는 경제신체제의 심화 과정이다. 둘째는 남북 고위당국자의 비밀접촉이 시작되고 7.4 남북공동성명이 나오는 과정이다. 셋째는 개헌작업이 시작되는 과정이다.

지금까지 정치신체제의 출현과정에 대한 설명은 주로 둘째와 셋째의 관련을 중심으로 하는 것이었다. 이에 관해 홍석률 교수는 "유신체제의 기획과정은 남북대화 국면과 긴밀한 연계를 갖고 진행되었고, 유신체제의 수립이라는 정치적 목적 때문에 박정희와 이후락 등 권력 실세가 남북대화에 적극적으로 임하며 이를 급진전시키는 방향으로 갔다"고 분석하고 있다.[6] 상당한 설득력을 갖는 그의 설명 덕분에 최소한 남북대화와 관련된 정치신체제의 출현과정에 대해서는 어느 정도 해명이 되었다고 볼 수 있다.

그렇다면 정치신체제의 출현은 경제신체제와는 어떤 관련성을 가지고 있을까? 경제신체제에서 정치신체제로의 이행은 반드시 어떠한 내적 필연성이 있다고 보기는 어렵지만 경제신체제의 출범은 정치개편을 이미 함축하고 있었다고 보아야하지 않을까? 이는 경제신체제의 출범 직후 12월에 비상사태가 선포되고 이어서 「국가보위에 관한 특별조치법」이 제정된 사실에서 첫 번째 근거를 찾을 수 있다.

「국가보위법」은 대통령에게 비상사태를 선포하고 비상대권을 행사할 수 있는 권한을 부여한 법이었다. 지금까지 국가보위법 제정에 대한 평가는 유신체제로 가는 전환점 혹은 출발점이라는 평가가 주류를 이루어왔다. 이런 평가는 이 법이 안보를 위해 언론을 제약

할 수 있는 권한을 두는 등 정치적 억압을 위해 사용될 수 있는 내용을 포함하고 있고[7] 이것이 유신체제의 전주(前奏)였다고 하는 시각에 입각한 것이었다. 말하자면 이 법의 정치적인 측면을 강조하는 시각이라고 할 수 있다.

그런데 이 법은 총동원법으로서의 성격을 갖는 법이었다. 이 법은 제5조 ①항에 "국방상의 목적을 위하여 필요한 경우 대통령은 인적·물적 자원을 효율적으로 동원하거나 통제운영하기 위하여 국가동원령을 발할 수 있"도록 되어 있다. 이 동원령에 의해 대통령은 동원물자의 생산, 처분, 유통, 이용 및 그 수출입 등에 관하여 이를 통제하는데 필요한 명령을 발할 수 있고(③항) 동원대상지역 내의 토지 및 시설의 사용과 수용에 대한 특별조치를 할 수 있는(④항) 권한이 부여되었다.

또한 이 법에서 주목할 부분은 제4조 ①항의 "물가, 임금, 임대료 등 경제에 대한 통제 명령을 발할 수 있다"고 규정한 것과 제9조 ①항의 "근로자의 단체교섭권 또는 단체행동권의 행사는 미리 주무관청에 조정을 신청하여야 하며, 그 조정결정에 따라야 한다"고 규정한 것이다.

제9조 ①항은 실질적으로 민주주의 국가에서 보편적으로 인정되는 단체교섭권과 단체행동권을 법률적으로 봉쇄한 것이었다. 이러한 법 규정은 유신헌법 제29조에 의해 다시 확인되었고 이에 따라 1971년 12월 비상사태 선언 이후 박정희 정권이 붕괴할 때까지 노동자들의 기본권리는 법률적인 차원에서도 보장받지 못하였다.[8]

전시가 아닌 상황에서 비상사태라는 이름으로 대통령이 인적·물적 자원의 국가동원령을 발하고 광범한 경제통제령을 행사하고 노동자들의 기본 권리를 봉쇄할 수 있도록 한 것은 그야말로 초법적인 조치였다.

이러한 총동원법의 제정은 사실은 급속한 군수산업화를 지향한 경제신체제의 출범과 밀접한 조응관계가 있는 것이었다. 급속한 군수산업화는 비상시적인 '동원'과 불가분의 관계에 있는 것이었다. 노동기본권의 봉쇄조치도 급속한 군수산업화와 밀접한 관련이 있는 동원적 조치의 한 형태였다.

국가보위법은 이후의 정치경제적 흐름을 보면 전시 일본의 국가총동원법 제정을 연상시킨다. 전시 일본의 국방국가화에서 결정적인 계기는 국가총동원법 제정이었다. 국가총동원법이 그랬던 것처럼 국가보위법은 국방국가적 재편을 예고한 것이었다고 할 수 있다.

국가보위법 제정에서 정치신체제로 이행할 수 있게 된 데는 두 번째로 주요한 계기가 있었다. 그것은 이른바 '1972년 4월 4일의 결단'이었다. 박정희는 2차 병기 시제(試製) 작업의 시사회가 성공리에 끝난 다음 날인 4월 4일 오원철에게 105mm 곡사포 개발을 지시하는데, 이를 오원철은 '1972년 4월 4일 결단'이라 부른다. 그가 정리한 '4월 4일 결단'의 요점은 아래와 같다.[9]

(1) 첫째는 방위산업 업무의 확대지시이다. … 대구경 화포의 개발 지시는 현역군용 병기까지 국산화하겠다는 강력한 의지의 표명으로 보아야 한다. 앞으로는 탱크, 항공기, 대형 함정까지 국산화하겠다는 결

심이 내포되어 있다. '한국군장비의 현대화'에는 당장 시급한 것만 해도 30억 달러가 소요된다. 이중 15억 달러만을 미국이 원조해주기로 되어있는데 그 추진상황은 지지부진했다. 이런 상황에서 박 대통령은 현역군용 병기도 국산화하기로 결심을 한 것이다.

(2) 둘째는 본격적인 방위산업 건설계획을 수립하라는 지시이다. … 현역군용 무장을 목적으로 한다면 대규모의 새로운 공장을 건설해야 한다. 이는 바로 중화학공업 건설로 이어지는 것이다. 이를 위해서는 막대한 자금이 소요된다. 더구나 이들 공장에서 병기가 생산되면 국방부에서 구매해주어야 한다. 여기에는 엄청난 정부예산이 필요하다. 그래서 박 대통령은 "이러한 자금을 어떻게 해서 마련할까"를 심사숙고했던 것이 아니었을까? 박 대통령은 본격적인 병기국산화 시스템이 완성되면 우리나라는 우리 스스로 조국을 방어할 수 있는 능력을 갖게 될 뿐만 아니라 지금까지 북한에 뒤지고 있는 방위산업과 중화학공업 등 모든 분야에서 북한을 앞지르게 된다. 우리나라가 이러한 상태로 계속 발전해 나가면 국력면에서 북한을 완전히 제압하게 될 것이며 자연히 평화통일의 길이 열리게 될 것이다. 그렇다면 이러한 사업을 추진하는 것이 바로 평화통일을 위한 구체적인 전략이 되는 것이 아닌가? 박 대통령은 이러한 생각을 하면서 국운을 걸게 되는 역사적인 결단을 내렸던 것이 아닐까?

오원철의 이야기에 따르면 박정희는 이때 본격적인 군수산업화

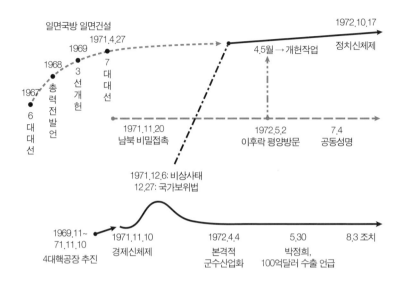

〈그림 7-3〉 경제신체제에서 정치신체제로의 이행

와 후일 율곡사업으로 이어지는 군장비의 현대화를 추진하기로 작정했다는 것이다. 위의 두 사업은 유신체제하에서 진행된 박정희의 초중점 국방사업이었다.

박정희는 이때 '유신'을 결심하지 않았을까? 오원철은 이날의 결단을 '국운을 건 역사적 결단'이었다고 표현하고 있다.

그에 의하면 초중점 국방사업의 결정은 군수산업, 중화학공업에서 대북 압도적 우위를 실현하고 국력에서 북한을 압도하고 박정희식의 평화통일(=흡수통일)을 실현하는 전략적 의미가 있는 것이었다. 이런 설명은 유신의 정치논리와 거의 흡사한 것이었다.

개헌작업과 관련에서 본다면 공화당 길전식 의원의 개헌발언이 있었던 시점이 4월 16일이었다. 개헌작업은 늦어도 4월에 시작되었다. 이는 '4월 4일의 결단'이 정치신체제로 가는 주요한 전환점이었을 개연성이 높다는 것을 의미한다.

요약하면 경제신체제에서 정치신체제로의 이행은 총동원법으로서의 「국가보위법」 제정, 그리고 '4월 4일 결단'이라는 두 계기를 거쳐나가면서 그 모습이 보다 구체화되었다고 할 수 있다.

2. 유신체제와 국방국가

2.1 유신체제의 양면성

유신체제를 국방국가로 본다고 할 때 그 시작은 1971년 11월 10일 경제신체제가 출범한 때와 맥을 같이하고 1975년 5월~7월 전시 4법과 「방위세법」이 제정된 무렵, 완성되기에 이르렀다. 국방국가의 시점과 완성에 이르는 과정에서 경제신체제, 즉 신국방경제체제의 확립과정은 연속성을 가지고 있었다. 그리고 「국가보위법」에서 1973년 「군수조달특별법」, 1975년 「방위세법」에 이르는 일련의 제도적 조치들은 신국방경제체제의 확립과정과 조응관계에 있는 것이었다.

그런데 국방국가의 정치라는 점에서 볼 때 유신체제는 부자연스런 면이 있다. 이것은 정치신체제와 경제신체제의 조응관계의 문제인데 양자는 전적인 조응관계를 갖는 것은 아니라는 것이다. 양자는 한편에서 조응하지만 다른 한편에서는 부조응하는 돌출적인 면이 있다. 이 점에서 유신체제는 양면성을 지니고 있다고 보여진다.

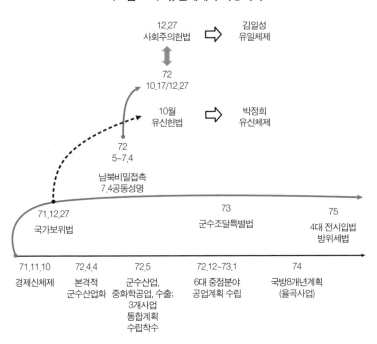

〈그림 7-4〉 유신체제와 국방국가

국방국가로서의 유신체제

유신체제로의 이행을 전후하여 박정희나 그 추종자들이 자주 언급했던 말은 '총력안보'였다. 총력안보란 대북 국방태세 확립과 군비확충을 제1의 과제로 하며 이 과제 수행을 위해 국가총력, 국민총력을 동원할 수 있는 준비나 태세를 갖추는 것을 말한다.[10] 이들의 언술에 의하면 유신체제는 총력안보체제였는데 이 총력안보체제야말로 국방 총력전체제였다.

국방 총력전체제가 처음 표방된 것은 일면국방 일면건설 노선 하에서였는데 이때는 총력전체제로서의 정치는 구체화되지 않았다. 총력전체제로서의 정치가 언술로서 구체화되기 시작한 것이 바로 총력안보의 '정치'론이었다. 박정희가 지도하여 공표된 것으로 알려진 『총력안보의 지도요강』에 의하면 총력안보의 정치란 다음과 같다.[11]

정치에 있어서 우리는 당리당략에 의한 파쟁과 분열을 지양하고 대국적인 국민총화에 의해 이 나라의 민주주의를 유지, 신장시킬 수 있도록 초당파적 대화와 협동이 이룩되는 생산적이며 건설적인 정치를 지향하여야 한다.

'생산적이며 건설적인 정치'는 유신의 모토였고 국민총화는 유신체제의 지배이데올로기였다. 총력안보의 정치가 곧 유신체제의 정치였던 것이다. 유신체제의 정치를 규정하는 총화이데올로기는 ▲ 반개인주의 ▲ 반자유주의 ▲ 반다원주의 ▲ 반평등주의 ▲ 반의회주의적 성격을 갖는 것이었다.[12]

유신정치와 그 이데올로기는 국방국가의 정치·이데올로기와 거의 유사한 것들이었다. 총화이데올로기는 전체주의로 규정할 수는 없지만 전체주의적 요소를 다분히 가지고 있는 전시적인 국가주의 이데올로기였다.

예컨대 국민교육헌장의 이념적 토대가 된 전시적(군사적)인 '소

아·대아'론이 총력안보론의 핵심적 교의로서 재생된 사실에서도 이를 확인할 수 있다.[13]

따라서 보다 큰 새로운 나가 되기 위해서는 본래의 나(小我)를 버려야 한다. 이것이 단결이요 결합이다. 그러므로 단결은 원래 나(小我)의 희생 위에 이룩되는 것이며 그것 없이는 생각도 할 수 없는 개념이다.

대아를 위해 소아를 버려야 한다는 것은 단결의 기본요건으로서 총력안보의 핵심적 내용이며 본질이다. 내가 살기 위해서는 서로 단결해야 되고 단결하기 위해서는 나를 버려야 한다는 이율배반적인 존재가 바로 국가 공동생활을 영위해야 하는 국민으로서의 인간생태라면 우리는 과연 어느 길을 가야 할 것인가?

생명의 길은 오직 하나 … 나도 버리고 너도 버려 국가라는 공동운명체를 위해 귀일하는 길뿐이다. … 우리는 그를 일러 대아(大我)를 위해 소아(小我)를 버리는 국가에 대한 충성이라 말한다. 따라서 단결은 곧 충성이란 개념과 상통한다.

유신체제는 개인주의, 자유주의, 다원주의를 배격하고 의회주의를 부정하면서 유신을 국체로 하는 국가에의 개인의 무조건적인 충성을 요구하는 정치체제였다. 개인들은 '일심동체적 공동운명체'인 국가 속에서 '나를 버린' 탈정치적인 존재로서 총력동원에 순응하는 양순한 국민이어야 했다.

총력동원에 순응하지 않은 개인이나 세력들은 유신=국체를 부정하는 반체제로 규정되었다. 총력안보 개념에는 '반체제의 위협으로부터의 안보'도 포함되었다.[14] 대통령의 긴급조치권은 안보라는 이름으로 반체제를 진압하고 처벌하는 강압정치의 주요한 수단이었다.

돌출적 시스템으로서의 유신체제

유신체제가 국방 총력전체제로서의 성격을 갖지만 동시에 국방국가로 보기 어려운 부분도 존재한다. 정치로서의 유신체제, 즉 정치신체제가 가지고 있는 박정희 1인지배의 독재체제라는 성격 때문이다. 이와 관련하여 우선 우익논객 조갑제의 글부터 보자. 그는 『박정희-10월의 결단』에서 다음과 같이 적고 있다.[15]

유신선포로 알려진 1972년 10월 17일의 대통령 특별선언은 비상조치를 선포함으로써 헌정을 중단시키고, 국회를 해산하며, 정치활동을 금지시키고, 열흘 이내에 새 헌법안을 공고하며, 그 한 달 이내에 이를 국민투표에 부쳐 확정시킨다는 내용이었다. 이날 박 정권은 전국 비상계엄을 선포했다. 며칠 뒤 새 헌법안도 계엄하에서 찬반토론이 금지된 가운데 국민투표에 부쳐졌다. 이는 사실상의 쿠데타였다. 나는 입사 2년짜리 기자로서 이 뉴스에 접했을 때 그야말로 느닷없다는 느낌을 받았다. 소요사태가 있는 것도 아니고 북한군이 쳐들어온 것도 아닌데 갑자기 국회 해산이라니 … 10월 유신은 그런 가시적인 요인이 전혀 감지되지 않은 상태에서 단행되었기 때문에 많은 사람들이 "아, 이건 박정희의 독재이다"라고 생각하게 되었다. 유신에 대한 이런 선입견이 그 후 7년간 박 정권을 따라다녔다.

박정희에 대한 열렬한 숭배자인 조갑제 기자조차도 유신체제
는 박정희의 '1인 쿠데타'라 생각하였다. 흥미있는 사실은 박정희
가 언술상으로는 북한을 압도하는 민주복지국가를 만들자고 하면
서도 정치는 김일성을 닮으려 했고 결국 닮은꼴이 되었다는 점이
다. 박정희는 찬반토론이 금지된 가운데 통일주체국민회에서 투표
율 100%, 득표율 99.9%로 두 번이나 대통령에 당선되었다. 이 시스
템을 고안하고 추진했던 핵심 인물이 이후락이었는데 그는 통일주
체국민회의를 통한 대통령 간선제를 밀어붙이면서 다음과 같은 '논
리'를 표방했다.

> 우리가 강력하게 단합되어 있다는 사실을 북측에 과시하려면 북한의 표
> 결 결과처럼 100% 찬성은 못하더라도 대통령이 압도적인 다수의 지지
> 를 받고 있다는 결과가 나와야 한다. 그러기 위해서는 굳이 토론의 절차
> 를 밟을 필요가 없다.[16]

박정희 정권이 북한에 대응하기 위한 것이라는 명분을 내걸면서
도 실제로는 김일성의 유일체제를 닮으려 애썼던 모습이 여기에 적
나라하게 드러나 있다. 남북대화 과정에서 김일성이 남의 경제를
보았다면 박정희는 북의 정치를 보았던 것이다. 그렇지만 이 시스
템은 박정희조차도 불만족스러울 정도로 '희한한' 것이었다. 김정렴
비서실장의 회고에 의하면 박정희는 "대통령 후보의 정견발표와 찬

반토론이 없는 상태에서 대통령을 선출하는 것은 추대와 같다 하여 난색을 표명했"으며, "이 법에 대하여 두고두고 후회했다"고 한다.[17] 정치로서의 유신체제는 박정희 자신도 떳떳하지 못할 정도로 정당 성을 결여한 돌출적인 시스템이었던 것이다.

3. 유신체제와 대북경제전

3.1 군수산업과 중화학공업에서 북을 완전 제압!

유신체제는 전면적인 대북 경제전의 시기였다. 유신시대의 대북 경제전의 주요 담론은 국력배양론이었다. 박정희의 국력론에서 제 1의 중요성을 갖는 것은 국방력이었고 그 다음이 경제력이었다. 박 정희는 유신시대에 군수산업과 장비 현대화에 국가총력을 동원하 였다. 그리고 경제력에서는 중화학공업 건설에 집중하였는데 이는 군수산업 육성의 일환이었다. 유신시대에 들어와 박정희가 말한 대 로 경제와 국방은 일체화되었고 경제의 군사화가 급진전하였다.

경제의 군사화의 제1의 계기는 1971년 11월 10일 경제 제2수석 실의 신설이었다. 경제 제2수석실은 대북경제전의 총사령탑이었다. 오원철은 임명장을 받자마자 군산학복합체를 구축하는데 이로서 군수산업을 위한 총력전적 경제전의 시스템이 출현하게 되었다.

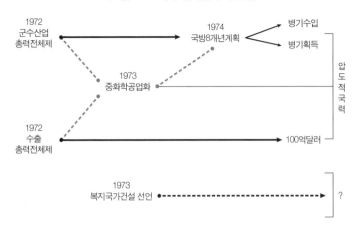

〈그림 7-5〉 대북 경제전의 세 흐름

경제의 군사화의 제2의 계기는 '1972년 4월 4일 결단'이었다.[18] 박정희는 '4월 4일' 본격적인 군수산업화와 장비 현대화 등 초중점 국방사업을 결심하였다. 박정희는 "본격적인 병기국산화 시스템이 완성되면 우리나라는 우리 스스로 조국을 방어할 수 있는 능력을 갖게 될 뿐만 아니라 지금까지 북한에 뒤지고 있는 방위산업과 중화학공업 등 모든 분야에서 북한을 앞지르게 되"고 "우리나라가 이러한 상태로 계속 발전해 나가면 국력 면에서 북한을 완전히 제압하게 될 것"이라고 생각했다.

여기서 유신체제의 압도적 국력배양론의 요체가 선명하게 드러나 있다. 오원철은 '4.4 결단'이 전면적인 대북 경제전으로 돌입하게 되는 계기가 되었다고 증언하였다. 유신시대의 대북 경제전은 국방개발 중심의 경제전이었던 것이다.

3.2 수출에서도 북을 압도해야!

박정희의 국력배양론의 한 축이 군수산업과 중화학공업이었다면 다른 한 축은 수출이었다. 박정희는 일면국방 일면건설의 시기 때부터 '수출은 국력의 총화'라는 말을 쓰기 시작하였다. 수출이 '국력의 총화'라는 말은 주요 원자재와 기계설비 등을 수입에 의존하고 또 차관·원리금 상환 문제가 대두하는 실정에서 경제개발을 지속하기 위해서는 수출을 통한 외화 확보가 관건이 되지 않을 수 없는 상황에서 나온 것이었다.

유신체제하에서도 박정희는 수출은 국력의 총화라고 말하였다. 박정희의 국력론은 대북 경제전을 위한 총력전적 국력론이었다는 것은 이미 언급한 바와 같은데 유신 시기의 수출은 대북 경제전 차원에서 전략적 의미가 내재된 것이다.

박정희가 수출을 대북 경제전 차원에서 적극 고려하기 시작한 것은 1972년 초 오원철의 「북한경제 분석」 브리핑이 계기가 되었다. 오원철은 이 브리핑에서 북한의 경제발전 전략을 '자력갱생' 전략으로 규정하고 남한은 '수출제일주의' 전략으로 가야 한다고 결론을 내리면서 다음과 같이 말하였다.[19]

우리나라는 1970년대 말이 되면 이러한 공업구조의 개편 작업이 마무리될 것이다. 그리고 남북한의 경제 대결에서 남한이 승자로 결판이 날 것이며 수출제일주의의 정책이 자력갱생 정책보다 우월하다고 증명이 될 것이다. 그리고 자유민주주의가 공산주의에 승리하는 역사적 순간이 될 것이다.

이 브리핑이 있고 나서 박정희는 몇 가지 질문을 하였는데 이때의 문답 내용은 다음을 참조해 보자.[20]

브리핑이 끝나자 박 대통령은 "북한경제라는 것도 알고 보면 별 것 아닌 것 아냐?" 하고는 "김일성은 적화통일을 위해 모든 국력을 군수공업에 치중했기 때문에 중공업이 우리보다 약간 앞서 있다는 정도가 아닌가?"라고 했다. 그리고는 "오 수석, 북한의 수출 상태를 어떻게 보는가?"라고 질문을 했다. 필자가 "북한에서는 수출계획 같은 것은 작성하지 않습니다. 그래서 추측할 수밖에 없는데 정보부에서 발표한 북한 수출실적과 증가 추세를 보면 북한도 수출에 역점을 두고 있는 것 같습니다. 1976년에 약 5~6억 달러 정도가 될 것으로 추측됩니다"라고 답변했다. 박 대통령은 잠시 생각이 잠기더니 "북한인구가 우리나라의 약 절반이니 우리나라의 1970년 수준이 되겠구만"하고는 "남북한 대결이라는 것은 국력대결입니다. 국력신장만이 북한에게 승리하는 길이라고 확신합니다. 우리가 지금과 같은 상태로 5~6년만 노력한다면 우리나라 경제는 모든 면에서 북한을 완전히 압도하게 될 것입니다.

오원철은 이날 브리핑 이후 박정희가 "1970년대 말까지는 중화학공업까지 북한을 따라잡는 것은 물론이고 수출에 더욱 박차를 가해 총체적 국력 면에서 북한을 완전히 압도해야겠다는 오기가 발동하고 자신도 갖게 된 것 같다"고 적고 있다.[21]

박정희는 '10월 유신' 선언을 하면서 수출 100억 달러라는 목표를 내걸었는데 여기에도 북한을 압도한다고 하는 대북 경제전적 사고가 깔려있었다. 박정희가 처음으로 100억 달러 수출과 관련된 발언을 한 것은 1972년 5월 30일이었는데 이날의 발언을 오원철은 다음과 같이 해석한다.[22]

아마도 박 대통령은 북한의 수출액이 의외로 크다고 느꼈다고 보여진다. 이 정도로의 남북한 간 국력격차를 가지고서는 국력경쟁 면에서 우리나라가 절대우위에 있다고 말할 수 없다고 느꼈던 것 같다. 그 후 박 대통령은 '50억 달러 수출로는 **남북대치 즉 경제대결에서의 완전 승리**라고는 말할 수 없고 적어도 100억 달러는 되어야 하겠다"라는 생각을 하기 시작한 것 아닌가 하는 추측을 할 수밖에 없었다. 이러한 가정하에 박 대통령의 심중을 헤아리면 "100억 달러 수출이 달성되면 우리나라의 국력은 북한을 완전히 압도하게 되고 국민들의 생활이 북한보다 월등하게 윤택해진다. 또한 방위산업을 위시해서 모든 중화학공업이 북한을 능가하고 남북의 체제경쟁에서 완승하게 된다. 이러한 상황이 계속되면 평화적 통일이 가능해질 것이다."[23]

오원철의 글에서 알 수 있듯이 수출 100억 달러는 군수산업화와 관련이 있었다. 군수산업과 관련이 있는 중화학공업의 6대 중점분야가 주요 수출산업으로 지정되었고 군수산업과 중화학공업화, 수출 100억 달러의 과제가 하나의 시스템으로 통합되었다.

물론 수출산업=군수산업은 아니었다. 수출은 남한경제의 성장의 엔진이었다. 박정희는 군수산업 총사령관임과 동시에 수출의 총사령관이기도 하였다. 유신시대의 국력배양론은 사실상 경제국방 병진정책을 전면화한 것이었다고 할 수 있다.

3.3 10월 유신의 궁극적인 목적은 복지국가 건설

박정희는 유신선포 다음 해인 1973년 연두기자회견에서 국력배양의 궁극적인 목적(또는 "10월 유신의 목표")은 '복지국가 건설'에 있다고 하였다. 그러면서 1974년부터 '국민연금제도'를 시행하고 1970년대 후반에는 '의료보험제도'를 도입하겠다고 하였다.[24]

이후 경제부처와 보사부는 국민복지법안 및 국민복지연금특별회계법안 준비에 착수하였고 1973년 12월 1일에는 동 법안이 국회에서 최종 가결되었다. 국회가결을 통해 국민연금제도는 1974년부터 시행만을 남겨두게 된 것이다. 그런데 1974년 1월 긴급조치 3호로 국민연금제도의 시행은 갑작스럽게 유보되었다.

당초 박정희가 국민연금제도 시행을 결단한 것은 동 제도가 중화학공업화(및 군수산업화)를 위한 내자동원의 한 방편이 될 수 있다고 생각했기 때문이었다. 뿐만 아니라 9대 총선을 앞둔 시점에서 '복지청사진'을 제시해서 '표'를 얻겠다는 의도도 있었다.[25]

그런데 내자동원과 관련해서는 이 시기에 재무부가 부가가치세 도입 준비에 박차를 가하고 있었고 국민투자기금법을 극비리에 준비 중에 있었다. 정부 측의 평가에 따르면 국민연금제도는 내자동원으로서의 효용성이 떨어졌다. 이런 상황에서 1973년 12월 「국민투자기금법」이 공포되었는데 군수산업과 중화학공업화를 위한 자금동원의 방책이 마련된 마당에 굳이 국민연금제도를 시행할 이유는 없어졌다. 박정희의 주요 관심사는 국방사업에 필요한 재원 마련에 있었던 것이다.

박정희의 복지국가 공약 중 시행에 들어간 것은 1977년의 의료보험 실시였다. 의료보험 실시는 500인 이상의 대기업에 한정된 것이었다. 유신말기에 실시된 의료보험은 정부부담을 최소화하는 기업복지적 성격이 강한 것이었다.

4. 국방경제의 재편(1): 박정희의 국방경제 직할체제

4.1 국방경제의 사령탑–경제 제2수석실

경제 제2수석실이 만들어진 것은 1971년 11월 10일, 4대핵공장건설 실패 직후였다. 박정희는 '군수산업을 직접 챙기기 위해'[26] 경제 제2수석비서실을 신설하고 오원철을 수석비서관으로 임명하였다. 당시 언론에서는 경제 제2수석실이 중공업 담당이라고 보도하였지만 실제로는 군수산업 담당이었다. 군수산업 담당을 감추기 위해 비서실의 명칭을 '경제 제2~'로 한 것이었다.[27]

경제 제2수석실은 비서관 6인으로 구성된 단출한 조직이었지만 그 위상은 특별하였다. 경제 제2수석실은 박정희의 특별 관심사업만 수행하였고 다른 수석비서관실과는 격이 다른 특별사령탑이었다.

첫째, 박정희의 제1의 관심사업은 핵·미사일 및 재래식 병기개발에 있었다.[28] 박정희의 명령에 따라 제2수석실은 병기개발 및 생산의 방침을 확정하고 병기개발의 시스템 구축에 착수하였다. 병기개발의 시스템에서 핵심적인 부분이 국가총력적인 군산학복합체였다. 경제 제2수석실은 군수산업 지도체계에서 국방부와 상공부 양자를 연계하고 국가경제 전체와 무기생산을 조율하는 업무를 맡았으며[29] 전체적으로는 군산학복합체의 사령탑으로서 기능하였다. 군산학복합체에 대해서는 다음 절에서 다시 다루기로 한다.

둘째, 박정희의 관심사업이 군수산업 육성에서 중화학공업화, 수출 100억 달러로 확장됨에 따라 이와 관련된 계획수립이 경제 제2수석의 업무가 되고 계획수립 면에서도 주도권을 행사하였다. 경제 제2수석실은 수출 100억 달러에 맞춘 급격한 중화학공업화 계획수립을 주도하였다. 이에 따라 경제기획원을 중심으로 제기된 점진적인 중화학공업화 노선은 부정되었고 경제기획원이 1971년 2월 발표한 제3차 5개년계획은 실질적인 의미를 상실하였다.[30] 이러한 변화는 단지 중공업 육성 정책에만 해당하는 것은 아니고 경제정책 전반에 걸쳐 변화를 초래하는 근본적인 변화였다.

셋째, 국무총리를 위원장으로 하는 중화학공업추진위원회도 사실상 박정희의 직할체제하에 있었다. 박정희는 김종필 국무총리가 중화학공업추진위의 위원장이었지만 회의의 대부분을 주재하였다. 위원회를 실질적으로 움직인 것은 기획단이었는데 경제 제2수석이 기획단장을 겸임하면서 강력한 통제와 지도를 행사하였다.[31]

넷째, 국방8개년계획(율곡사업)도 박정희의 직할체제하에 있었다. 경제 제2수석은 율곡사업추진위원회(국방부 5인위원회)와 국방부 안건을 심의하는 청와대 5인위원회의 위원이자 간사 역을 맡았다. 이는 "박정희가 병기선정 단계에서부터 구매가 완료될 때까지 직접 챙기겠다는 것"이며 "경제 제2수석이 박정희의 수족이 돼서 이에 대한 모든 책임을 지고 수시로 보고하"는 체제를 구축한 것이었다.[32]

〈그림 7-6〉 경제 제2수석실의 위상

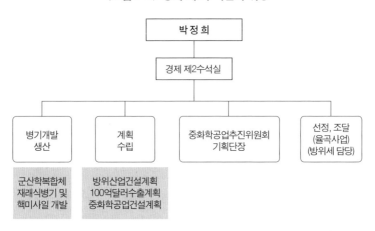

다섯째, 재정동원에서도 박정희가 직접 '목돈작전'을 구상하고 국민투자기금과 방위세 징세를 결정하고 경제 제2수석이 방위세를 담당하도록 하였다.[33]

요컨대 경제 제2수석실은 군산학복합체를 통한 병기개발·생산, 계획수립, 중화학공업 및 수출산업화 추진 총괄, 병기획득 및 조달 등의 업무를 관장하면서 국방경제 전반을 통제하는 사령탑이었다.

5. 국방경제의 재편(2): 국방 · 개발체제의 정비

5.1 군산학복합체의 구축

초기 군산학복합체

박정희는 11월 10일 병기개발의 신전략을 결정한 이후 즉각 병기개발 긴급명령을 하달하였다. 이날 있었던 박정희의 명령을 성문화한 것이 다음의 군수산업 규정이다.

우리나라의 군수산업이라 함은 예비군을 경장비화 하는 데 필요한 기본화기 및 장비와 긴요 비축탄약을 제조하는 산업과 자주국방력을 고도화하는 데 필요한 연구개발사업을 말한다. 군수산업 5개년계획에 의거 연차별로 추진하고 군산학(軍産學) 일체의 국가총력체제로서 운용한다.[34]

군산학 일체의 국가총력체제가 무엇인지는 1972년 2월에 열린 '제1차 방위산업 육성회의'에서 결정된 '병기개발의 기본방침'에서 그 윤곽이 잘 드러나 있다.

병기개발의 기본방침

① 병기생산은 최신의 고도기술을 요하므로 군, 산업, 과학계의 총력화로 기술을 개발한다.
② 국방과학연구소는 시제개발에 전념하고 생산품의 규격 및 성능 검사를 철저히 하며 검사의 최종적인 책임을 진다.

③ 한국과학기술연구소는 장기 개발품목을 담당, 연구한다. 특수연구를 요하는 과제는 그 분야에 적합한 기타 연구기관으로 하여금 담당케 한다.

④ 병기생산기술 향상을 위하여 해당 분야 전문가로 구성된 기술위원회를 설치, 활용하며 이를 계속 보강한다.

⑤ 기술이 낙후된 부문은 분야별로 외국과 제휴하여 기술도입을 적극 추진한다.

⑥ 다음과 같은 조치를 취하여 병기개발의 기술저변을 확대하고 튼튼히 한다.

  - 국내외 거주 병기개발 전문 한국인 기술자를 적극 활용한다.
  - 대학 및 실업학교에서 장학생 제도를 도입하여 병기개발에 필요한 전문가를 양성한다.
  - 군에 입대한 기술계 졸업생은 병기생산 기관에 취업시킨다.
  - 병기개발 애호 동호인에 의한 기술지 발간을 한다.

오원철은 위의 6개 원칙이 우리나라 병기개발 정책의 뿌리에 해당되는 중요한 결정사항이라고 하면서 ①항에 대해 다음과 같이 부연 설명한다.[35]

첫 번째의 ①항은 병기개발에 대한 기본 사상이다. 국가안보의 관점에서 비상시국에 대한 입장에서 국가의 과학기술을 총동원하겠다는 뜻이다. 군이나 산업계나 과학계에서 보유하고 있는 모든 과학기술에 대한 총동원 명령과 같다.

이 방침은 병기개발을 위해 군이나 산업계나 과학계에서 보유하고 있는 모든 과학기술을 총동원하겠다는 것이다.[36] 이를 다르게 표현하면 군산학의 결합, 즉 군산학복합체에 의한 병기개발을 의미하는 것이다. 그런데 군산학복합체란 병기개발에 국한된 것이 아니라 곧 생산으로 이어진다. 아래는 병기생산의 기본방침이다.

병기생산의 기본방침

① 병기생산은 평시산업과 병행 육성한다. 군과 산업계의 협동체제로서 민수산업을 기반으로 한 생산체제를 확립한다.

② 병기생산은 부품별로 민간 전문 생산업체를 방위산업업체로 지정한다. 기존 시설을 최대로 활용하고 중점 지원육성 한다.

③ 병기생산은 방위산업업체가 부품제작을 담당하고 군공창이 조립을 담당 수행한다.

④ 방위산업체의 병기생산 공장은 처음부터 국방상의 위치를 고려하고 경비대책을 강구한다.

⑤ 병기생산은 정밀가공을 요하므로 정밀기능사를 확보, 이들로 하여금 병기생산에 종사케 한다.

⑥ 군수규격과 민수규격의 통일을 최대한 유도함으로써 평화산업기반이 바로 방위산업화 되게 한다.

병기생산의 방침 ①항은 '군과 산업계의 협동체제'로서 민수산업을 기반으로 한 생산체제를 확립한다고 되어 있다. 이것은 군민의 결합에 의한 생산체제 확립을 말하는 것인데 이 생산체제를 과학기술적으로 뒷받침하는 것이 병기개발과 관련된 군산학복합체였다.

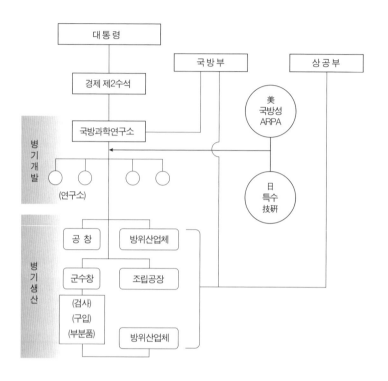

〈그림 7-7〉 초기 군산학복합체

따라서 전체적으로 보면 병기개발과 생산체제가 군산학복합체로서
유기적으로 결합하게 되는 것이다. 병기개발 및 생산체계에서 군산
학의 결합관계는 다음과 같다. 첫째 군(軍) 관련 부분이다. 국방부
장관 직속의 국방과학연구소(ADD)가 병기개발, 검사에서 중추적
역할을 수행하도록 하였다. 그리고 군 내부에서의 병기의 조립생산,
구매조달은 군공창, 조립공장, 군수창이 각각 맡도록 하였다. 다음
으로 산(産) 관련 부분이다. 병기생산을 위해 방위산업 계열화 공장

이 지정되었다. 학(學) 관련 부분에서는 ADD를 정점으로 하여 관련 국책연구소, 그리고 미국, 일본의 연구기술·인력이 결합하였다. 초기 군산학복합체에서 주도적 위치에 있었던 것은 국방과학연구소였지만 병기개발을 수행할 수 있는 기술적 기반이 취약하였다. 병기개발은 처음부터 미 국방부 기술연구처(ARPA) 그리고 일본 특수기술연구소의 기술지원에 크게 의존하였다.

5.2 군수산업을 위한 중화학공업화

초기 군산학복합체에서 가장 취약한 부분은 산(産), 즉 군수산업 분야였다. 군수산업의 토대가 되는 중화학공업의 생산력 기반이 취약하였기 때문이었다. 특히 병기산업의 핵심이라고 할 수 있는 기계공업이 낙후하였다. 오원철에 의하면 당시 한국 기계공업의 가공 수준은 국제수준인 1/100mm의 정밀도에 훨씬 못 미치는 1/10mm 수준이었다.[37] 시제품 개발은 기술자료도 없고 전문기계도 없이[38] 수작업으로[39] 어떻게 할 수 있었다손 치더라도 현역군용 병기의 양산체제는 이 수준으로는 무리였다. 기계공업을 위시한 중화학공업의 생산력 확충이 뒤따라야 했다. 이에 박정희는 본격적인 군수산업 육성계획 수립을 지시한 직후 1972년 5월 중화학공업화 계획 수립을 지시하게 된다. 그리고 이해 연말에 조선공업육성방안(1972.12) 일반기계공업 육성방안(1972.12) 전자공업 장기육성방안(1973.1) 기계소재공장 건설안(및 철강재 수출계획)(1973.1) 호남화학공업단지계획(1972.12) 비철금속단지계획(1973.1)이 수립되었다. 이때 부터 군수산업은 새로운 단계로 접어들게 된다. 즉 군수산업은 중화학공업 추진계획의 한 분야가 되었던 것이다.

이 시기의 중화학공업화가 군수산업에 직접 복무하는 정책이었다는 것은 다음 세 가지 점에 있었다. ① 중화학공업화의 6대 중점분야는 철강, 석유화학, 조선, 전자, 기계(자동차포함), 비철금속 업종이었는데 이는 모두 군수산업에 직결되는 업종이었다. ② 중화학공업화의 공업기지정책 또한 6대 중점분야를 고려한 것이었다. 오원철은 다음과 같이 말하고 있다.

창원기계공업기지는 각종 무기를 생산해내는 거대한 종합 병기창이다. 심지어 원자력 발전설비를 생산하는 공장(당시 현대양행 현 한국중공업)까지 건설했다. 조선기지에서는 상업용 선박도 건조하지만 군함도 만들었다. 옥포조선소(현 대우조선소)는 세계에서 제일 큰 독크를 가지고 있다. 어떠한 크기의 원자력 항공모함도 건조 가능하며 수리도 할 수 있다. 온산기지에서는 탄환을 제조할 때 기본소재가 되는 동·아연·연 제련소를 건설했다. 여천기지에서는 화학제조용 기초원료에서부터 최종제품인 화약까지 생산할 수 있는 설비 일체를 갖추었다. 구미전자기지에서는 각종 전자병기 생산공장이 들어섰다. 그리고 포항 철강기지에서는 각종 병기제조의 기초소재가 되는 철강이 생산된다.[40]

③ 위의 공업기지 정책에서도 언급되지만 6대 중점분야의 중화학 공장은 민수와 군수 병용의 생산체제가 구축되었다.

5.3 6대 중점분야의 수출산업화

앞서 중화학공업의 6대 중점분야는 군수산업과 직결된 것임을 확인하였다. 이 시기의 수출산업화도 군수산업과 밀접한 관련을 가진 것이었다. 당시의 국방경제 기획가들은 수출과 군수산업, 그리고 중화학공업 건설이 동시에 해결되는 일석삼조의 정책을 구상하였다.[41]

〈그림 7-8〉 중화학제품의 수출계획(1972~1980)

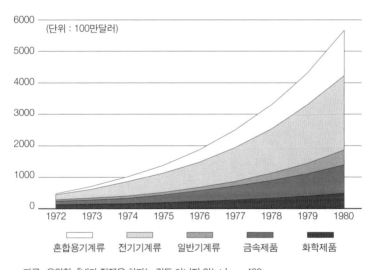

자료 : 오원철, 『내가 전쟁을 하자는 것도 아니지 않느냐』, p. 492.

3자를 연결하는 고리는 6대 중점분야였다. 1972년 12월 보고된 상공부의 100억 달러 수출계획에서도 6대 중점분야가 수출산업의

중핵이 되었다.[42]

5.4 국방8개년계획과 방위세 징수

국방8개년계획(율곡사업)

1974년 2월에 확정된 율곡사업은 합동참모본부(합참)가 주도한 군장비 증강 및 현대화 사업이었다. 율곡사업이라는 명칭은 보안상 부쳐진 작전명이었고 정식명칭은 '국방8개년계획'(1974~1981)이었다. 나중에 율곡사업 기간이 연장되면서 이 기간에 추진된 율곡사업을 제1차(1단계) 율곡계획(율곡사업)이라고 부른다. 제1차 율곡계획은 처음 대통령의 재가를 받을 때는 8년간(1974~1981) 76개 사업, 15.3억 달러[43] 규모의 사업이었으나 이후 6차의 조정을 거쳐 1978년 12월 16일에는 총 145개 사업, 66.3억 달러의 사업으로 급팽창하였다.[44]

율곡사업은 크게 세 가지로 나누어진다. 첫째는 국군현대화를 위한 장비도입, 즉 병기수입을 말한다. 둘째는 국산 병기개발 투자이다. 셋째는 국산병기 구입이다.

둘째와 셋째는 국산병기의 개발·획득과 관련된 것이다. 최종 병기의 획득이라는 점에서 구분한다면 율곡사업은 병기수입(=도입)과 개발의 두 형태로 구분할 수 있다. 율곡사업에서 제1의 우선순위는 국군현대화를 위한 병기수입에 있었다.

〈표 7-1〉 율곡계획의 조정

구분	내용	총비용
율곡계획(74.2.25)	1974-81(8개년), 76개 사업	15.3억 달러
Ⅰ차 조정(74.6.12)	현대화계획 일부 조정 확정	16.6억 달러
Ⅰ-1차 조정(74.8.8)	수정계획	21.4억 달러
Ⅱ차 조정(75.7.18)	방위세법 공포 직후 수정	38.5억 달러
Ⅲ차 조정(76.7.26)	3차 수정계획	46.7억 달러
Ⅳ차 조정(77.3.15)	주한미군철수보완소요	50억 달러
Ⅴ차 조정(78.12.16)	145개 사업	66.3억 달러
Ⅵ차 조정(79.9.29)	-	-

자료: 국방부, "율곡사업의 어제와 오늘, 그리고 내일"; 이성영, "율곡계획과 박정희".

5.5 전시부가세 성격의 방위세 징수

율곡사업 재원은 초기에는 방위성금이었다. 그런데 합참이 계획한 전력증강사업은 방위성금만으로는 불가능했다. 여기서 율곡사업의 새로운 재원확보에 대한 검토가 진행되었고 이런 와중에서 방위세법 구상이 나왔다. 김용환이나 오원철에 의하면 방위세법 구상이 표면화한 것은 1975년 5월이었다고 한다. 그리고 방위세법은 민방위법과 함께 1975년 7월 임시국회에 상정되어 여야 만장일치로 의결되어 7월 16일 공포와 동시에 실시되었다.[45]

방위세는 소득세 등 본세에 대한 부가세였다. 역사적으로 보면 2차대전 당시 나치 독일이 전시 부가세로 군비를 조달하였다. 나치의 부가세는 개인소득세 부가세로부터 시작하여 과세대상이 점차 확대된 것이라면 방위세는 처음부터 거의 모든 과세대상을 망라하였다. 전시가 아님에도 전시와 같은 전격적인 재정동원이 이루어진 것이다.

당초 방위세는 1980년까지만 유효한 한시법에 의해서 징수키로 한 것이었다. 1980년까지 징수된 방위세는 누계 총액 2조 6천억 원 (51억 5,800만 달러)이었다. 그러던 것이 5개년씩 2차나 연장해서 90년도에 가서야 마감되었다. 그 결과 방위세 징수총액은 25조 8천억 원이란 거액이 된 것이다.[46] 이렇게 해서 율곡사업은 방위성금을 재원으로 하는 100억대의 소규모 사업으로부터 1975년 이후 100여 배가 넘는 조 단위의 초대형 사업으로 되었다.

〈표 7-2〉 연도별 방위세 징수액

연도	원화 단위 (단위:억원)	누계	달러 단위 (단위:백만달러)	누계
1975	622	622	128	128
1976	2,687	3,309	555	683
1977	3,416	6,725	705	1,388
1978	4,732	11,427	977	2,363
1979	6,319	17,776	1,308	3,671
1980	8,558	26,334	1,475	5,148

자료 : 오원철, 『한국형경제건설5』, p. 272.

6. 신국방경제체제의 구조와 성격

6.1 신국방경제체제의 구조

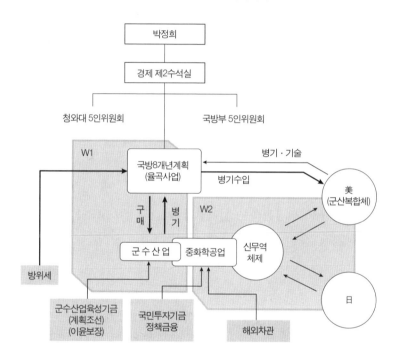

〈그림 7-9〉 신국방경제체제의 구조

박정희가 유신체제하에서 새롭게 재편한 국방경제체제는 〈그림
7-9〉와 같은 모습이었다. 박정희는 직속의 경제 제2수석실을 통해
국민경제의 광범한 부분을 국방경제로 편성하고 직할체제를 구축
하였다. 박정희의 직할체제하에 놓인 경제부문은 병기획득 및 병기

수입 사업인 율곡사업을 위시하여 병기개발·생산을 담당하는 군산학복합체, 군수산업을 포괄하는 중화학공업 부문, 군수산업화·중화학공업화와 일체가 된 수출부문, 국방사업을 위한 재정동원에 이르기까지 실로 방대하였다.

신국방경제는 크게 보면 ① 병기획득 및 병기수입 사업인 율곡사업, 병기개발 생산을 담당하는 군산학복합체, 군수산업과 관련이 있는 중화학공업 부문, ② 민수 중화학공업 부문과 신무역체제의 두 부분으로 나눌 수 있다. 전자는 그림의 W1의 영역이고 후자는 W2의 영역이다. W1은 직접적인 병기획득 및 병기생산과 관련이 있는 국방경제 영역인데 이를 협의의 국방경제로 부르기로 하자. W2는 직접적인 병기획득·생산과는 관련이 없지만 군수산업, 중화학공업, 수출산업이 하나의 시스템으로 통합된 것이고 (직)간접적으로 국방경제를 뒷받침하는 것이었다. 따라서 W1+W2는 광의의 국방경제로 볼 수 있다.

6.2 신국방경제체제의 성격

중화학공업, 율곡사업을 위한 내외자의 총동원

박정희는 10월 유신을 선포하면서 중화학공업화를 하고 수출 100억 달러를 달성하면 모두가 잘사는 복지국가가 온다고 하였다. 이때 박정희는 중화학공업화의 군사적 성격, 즉 군산학복합체 육성 차원의 중화학공업화에 대해서는 말하지 않았다. 뿐만 아니라 율곡사업도 비밀로 하였다. 따라서 국민대중에게 이미지화된 '박정희의 경제'는 W2의 영역이었다.

박정희 말대로 1970년대 말 중화학공업화도 실현되었고 수출 100억 달러도 달성되었다. 그렇지만 복지국가는 여전히 가까이 오지 않았다. W2가 남한경제의 성장을 가져온 주요한 추진력이었던 것은 분명하지만 경제성장은 부익부 빈익빈의 '불평등의 성장'이었고 사회적 빈곤을 심화시키는 '빈곤의 성장'이었다.

이런 결과를 가져온 것은 무엇보다 박정희가 만든 신경제체제가 그 본질이 국방경제체제였다는 데에 가장 큰 원인이 있었다. 남한의 중화학공업화는 군수산업을 위한 생산력 확충이 1차적인 동인이었다. 때문에 당시 한국의 '자본과 기술력에 비하여' '과도한' 중화학공업화가 추진되었다.[47] 중화학공업화에 필요한 자금으로는 내외자를 합하여 총 100억 달러가 소요되는 것으로 추정되었다. 여기에 초대형 국방사업인 율곡사업에 소요되는 비용이 66억 달러였다. 1972년 당시 한해 수출액이 18억 달러였고 정부의 외환보유액은 6.9억 달러 정도였다는 것을 감안하면 중화화공업화와 율곡사업에 소요되는 자금 총액 166억 달러는 그야말로 천문학적 금액이었다.[48]

자금문제를 해결하기 위해서는 대규모의 내자동원과 외자도입이 불가피하였다. 내자동원책은 하나는 증세였고 다른 하나는 국민투자기금의 동원이었다. 국방과 관련된 증세의 대표적인 사례가 방위세의 신설이었다. 아울러 중화학공업화에 부수되는 인프라개발을 위한 자금 확보를 위해 대규모의 증세가 이루어졌다. 1977년 실시된 부가가치세는 군수산업을 비롯한 개발자금 확보와 관련이 있었다.[49] 중화학공업화가 본격화하는 1973에서 1979년까지 중앙정부의 조세수입은 8.2배 증가하였고 연평균 조세증가율은 42%였다.[50] 조세부담률은 12.1%에서 17.4%로 5.3%p 증가하였다. 이와 같은 조세증가는 대단히 이례적인 것이었다. 일본 전시의 전비 조달은 주로 공채에 의존하면서 증세를 병행했는데 전쟁 말기인 1941~43년 조세부담률은 14.3%에서 15.7%로 1.4%p만 상승하였다. 반면 식민지 조선에서는 1937년 중일전쟁 이후 조세증가율은 연평균 32.5%였고 조세부담률은 1941~43년 11%에서 16.1%로 5%p 이상 높아졌다.[51] 중화학공업기의 조세는 거의 전시적 수준의 조세증징이 이루어졌다고 해도 과언이 아니었다.

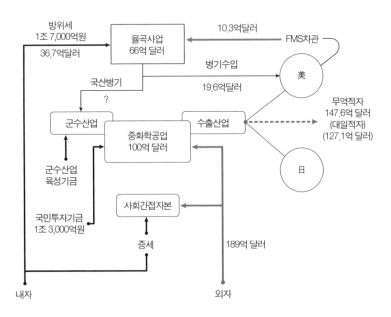

〈그림 7-10〉 신국방경제의 자금 동원 구조

다음으로 중화학공업기에 정부는 대규모의 재정융자기금을 조성하여 각종 개발사업에 할당하였는데 이 재정융자 중 대표적인 것이 1973년 12월 14일 공포된 「국민투자기금법」에 의거하여 설치된 국민투자기금이었다. 국민투자기금은 1974~79년의 총운용액 1조 3,335억 원 중 67%가 중화학공업에 집중 지원되었다.[52]

〈표 7-3〉 국민투자기금의 중화학공업 지원

(단위; 억 원, %)

구 분	1974	1975	1976	1977	1978	1979	1980	1981	합계
국민투자기금(A)	626	1,066	1,607	2,013	3,626	4,397	4,384	5,430	23,149
중화학공업지원(B)	343	477	938	1,485	2,523	3,152	2,967	3,830	
비율(B/A)	54.8	44.7	58.4	73.8	69.6	71.7	67.7	70.5	67.9

자료: 김대환, "국제경제환경의 변화와 중화학공업화의 전개", p. 216.

한편 금융 측면에서 선별적 산업지원자금의 중심을 이루는 산업은행자금도 중화학공업에 집중 대출되었다. 제조업에 대한 총 산은대출의 약 79%가 중화학공업에 지원되었으며 그 규모는 1조 2,892억 원에 달하였다.[53]

대대적인 내자동원과 동시에 외자도입도 급증하였다. 1973~81년간의 필요추정액 약 100억 달러의 거의 두 배에 달하는 189억 달러가 실제로 도입되었다.[54] 1970년대 말부터는 대기업의 단기외채가 급증하기 시작하였다.

한국은 1979년 세계 5대 채무국이 되었다. 원리금 상환부담도 갈

수록 커졌다. 1977년 원리금 상환액은 11억 달러를 넘어섰고 1979년에는 31억 달러에 달하였다.[55]

〈표 7-4〉 1970년대 주요 채무국가

구 분	단위: 100만 달러		외채/GNP, %	
	1970	1979	1970	1979
브라질	3,227	35,092	7.2	17.7
멕시코	3,206	28,805	9.7	24.5
인도	7,935	1,5641	14.8	12.3
알제리	937	15,330	18.5	49.1
한국	**1,797**	**14,694**	**20.9**	**24.5**
인도네시아	2,443	13,326	27.1	28.3
이집트	1,644	11,409	23.8	60.4

자료: World Bank, *World Development Report 1981*.

초헌법적 국방경제의 통치체제와 군비팽창

통치(거버넌스)의 측면에서 박정희의 직할체제는 국방경제 전반의 사령탑으로서의 경제 제2수석실이 중심축이었다는 것은 앞서 설명한 바와 같다. 여기에 다른 한 축을 추가한다면 율곡사업 통치체제였다. 율곡사업 통치체제란 율곡사업의 심의기구인 국방부 5인위원회와 청와대 5인위원회의 체계를 말한다.[56] 국방부 5인위원회는 예산당국의 심의과정을 대체하는 기구였고 청와대 5인위원회는 국회의 심의과정을 대체하는 기구였다. 여기에 특명검열단이 설치되었는데 이는 감사원의 감사를 대체하는 기구였다.

율곡사업 체계에서 보듯이 국방경제의 통치체제는 그야말로 초헌법적이었다. 율곡사업은 군사기밀이라는 이유로 예산당국이나 국회의 공식적인 심의과정이 없었을 뿐만 아니라 감사원의 감사도 받지 않았다. 헌법적 룰과 무관하게 초대형 예산이 집행되었던 것이다.

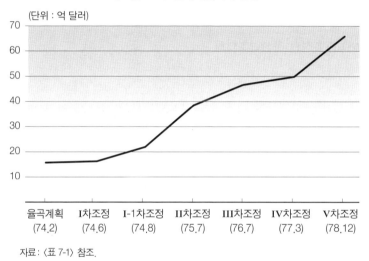

〈그림 7-11〉 율곡사업비의 팽창

자료: 〈표 7-1〉 참조.

이는 초대형 예산과 사업이 박정희의 1인 통제하에 놓이게 되었다는 것을 의미한다. 1인 통제의 통치체제 출범 이후 군비는 급팽창하였다. 율곡사업은 당초 총비용이 15억 달러였다. 1차 율곡계획이 확정된 것은 1974년 2월이었는데 대통령의 재가가 난 것은 1974년 3월 15일이었다.

이때 율곡사업의 통치체제가 확정되었다. 이 통치체제가 출현한 이후 율곡사업은 여섯 차례의 조정을 거쳐 당초보다 3배가 넘는 66억 달러의 사업으로 급팽창하였다. 재정에 있어서 박정희의 1인 통제가 재정민주주의에 반한다는 것은 말할 필요도 없지만 이것이 국방비의 팽창을 가속화시킨 주요한 요인이었다고 해도 과언이 아니었다.

대미종속적인 군산학복합체

급속한 군비팽창은 박정희를 정점으로 하는 국방경제의 통치체제하에서 진행된 것이지만 그 구조를 들여다보면 대미 종속적인 군산학복합체화와 밀접한 관련을 갖고 있다.

한국의 군산학복합체가 병기의 시제단계에서 양산단계로의 전환에서 결정적인 계기는 미국의 기술원조였다. 미국의 기술원조에서 중요한 규정성을 갖는 것은 1973년 6월 한미 국방당국자 간에 서명한 「군병기 장비 물자에 관한 기술자료 교환 부록」과 이어서 9월에 열린 한미연례안보회의에서 최종 결정된 미국의 기술원조 방침이었다. 이에 따라 한국은 방위산업에 필요한 탄약, 각종 병기, 장비 군수물자에 관한 기술정보와 자료를 미 국방부로부터 공식으로 제공받을 수 있게 되었다.[57]

하지만 미국은 기술지원과 관련하여 까다로운 조건을 붙였다. 미국은 제한된 범위에서 한국의 군수산업을 지원했고 전적으로 미국의 기술에 의존하도록 유도했다.[58] 그리고 한국은 단독으로 군수산업을 해서는 안 되고 병기생산 시에는 "미국의 방위산업체와 한국업체가 공동생산하는 방식, 즉 한미공동생산방식에 의해 추진하"도록 하였다. 그리고 "이 협약으로 인해 생산된 제품은 한국군에서만 사용할 수 있고 수출할 때에는 미국정부의 승인을 받"도록 하였다. 미국 측은 "우리나라에서 국산병기가 양산된 후에도 '수출'에 대해서는 철저한 감시를 하겠다는 것이고 거부권"을 갖겠다는 것이었다.[59]

한국의 군산학복합체는 미국의 기술지원 및 무기체계의 역설계 제작으로 주로 미국의 기존 무기체계의 모방개발에 의한 기본병기의 양산단계에 도달하였지만 기술적 의존은 더욱 심화되었다.

기술적 제약 그리고 판로문제 등의 제약하에서 국가의 군수업체 지원은 각별한 의미가 있었다. 군수업체 지원을 위한 첫 조치가 1973년 2월의 「군수조달특별법」 제정이었다. 군수산업진흥회 측은 군수조달특별법은 "효율적인 군수산업의 진흥발전과 군수물자의 조달에 획기적인 발전을 가져오"는 계기가 되었다고 적고 있다.[60] 동법 제5조 군수심의회는 국무총리 직속의 군수산업의 최고의결기구였다. 군수심의회에서는 국방부와 상공부의 협조체제가 중요하였는데 이와 관련된 지원체계가 새롭게 형성되었다. 1973년 3월 9일 국방부는 직제를 개정하고 방위산업국과 방위산업계획담당관을 신설하였다. 그리고 정부는 군이 장비의 직접 수요자일 뿐만 아니라 연구개발의 결과도 군에 귀속된다는 점에서 국방부가 군수산업의 지도체계를 주도하게 하였다.[61] 또한 방위산업의 출발자체가 군공창체제가 아닌 민간업체를 부품별로 지정하고 확대하는 방향이었고 특히 중화학공업과 병행·육성하는 차원에서 업체지정 금융과 시설지원, 수출지원업무가 중요하게 제기되어 상공부도 방위산업체의 육성지원 측면에서 주도적으로 참여하게 되었다.[62] 이러한 지원체계의 정비와 관계부처의 협조하에서 군수심의회는 '신속한 정책판단'으로 군수업체를 지원하였다.

군수업체는 자금융자와 관련하여(동법 제7조) 군수시설의 설치, 개체, 보완 및 확장에 필요한 자금을 1974년부터 국민투자기금으로 지원을 받기 시작하였고, 조세감면과 관련하여(동법 제13조) 법인소득세 감면, 특별소비세 면제, 관세감면을 받게 되었다.

또한 군수업체는 예산회계법 및 관계법령의 규정에도 불구하고 장기계약, 군수물자 원가계산기준 등을 정하여 특혜를 제공받았다.(제12조) 이 밖에도 군수산업체에 종사하는 근로자에 대해서는 병역법의 규정에도 불구하고 병역특례 조치가 취해졌고(제11조), 군수업체는 근로자의 노동쟁의로부터 국가적 보호를 받는 공익사업으로 규정되었다.(제18조)

군수조달특별법 제정 이후 각종 업계는 앞다투어 군수산업에 참여하게 되었다.[63] 이렇게 해서 군수업체는 양적으로 확대되는데 여기서 또 하나의 중요한 전환점이 되는 것은 재벌의 군수산업 참여였다. 재벌기업 중 처음으로 군수산업에 진출한 기업은 현대양행, 금성사 등이었다. 이후 현대조선, 대우정밀, 삼성정밀, 대한항공 등 한국의 주요 재벌기업들이 잇따라 군수산업에 진출하였다. 1970년대 중후반 이후 재벌기업은 한국 군산학복합체의 주요한 담당자로서 성장하였다.

이런 가운데 군수산업체의 이익단체인 '한국군수산업진흥회'[64]가 1976년 3월 발족하게 된다. 군수산업진흥회 발족 이후 군수산업체에 대한 지원이 대폭 강화되었다. 방위세 신설 이후 1976년에 접어들어 장비화 품목의 양산기반구축을 위한 신규투자, 시설 이전 및 개체 등 본격적인 군수산업에 대한 정부지원 체제가 강화되어 세제 · 금융 · 인력 · 기술지원 등 분야별로 집중 지원이 이루어졌다. 특히 1976년 11월 군수산업 지원에 대한 대통령 지시각서가 관계부처에 하달됨으로써 장기발주계약의 실시, 선금급제도 도입, 원가계산 현실화 등이 실현되었다.[65] 또한 금융 면에서 1977년 이후에는 외화대부, 군수산업 지원금융, 군수산업육성기금의 지원을 받게 되었고 세제 면에서는 1976년 이후 부가가치세 면제를 받게 되었다.[66] 군수산업의 입지를 강화하는 또 하나의 계기는 1977년 군수산업진흥회가 주관한 '방위산업진흥확대회의'였다. 대통령이 주재한 방산진흥확대회의는 군수산업의 이해를 관철하는 최고 의사결정기구였다.

그런데 1970년대 말부터 군수산업은 심각한 경영난에 봉착하게 된다. 경영난의 요인은 여러 가지가 있겠지만 가장 큰 문제는 중복 과잉투자, 특히 복수업체 지정에 있었다. 이것이 제한된 물량에 가동률을 저하시키고 과도한 군수업체의 수주경쟁을 가속화하는 요인으로 작용하였다.[67] 경영난으로 군수업체가 부실화되는 현상도 나타났다.

이런 속에서 군수업체는 수출에서 활로를 찾으려고 했지만 쉽지

〈표 7-5〉 방위산업진흥확대회의의 주요내용

순차	개최일자	주요 보고사항	비고
1	77.6.17	자금지원 원가계산의 현실화 부가세의 영세율 적용 등 건의	박 대통령 주재 경제2수석 발의 방진회 주관
2	77.11.24	77년도 사업실적 1차시의 건의 조치사항 원자재 확보기금 조성 등	박 대통령 주재 국방부 방산1국 주관 장소 : 청와대 대접견실
3	78.8.26	고도 정밀병기 연구개발계획 방산자금 지원 촉진 육성기금조성, 관세감면 대상 확대 등 건의	박 대통령 주재 국방부 방산1국 주관 장소 : 청와대 대접견실
4	79.5.18	79년도 방산조달계획 방산장비 수출통제 기능 등	박 대통령 주재 국방부 방산1국 주관 장소 : 청와대 영빈관

자료 : 김정기, "한국 군산복합체의 생성과 변화"(1995), p. 38.

않았다. 1979년 방산진흥회의에서 군수산업진흥회가 수출통제 문제를 거론한 것은 이런 문제와 관련이 있었다.

종속적 군산학복합체화는 일찍이 한계에 봉착하였다. 군수업체는 정부의 지원에 기댈 수밖에 없는 상황이었다. 정부는 1979년 1억 9,500만 달러에 달하는 대규모의 특별기금을 조성하여 시중은행 이자보다 4%가 낮게 금융혜택을 주거나 군수조달을 확대하여 군수업체에 집중적인 지원을 하였다. 심지어 부실업체에 대해서는 특별구호 노력까지 기울였다.[68]

한편 군산학복합체에서 주도적인 위상을 점하는 군(軍)은 병기도입과 개발의 이원적인 병진정책을 취하고 있었다. 군은 병기개발체제의 정비와 지원에 많은 노력을 기울였지만 개발에 전일적인 이해

관계를 갖고 있었던 것은 아니었다. 군은 오히려 병기도입에 더 큰 이해관계를 가졌다. 1974~79년간 병기수입액이 19억 6,000만 달러에 달했는데 군 현대화에서 병기수입이 큰 비중을 점했다는 것을 알 수 있다.

최신장비의 도입은 불가피했겠지만 도입이 개발에 부정적인 영향을 준 사례도 적지 않게 있었다. 병기도입에서도 대미 종속적인 문제가 크게 노정되었다. 대표적인 문제가 F5 도입 사례였다.

오원철은 '우리 돈으로 우리가 원하는 장비를 구입하는 것'이 '율곡계획의 본질'이라고 하였다. 그리고 이것이 '군수체제의 자주화'와 '국방자주화'의 길이었다고 말하였다. 그렇지만 F5 도입결정은 군수체제의 자주화나 국방자주와하는 전혀 배치되는 결정이었다. 당시 한국공군의 주력기 선정과 관련하여 F4 팬텀기가 적합한 장비로 평가되었지만 실제로는 '성능미달이자 수명이 다 된 구식 항공기'인 F5가 대량 발주되었다.[69]

뿐만 아니라 차세대 전투기의 국내생산과 관련하여 F16(F4팬텀기의 개량형)의 국내생산 쪽으로 결론이 난 상태였는데 갑자기 F5로 기종이 변경·결정되기도 하였다. 이 결정 과정에는 미 대사관과 미 항공사인 노드롭사의 로비가 작용했다. 이 로비에 적극 동조했던 인물이 주영복(공군참모총장, 국방부장관)이었는데 그는 재임 중 F5를 총 146대나 발주했다.[70]

박정희도 처음에는 F16 국내생산으로 결심을 한 상태였는데 석연치 않은 이유로 F5로 변경하는 데 동조하였다.[71] 구식 항공기의 대량발주, 생산결정으로 국내 항공공업은 정체를 피할 수 없었다.

이것은 병기수입이 개발에 부정적인 영향을 미친 중요한 사례였다.[72]

율곡사업과 함께 한국의 군산학복합체는 양적으로 확대되었지만 고도기술 병기 부문에서의 미국 군산복합체에의 의존은 더욱 심화되었다. 병기수입과 개발이 밀접하게 연계되지도 않았다. 한국의 군산학복합체는 세계적인 군산복합체(=미국)의 하부 단위로 편입되었고 병기개발이 진행되면 될수록 병기수입(기술도입을 포함)에 대한 압력도 커졌다.

무역적자를 확대한 수출산업화

안행(雁行)이론으로 유명한 아카마츠 카나메(赤松要)는 『국방경제론』에서 병기수입국에서는 수출로 번 외화로 병기와 생산재를 수입해야 하기 때문에 수출산업은 군수산업과 동일한 중요성을 갖는다고 하였다.[73]

한국 역시 병기수입과 생산재 수입을 위해서는 수출산업이 중요한 의미를 가졌다. 군수부문이든 민수부문이든 국내적 기반이 취약하였기 때문에 중화학공업화를 위해서는 완성생산재나 중간재 등의 수입, 즉 수입력이 중요하였는데 우선 외자 또는 차입수입으로 수입력을 보충한다고 하더라도 여기에는 한계가 있을 수밖에 없다. 원리금을 상환하기 위해서는 자체의 수입조달 능력을 높여야 하고 외화가득을 위한 수출력의 확보가 관건이 되지 않을 수 없게 된다. '수출 100억 달러'라는 목표 설정도 이런 사정과 무관

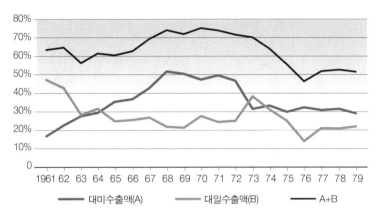

〈그림 7-12〉 대미·대일 수출액의 비중(1961~1979)

대미수출액(A)　　대일수출액(B)　　A+B

자료 : 한국은행, 『경제통계연보』(각 연도).

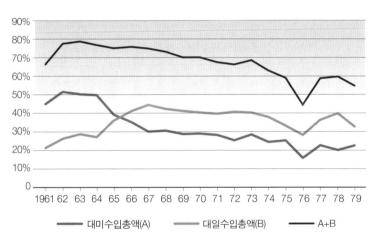

〈그림 7-13〉 대미·대일 수입액의 비중(1961~1979)

대미수입총액(A)　　대일수입총액(B)　　A+B

자료 : 한국은행, 『경제통계연보』(각 연도).

하지 않기 때문이다.[74] 오원철은 당초 100억 달러 수출계획이 달성되면 1980년에 적어도 10억 달러 이상의 흑자를 시현할 것으로 전망한 바 있다.[75]

그러나 1980년에 흑자는 시현되지 않았다. 적자는 더욱 확대되었고 그 수치는 무려 53억 달러에 이르렀다. 대규모의 무역적자는 한미일의 3각 무역구조와 밀접한 관련이 있었다. 3각 무역구조는 1960년대 중·후반 베트남 특수를 매개하여 형성된 것이다. 3각 무역구조의 기본적인 특질은 일본으로부터 수입한 원자재 및 중간재, 자본재(기계)에 국내의 값싼 노동력을 이용하여 조립가공한 최종제품을 미국시장에 수출하는 것이었다.[76]

중화학공업화 시기의 3각 무역구조는 일정한 변화가 있었지만 초기의 특징들이 연속되었다.

〈그림 7-14〉 중화학공업기의 3각 무역구조(1973~1979)

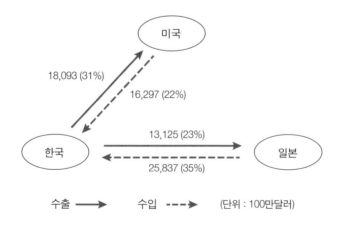

중화학공업기의 대미수출은 31% 대일수출은 23%였고 양국의 비중은 54%였다. 수입에서는 대미수입이 22%, 대일수입이 35%였고 양국의 비중은 57%였다. 베트남특수기에 비해 양국의 수술·수입 비중 모두 줄어들었지만 그래도 50%를 넘어서고 있다. 중화학공업기에도 대미·대일 무역이 여전히 큰 비중을 차지하고 있었다는 것이다.

그렇다면 무역구조는 어떠한가? 1970년대 말 대미수출은 신발, 의류, 목재 등 경공업제품이 여전히 주류를 이루었지만 그 비중은 저하하였고 대신 선박 등 중화학제품 수출비중이 늘어나는 양상을 보였다. 그런데 중화학제품의 대미수출은 일본으로부터 기계, 기자재 부품 수입에 의존하는 조립가공형 수출이 주된 형태를 이루었다. 이 점에서 본다면 중화학공업기에도 베트남특수기의 3각 무역

〈그림 7-15〉 대일수입 중 기계수입의 비중

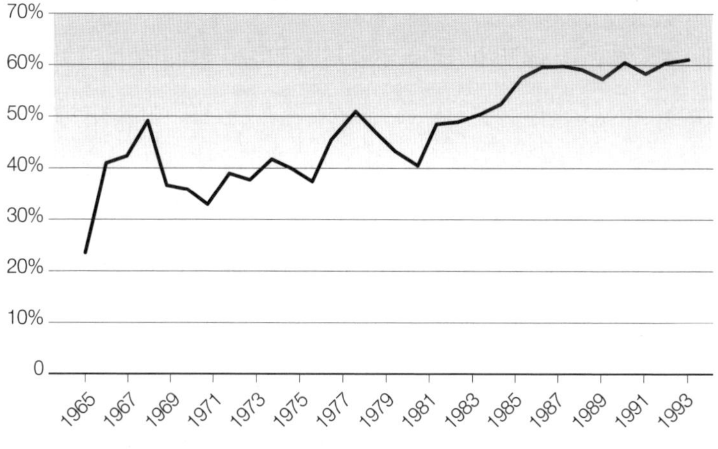

자료: 服部民夫, 『東アジア経済の發展と日本』(2007), p. 17.

구조가 지속되었다고 할 수 있다.

3각 무역구조의 고질적인 문제점 중의 하나가 대일 무역적자인데 중화학공업기에 그 규모가 크게 확대되었다. 중화학공업기의 총무역적자액은 147억 6,000만 달러였는데 이 중 대일적자가 127억 1,000만 달러로서 전체의 86%를 차지하였다. 특기할 것은 대일수입에서 가장 큰 비중을 차지하는 것은 기계류였고 총 수입액은 116억 1,000만 달러인데 이 금액이 대일적자와 거의 비슷한 수치라는 사실이다.[77]

도쿄대의 핫토리 타미오(服部民夫) 교수는 1973년 이후 한국의 대일 무역적자 확대는 한국의 조립형 공업화에 그 요인이 있었다고 지적하고 있다.[78] 한국의 국방경제 기획가들은 기계공업이나 중공업의 발전을 기반으로 하여 중화학공업 제품의 수출을 도모한 것이 아니라 박정희가 제시한 수출 100억 달러 목표에 맞추어 중화학공업화를 추진하였다. 결국 이런 패턴의 공업화 전략은 "제조 기계나 부품을 선진국(주로 일본)에서 수입해서 값싼 노동력을 이용하여 조립·수출하는 전략"[79] 이 되지 않을 수 없었던 것이다

고도국방국가의 저(低)복지

유신시대에 한국의 국방비는 GNP의 6%를 넘어섰다. 국방경제 기획가인 오원철도 인정하고 있듯이 한국같이 작은 나라에서 이러한 국방비 지출은 과중한 것이었다.[80] 아래에서는 한국의 국방비 지출이 국제적으로 어느 수준이었던가를 대조·검토해보기로

하자.

　세계은행은 소득수준별로 저소득국, 중하위 소득국, 중상위 소득국, 선진국으로 구분하여 국방비가 GNP, 중앙정부예산에서 차지하는 비중을 공표해 왔는데[81] 이 자료에 의하면 한국은 단연 압도적으로 높은 국방비 지출을 보이고 있다. 중소득국인 한국은 1972년 당시 국방비의 대 GNP 비중은 중소득국의 평균을 능가하고 있을 뿐 아니라 거의 상위국가 수준이었다. 국방비의 대 중앙정부예산 비중은 상위국가보다 높은 수준이었다. 1980년의 데이터를 보면 3개 국가군 모두 국방비 지출이 1972년에 비해 거의 비슷한 수준 또는 감소하는 경향을 보였지만 한국은 거꾸로 이상할 정도로 급팽창하였다. 한국은 국방비 지출에서 고도국방국가로 비약한 것이다.

〈표 7-6〉 한국 국방비의 국제비교

구 분	국방비/GNP, %		국방비/중앙정부예산, %	
	1972	1980	1972	1980
저소득국	3.6	3.5	19.5	16.9
중소득국	3.1	3	13.9	14.2
상위국가	5	3.6	21.3	12.2
한국	4.9	6.6	25.8	34.3

자료 : World Bank, *World Development Report 1983*.

　다음으로 국방비와 사회지출을 비교해보기로 하자. 〈표 7-7〉은 세계은행 보고서에 따른 것인데 1980년의 중앙정부예산에서 1인당 국방비 지출액, 1인당 보건의료비 지출액을 나타낸 것이다. 1인당

〈표 7-7〉 국방비 및 사회지출의 국제비교

구 분	국명	Health	Defence	H/D
	평균	1	7	0.14
저소득국	르완다	1	2	0.5
	탄자니아	4	16	0.25
	수단	1	7	0.14
	토고	6	7	0.86
	가나	3	2	1.5
	평균	5	18	0.28
중하위 소득국	예멘	3	21	0.14
	이집트	6	14	0.43
	태국	4	17	0.24
	필리핀	2	7	0.29
	니카라과	21	16	1.31
	카메룬	4	7	0.57
	도미니카	13	15	0.87
	평균	17	42	0.41
중상위 소득국	**한국**	**2**	**49**	**0.04**
	이란	23	78	0.30
	말레이시아	15	38	0.40
	브라질	10	20	0.5
	아르헨티나	5	36	0.14
	우루과이	17	41	0.42
	싱가포르	53	192	0.28
	평균	240	254	0.95
선진국	서독	463	225	2.06
	스위스	215	189	1.14
	스웨덴	87	288	0.30
	미국	193	392	0.49
	프랑스	431	208	2.07
	캐나다	118	136	0.87
	호주	182	170	1.07
	영국	217	246	0.88
	이탈리아	248	83	2.99

주 : 1980년의 보건의료비(Health), 국방비의 1인당 지출액 (달러).
자료 : World Bank, *World Development Report 1983*.

국방비 지출에서 한국은 중상위 소득국 평균보다 높은 49달러를 지출하였다. 반면 보건의료비 지출은 1인당 2달러로 중상위 소득국 중 가장 낮았다. 1인당 보건의료비 지출과 1인당 국방비 지출을 비교해 보면(=H/D) 세계에서 가장 낮은 수치를 기록하였다. 국방비 지출은 과대한 반면 사회지출은 지나치게 낮은 수준이라는 것이 드러난 것이다.[82]

동아시아 분단국인 대만과 비교해도 한국은 복지 면에서 뒤처졌다. 대만은 사회지출에 비해 국방비 지출이 과도하다는 점에서 공히 국방국가적 면모를 가지고 있었지만 의료보험제도의 도입시기는 한국보다 빨랐다.[83] 대만은 1970년대의 중화학공업화에서 한국처럼 급속하지도 않았지만 1000불 소득은 한국보다 먼저 달성하였고 중화학공업화에 앞서 1950년대에 이미 의료보험제도를 정비하고 노공(勞工) 보험을 시행하였다.[84]

박정희는 동방의 복지국가를 창건한다고 하였지만 사실은 저복지의 국방국가를 만든 것이었다.

8장

결론

1. 경제전의 최대의 수혜자는 김일성과 박정희

김일성과 박정희는 지난 4반세기에 걸쳐 치열한 경제전을 벌였다. 당초 이 경제전의 명분은 북에서는 지상낙원, 남에서는 복지국가 건설이었다. 그런데 1960년대 중반 이후 김·박은 공히 총력전 사상을 표출하면서 국방국가를 향해 질주하였다. 김·박은 안보위기를 이유로 자신들의 국방사상을 절대화하였다. 국방사상의 요체는 남조선혁명이 되었든 승공통일이 되었든 상대 체제에 대한 적대의식이었다. 북은 남에 대해 남은 북에 대해 실상을 알 수 있는 모든 정보를 철저히 차단하였다. 김·박은 봉쇄적인 적대의식으로 국민(인민)들의 의식을 구획하고 분단시켰다. 이 적대의식은 실재하는 안보위기 이상으로 부풀려졌고 양자의 권력욕과 정복욕을 위한 도구가 되었다.

국방국가화는 경제면에서는 국방개발을 중심으로 하는 군사적 근대화가 그 본질적인 측면이었다. 김·박은 국민(인민)들로 하여금 총을 든 전사이자 산업생산의 전사가 되도록 하였다. 전사로서의 국민(인민)은 자신들을 호명하는 권력자의 요구에 순응해야 했다. 권력자들은 감시와 폭력장치를 구비하고 순응하지 않는 국민(인민)들을 반체제로 몰아 처벌했다.

김·박은 전 사회를 국방국가로 몰아가면서도 여전히 경제건설의 목표는 민생복지에 있다고 하였다. 물론 민생복지에서도 일부 확충과 개선이 있었다. 남과 북의 국민(인민)들은 주어진 질서에 순응하면서 전사적인 삶을 살았다. 잘 살아보려는 세기적인 열망을 안고 …….

그렇지만 지상낙원은 없었다. 또한 동방의 복지국가도 없었다. 아이러니하게도 경제전의 최대의 수혜자는 김일성과 박정희였다. 김일성은 수령절대주의 체제인 유일체제를 확립하고 여기에 더해 후계 세습체제까지 구축하였다. 박정희는 영구집권을 가능케 한 1인 독재체제인 유신체제를 수립하였다. 김·박은 남북의 민중에게 총을 든 전사가 될 것을 요구하였지만 수면 아래에서 은밀하게 독재 대야합을 하고 있었다. 남북의 권력자는 적대하면서도 서로 야합하는 멘탈리티를 가지고 있었던 위인들이었다. 양자는 적대하면서 야합하고 야합하면서 또 적대하였다.

2. 남북의 군산학복합체: 비슷하면서도 다른 모습

김·박은 표면적으로는 7.4 남북공동성명을 발표하고 한바탕 '통일쇼'를 연출하지만 이면에서는 비밀의 군산학복합체 육성에 사활을 걸었다. 남북의 군산학복합체는 비슷하면서도 다른 모습이었다. 군산학복합체의 유사성은 남북 모두 최고지도자인 김일성과 박정희의 직할체제하에 놓여 있었고 직할체제를 관장하는 기구를 북에서는 제2경제위원회라고 불렀다면 남은 경제 제2수석실이라는 이름을 붙였다는 점이다. 군산학복합체의 국민경제(인민경제)로부터의 분화(분리)를 제2경제적 현상이라고 부른다면 남북 모두 제2경제적 현상이 나타났던 것이다. 군산학복합체를 중심으로 수출총력전을 전개했던 것도 비슷하였다.

차이점은 북의 제2경제가 당경제와 결합하고 인민경제와는 완전히 분리·독립된 경제영역이었다면 남의 군산학복합체는 분리까지는 가지 않았다. 기업 차원에서 본다면 북의 군산학복합체는 국유화된 기업이 담당자였다고 한다면 남의 군산학복합체는 재벌이 주된 담당자였다. 북의 주요 군수공장은 사실상 군공창화하였지만 남의 군수공장은 민수·군수 병용의 생산체제였다. 수출총력전에서 차이점은 군산학복합체와 무역체제의 결합방식에 있었다. 북은 일찍이 무기수출에 눈을 뜨고 군수산업의 수출산업화에 나섰지만 민수산업의 수출산업화에는 그다지 성과적이지 못했다. 또한 무역체제가 북한경제 전반의 성장을 주도하지도 못했다. 반면 남은 중화학 부문의 민수산업이 수출산업으로 발전하였고 이것이 남한경제 성장의 엔진이었다.

양자는 수출산업이 군수산업과 동일한 중요성을 가지고 있다는 점을 잘 인지하고 있었다. 그렇지만 북의 수출산업화는 자력갱생형 개발의 틀을 좀처럼 벗어나지 못하였다. 반면 남은 수출주도형 개발이 주효했고 세계시장의 힘을 내부화하는 참입능력, 학습능력이 월등하였다. 일본과 비교해서 말한다면 북한의 무역체제는 전시적인 자력갱생형 총력전체제였다면 남한은 전 세계시장을 상대로 하는 전후형 총력전체제였다. 경제전적 관점에서 보더라도 전시가 아닌 국면에서 관건은 장기전, 즉 지속가능성에서 성패가 결정된다고 해도 과언이 아닐 것이다. 남북의 어떤 체제도 지속가능성에서 불완전하지만 최소한 남과 북에 한정해서 말한다면 남이 북에 비해 지속가능성에서 우월했다고 할 수 있다.

3. 경제성장을 결여한 보편적 복지 vs 경제성장 우선의 잔여적·선별적 복지

민생복지와 관련해서 본다면 전후 한반도에서 최초로 전면적인 복지국가 건설론을 제기한 인물은 김일성이었다. 김일성의 지상낙원 건설론은 최소한 1960년대 초반까지 상당한 성과가 있었다. 북한의 복지체제와 경제실적은 남한사회에 미친 영향이 컸었고 일본을 비롯하여 국제사회에서도 큰 반향이 있었다.

국제사회가 북의 경제실적에 감탄한 것은 의료보험, 사회보장 등 사회적 제도에 있었다. 북한은 6.25전쟁 중에 의료보험을 실시하고 일찍이 보편적 복지제도를 도입·시행하였다.

북한의 사회적 제도는 국민소득이 100달러 내외의 시점에서 그리고 국가주도로 시행되었다는 데에 그 특징이 있었다. 북의 사회적 제도는 아마르티아 센(Amartya Sen)의 표현을 빌리면 국가지원주도 보장형(support-led security)이라고 부를 수 있다.[1]

그런데 북한의 사회적 제도는 1960년대 중반 이후 정체하는 모습을 보인다. 이것은 과도한 국방비 지출이 한 요인이었겠지만 그것만은 아니었다. 왜 북의 사회적 제도가 내실을 기하지 못하고 정체하였던가? 이와 관련하여 중요하게 생각해볼 부분은 경제성장의 결여라는 문제이다. 북의 사회적 제도는 본격적인 경제성장 이전에 시행되었다. 북은 전후 복구기에 경이적인 성장을 기록하지만 이후 북한경제는 오랫동안 정체기 내지 침체기에 접어든다. 북의 경제침체의 요인이 무엇인가 하는 문제는 대단히 복잡한 문제인데, 지금까지 제기된 논의들을 정리하면 자력갱생형 개발양식, 군산학복합체 중심의 경제운용, 과도한 통제경제, 개인의 경영활동의 부정 등의 문제들이 관련되어 있다. 요컨대 북한적인 경제시스템 전반에 문제가 있다는 것이다.

아무튼 북한은 경제성장을 결여한 상태에서 보편적 복지제도를 시행해왔다. 이 점은 강점이기도 하지만 약점이기도 하였다. 강점이라고 하는 것은 경제성장의 결여에도 불구하고 혹은 경제성장 여부와 무관하게 최소한의 사회적 서비스가 제공된다는 것이다. 약점은 소유권을 비롯하여 경제운영 전반을 국가가 장악하고 국가의지

(=최고지도자의 의지)에 따라 복지체제가 좌우된다는 점이다. 북의 인민들은 복지체제에서 수동적인 존재였다. 북한 주민들은 적극적으로 일할 동기를 찾지 못하였다. 김일성의 표현에 의하면 '놀고 먹는' '건달' 현상이 나타나기도 하였다. 국가는 국가대로 과도한 복지체제 유지를 위해 쩔쩔매야 했다. 이런 상황에서 복지의 후퇴가 나타날 수밖에 없었던 것이다. 북한적인 경제시스템 속에서 또 경제성장을 결여한 조건에서 보편적 복지제도는 국방국가로서는 유용한 시스템이었는지는 모르지만 개인도 국가도 결코 웰빙(wellbeing)이 되지 못했다고 하는 것이 진실에 가까울 것이다.

한편 남한을 보면 박정희 18년 재임기간 동안 선별적·잔여적이기는 했지만 복지제도가 확충된 것은 사실이었다. 그렇지만 그가 공언한 '동방의 복지국가' 창건은 공약(空約)이 되었다. 박정희는 복지보다는 경제성장을 중시했다. 이점에서 김일성과 박정희는 대조적이었다. 센(Sen)은 남한과 대만에서의 사회적 제도의 확충을 성장매개보장형(growth-mediated security)으로 분류하였다.[2] 센은 남한이 경제성장을 매개하여 사회적 서비스가 확대되었다고 평가한 것이다. 그런데 남한과 대만을 비교해보면 같은 성장매개보장형이라고 하더라도 차이가 있었다. 대만은 본격적인 경제성장 이전 시기인 1950년대에 벌써 근로자에 대한 의료보험을 실시했다. 대만은 해방 이후 냉전체제의 최전선에 있었다는 점에서 남한과 비슷한 여건에 있었지만 그럼에도 불구하고 남한보다 앞서서 사회적 제도를 시행하였다.

박정희는 안보를 중시한 안보주의자였지만 정작 사회적 제도에 의해 보호받아야 할 대상인 저소득의 근로국민을 복지에서 배제하여 박정권 스스로 안보의 사회적 기반을 약화시키고 있었다. 일례를 들면 1979년 10월 유신체제 붕괴의 서곡은 YH무역 여성근로자들의 투쟁이었다. 여성근로자들은 개발 연대의 저임금 노동을 상징하는 계층이었다. 이들은 직장에서 쫓겨나면 아무런 생계대책이 없었다. YH 노동자들이 야당인 신민당사에서 농성투쟁을 하게 된 데는 사회적 제도의 부재와 무관하지 않았다. 박정희식의 선 경제성장 후 복지가 사회적 긴장을 격화시킨 한 요인이 되고 있었다고 해도 과언이 아니었다.

4. 힘의 압도적 우위라는 환상

김일성과 박정희는 경제전에 임하면서 상대를 압도하는 힘을 갖게 되면 각자의 방식으로 통일 대업을 이룰 수 있다고 믿었다. 양자는 궁극적인 힘은 군사력에 있다고 보았고 군사력을 뒷받침하는 것이 경제력이라고 생각했다. 그래서 총력전체제로 넘어가면서 경제와 국방을 병행한다고 하는 경제국방 병진노선 또는 국방건설 병진노선을 천명했던 것이다. 그렇지만 경제전의 역사를 통해 드러나듯이 어느 누구도 상대를 압도할 만한 힘을 갖지는 못하였다. 군산학복합체를 놓고 보면 처음에는 북이 남을 앞섰지만 곧 박정희의 맹렬한 추격전이 전개되고 남에서도 북에 못지않은 군산학복합체의 발전을 보게 된다. 오원철에 의하면 남한은 1977년부터 어떠한 분야이든 간에 북한을 완전히 추월하고 압도하게 되었다고 한다.[3] 그렇지만 북한은 이미 새로운 대책에 착수하고 있었다. 그것이 바로 당경제와 융합된 제2경제위원회였다. 북한은 이전에 비해 훨씬 강력한 군산학복합체를 건설하였다. 남한이 북한을 압도하였다는 것은 사실이 아니었다.

국방개발은 권력자에게는 환상의 개발장치였다. 그것은 권력자와 군산학복합체에 이해관계를 갖는 특권층에 많은 이익을 가져다주었다. 그렇지만 남북의 민중에게는 '고난의 행군'을 의미하는 것이었다. 군산학복합체를 위한 남북의 경쟁은 낭비적이고 소모적이었다. 민중적 입장에서 본다면 군산학복합체를 위한 경쟁은 민생의 희생과 억압을 상징하는 것이었다.

힘의 압도적 우위는 북도 남도 실현불가능한 목표였다. 힘의 압도적 우위라는 환상에 매달린 결과 남북은 모두 복지의 정체 혹은 저복지의 이상한 고도국방국가로 변모하였다. 힘의 압도적 우위론은 권력자에게는 국방국가적인 성취를 가져다주었겠지만 남북의 민중에게는 사회적 제도의 퇴행과 정체를 의미하는 사회적 열화(劣化) 현상을 초래하였던 것이다.

5. 탈국방국가의 길

탈국방국가화는 남한에서 먼저 시작되었다. 그것은 박정희정권의 갑작스런 붕괴가 발단이 되었다. 박정권의 붕괴는 1979년 10월에 있었던 '깨꽃혁명(Salvia Revolution)'[4]이 계기가 되었다. 1979년 10월 4일 공화당과 유정회가 신민당총재 김영삼을 제명하자 10월 13일 신민당 소속 국회의원 66명 전원이 의원직 사퇴서를 제출했다. 3일 후인 10월 16일, 부산대 학생들이 "유신철폐 독재타도"를 외치면서 대규모 반유신투쟁에 나섰다. 이 시위가 기폭제가 되어 부산, 마산에서 부마항쟁이 일어났다. 김재규 중앙정보부장은 부마항쟁을 민란으로 규정, 더 이상의 희생을 막기 위해서는 독재자의 제거가 불가피하다는 일념으로 10월 26일, 박정희를 암살하였다. 이로서 박정희의 18년 독재정치는 종말을 고하였다.

박정희의 사거 이후 탈국방국가로 가는 길은 험난하였다. 10.26 직후 전두환을 중심으로 하는 신군부는 국방경제의 사령탑인 경제제2수석실을 폐쇄하였지만 국방국가의 유제는 온존시켰다. 전두환은 1980년 5.18광주항쟁을 무력으로 진압하고 박정희가 물려준 간선제에 의해 대통령이 되었다. 대통령 직선제가 실현된 것은 1987년 6월 항쟁에 의해서였다. 국방경제의 주요 재정동원 수단이었던 방위세가 폐지된 것은 1991년이었다. 그리고 민생복지가 본격적으로 개화하기 시작한 것은 국민의 정부와 참여정부 때였다. 남한의 민주화가 탈국방국가화를 추동한 것이다.

한편 북은 유일체제하에서 국방국가가 제도화되었고 시간이 흐를수록 더욱 공고해지는 모습을 보였다. 1990년대 중반의 대기근 이후 김정일은 비상시의 국방위원회 체제를 출범시키고 핵·미사일 초중점주의로 경사하였다. 북한경제는 민생을 추스르지 못할 정도로 더욱 피폐해졌다. 김일성이 국방국가를 하면서도 민생복지를 중시한 광의의 국방주의였다면 김정일은 사탕보다도 총알을 중시한 협의의 국방주의였다. 이런 와중에 김정일이 사거하고 김정은 체제가 출범하였다. 북한에서 탈국방국가화를 전망한다는 것은 쉽지 않은 일이다. 민주화를 통해 탈국방국가의 길에 접어든 남한모델을 적용하기도 어려울 것이다. 북한의 탈국방국가화는 북한 스스로의 과제이기도 하지만 동시에 오랜 경제전의 유산에서 자유롭지 못한 한반도 차원의 문제이고 따라서 국제관계의 문제이기도 하다.

1장 서론

1 황장엽, 『개인의 생명보다 귀중한 민족의 생명』(서울: 시대정신, 1999), p. 27.

2 최근 한국의 자살률은 증가 추세인데 OECD 국가 중 1위를 차지했다. 2019년 9월 24일자 한겨레신문 기사 참조.

3 조갑제, "박정희와 김일성의 국가경영전략", 『월간조선』(1991, 1) 참조.

4 세계시스템에의 참입능력이란 세계경제에 액세스(access)하는 능력 혹은 세계 경제의 힘을 도입하여 내부화하는 능력을 말한다. 平川均의 NIES론을 참조.

5 "제25주년 광복절 경축사"(1970. 8. 15), 『박정희대통령연설문집』(제7집).

6 "현정세와 우리 당의 과업"(1966. 10. 5), 『김일성저작집』(제20권).

7 "국방 대학원 제 13기 졸업식 및 합동 참모 대학 제 10기 졸업식 유시"(1968. 7.23). 『박정희대통령연설문집』(제7집).

8 "을지연습 종합 강평유시"(1970.5.26). 『박정희대통령연설문집』(제7집).

9 본서에서는 사용하는 총력전 시스템은 총력전 체제와 같은 개념의 용어이다.

10 김경일, "우리나라에 대한 미제의 경제제재 및 봉쇄 책동의 악랄성과 그 침략적 성격", 『경제연구』(2007, 제1호).

11 吉田裕, "国防国家の構築と日中戦争", 『一橋論叢』(1984).

12 나카노 토시오, "일본의 총력전 체제-그 통합과 동원에 내재하는 모순", 임지현·김용우 엮음, 『대중독재』(서울: 책세상, 2004), p. 522. ; 전시 일본의 총력전체제가 복지국가였다는 주장이 있지만 이에 대해 최근 高岡裕之는 복지국가라기보다는 사회국가였다고 주장한다. 高岡裕之, 『総力戦体制と福祉国家』(東京: 岩波書店, 2011) 참조. 본서에서는 중립적인 용어로서 복지국가 대신에 복지체제를 사용하기로 한다.

13 野口悠紀雄, 『1940年体制』(東京: 東洋経済新聞社, 1995), p. 62.

14 오원철, 『한국형 경제건설5』(서울: 기아경제연구소, 1996), p. 246.

15 안찬일, 『주체사상의 종언』(서울: 을유문화사, 1997), p. 221.

16 木村光彦, 『北朝鮮の経済』(東京: 創文社, 1999), p. 187.

17 최근 일부 연구자들 사이에서 박정희 체제의 국가상을 국방국가로 보아야 한다는 논의들이 나오고 있다. 허은, "박정희정권하 사회개발 전략과 쟁점", 『한국사학보』(2010), pp. 216~7. 참조.

18 김연철, "북한의 1960년대 '경제·국방 병진노선'에 관한 연구"(성균관대 석사논문, 1991), p. 41.

19 김용현, "북한사회의 군사적 동원에 관한 연구: 1950~60년대를 중심으로", 『북한연구학회보』(2001) 참조.

20 이종석, 『조선로동당연구』(서울: 역사비평사, 1995), p. 298.

21 이성봉, "1960년대 북한의 국방력 강화노선과 정치체제의 변화", 『국제정치논총』(2004), p. 198.

22 이성봉, "1960년대 북한의 국방력 강화노선과 정치체제의 변화", p. 202.

23 이종석, 『조선로동당연구』, p. 135.

24 武田鼎一, 『国防国家と新経済体制』(東京: 高山書院, 1940), p. 48.

25 김상범, "한국전쟁기 조선로동당 정치조직사업의 특징에 관한 연구"(동국대 석사논문, 2005), p. 155.

26 木村光彦, 『北朝鮮の経済』, pp. 187~192.

27 木村光彦, 『北朝鮮の経済』, p. 190.

28 山口定, 『ファシズム』(東京: 岩波書店, 2006), p. 250.

29 안찬일, 『주체사상의 종언』, p. 136.

30 오경섭, "북한 전체주의 사회통제와 체제 내구성", 『세종정책연구』(2009), p. 242.

31 "현정세와 우리당의 과업".

32 이귀원, "북한의 군사력 증강과 경제발전의 병진정책 분석"(국토통일원, 1977), p. 30.

33 "병기공업을 더욱 발전시키기 위하여"(1961.5.28), 『김일성저작집』(제15권).

34 김일성은 1964년 6월 당중앙위 제4기 제9차 전원회의에서 단체협약이나 산별조직은 북한에서는 불필요한 '낡은 틀'이라고 규정하였다. "근로단체사업을 개선강화할데 대하여"(1964.6 26), 『김일성저작집』(제18권) 참조.

35 木村光彦, 『北朝鮮の経済』, p. 191.

36 "서울함 명명식 유시"(1968.7.19), 『박정희대통령연설문집』(제5집).

37 윤해동, "국체와 국민의 거리", 『역사문제연구』(2005.12).

38 "국민교육헌장 선포 제2주년 기념 치사"(1970.12.5), 『박정희대통령연설문집』(제7집).

39 임혁백, "유신의 역사적 기원(上)", 『한국정치연구』(2004).

40 심지연, "박정희정부하의 정당구도 분석(2)", 『한국정당학회보』(2002), p. 184.

41 조국, "한국 근현대사에서의 사상통제법"『역사비평』(1988), p. 337.

42 오원철, 『한국형 경제건설5』(서울: 기아경제연구소, 1996), p. 281.

43 김일철, "총력안보와 새마을운동", 『지방행정』(1975) 참조.

44 "서울함 명명식 유시"(1968.7.19).

45 양재진, "유신체제하 복지연금제도의 형성과 시행유보에 관한 재고찰", 『한국거버넌스학회보』(2007), p. 94.

46 우명숙, "한국초기 사회복지정책의 재해석", 『경제와 사회』(2005), p. 237.

47 "연두기자회견"(1973.1.12), 『박정희대통령연설문집』(제10집).

48 허은, "박정희정권하 사회개발 전략과 쟁점", 『한국사학보』(2010), p. 228 참조.

49 이종석, "유신체제의 형성과 분단구조", 이병천 엮음, 『개발독재와 박정희 시대』(서울: 창비, 2003), p. 283.

50 동독, 루마니아 등 구 동유럽 사회주의 국가들의 외교문서에 의하면 박정희 정권은 10월 유신선포를 1972년 12월 17일, 18일 두 차례에 걸쳐 북한에 미리 알렸다. 『동아일보』(2009.9.24).

51 박명림, "박정희시대 민주주의와 헌정주의", 『5.16 우리에게 무엇인가』(민주·평화·복지포럼 정책자료집, 2011), p. 26.

52 박명림, "박정희시대 민주주의와 헌정주의", p. 26.

2장 김일성의 대남 경제전

1 "조국해방전쟁의 역사적 승리와 인민군대의 과업에 대하여"(1953.10.23), 『김일성저작집』(제8권).

2 "조국해방전쟁의 역사적 승리와 인민군대의 과업에 대하여".

3 김일성은 1953년 8월, 제6차 당중앙위원회 전원회의에서 전후복구의 기본노선을 확정하였다.

4 "현시기 우리 인민의 투쟁임무와 해군을 강화하기 위한 과업"(1954.7.6), 『김일성저작집』(제8권).

5 서동만, "1950년대 북한의 정치갈등과 이데올로기 상황", 역사문제연구소 편, 『1950년대 남북한의 선택과 굴절』(서울: 역사비평사, 1998), p.312.

6 "민족적긍지와 혁명적자부심을 가지고 사회주의건설을 다그치자", 『김일성저작집』(제42권).

7 신용수, 『북한경제론』(서울: 답게, 2000), p. 112.

8 "모든 힘을 민주기지 강화를 위하여"(1953.10.20), 『김일성저작집』(제8권) 참조.

9 "농업협동조합을 정치경제적으로 강화할데 대하여"(1957.12.20), 『김일성저작집』(제11권).

10 "우리나라의 정세와 몇가지 군사과업에 대하여"(1961.12.25), 『김일성저작집』(제15권).

11 "전후경제건설과 인민군대의 과업"(1954.2.12), 『김일성저작집』(제8권).

12 최중극, 『위대한 조국해방전쟁과 전시경제(1950~1853)』(평양: 사회과학출판사, 1992), p. 183.

13 "조국해방전쟁의 역사적 승리와 인민군대의 과업에 대하여" 참조.

14 엑스까와또르는 굴삭기(excavator)의 북한어. 북측 문헌에 의하면 1958년 10
월 락원기계공장에서 처음으로 엑스까와또르가 생산되었다.

15 "조선로동당 제4차대회에서 한 중앙위원회사업총화보고"(1961.9.11), 『김일성
저작집』(제15권).

16 치절반(齒切盤)은 밀링 머신에 장치하여 톱니바퀴를 절삭하는 데 쓰는 기계임.

17 "당사업을 강화하며 나라의 살림살이를 알뜰하게 꾸릴데 대하여"(1965.11.15
~17), 『김일성저작집』(제20권).

18 "천리마기수들은 우리 시대의 영웅이며 당의 붉은 전사이다"(1960.8.22), 『김
일성저작집』(제14권).

19 동 보고서는 당시에는 '3급비밀문서'였으나 지금은 비밀해제가 되어 국립중앙
도서관에서 열람이 가능하게 되었다.

20 황의각, 『북한경제론』(서울: 나남, 1993), p. 141.

21 황의각, 『북한경제론』, p.141. 이 외에도 1인당 GNP 비교와 관련된 한국정부
의 공식 데이터로서 1995년부터 통계청이 공표하고 있는 『남북 경제사회상 비
교』가 있다. 이 자료에 의하면 1인당 GNP에서 남한 우위로 역전한 것이 1970
년이고 1975년부터 격차가 벌어지기 시작하였다.

22 오오야마는 1953년 11월 10일 휴전축하 일본국민 친선사절단(단장 이하 4
명)을 이끌고 평양을 방문, 시민대회에서 연설을 하기도 하였다, 그의 방문기는
『平和』(대월서점, 1954년 2월호)에 연재되었다.

23 한상일, 『(지식인의) 오만과 편견 : 『세카이(世界)』와 한반도』(서울: 기파랑,
2008), p. 151.

24 한상일, 『(지식인의) 오만과 편견 : 『세카이(世界)』와 한반도』, pp. 155~156.

25 寺尾五郎, 『38度線の北』(東京: 新日本出版社, 1959).

26 오귀성, 『帳幕 속의 失樂園』(서울: 동지문화사, 1969), p. 233.

27 寺尾五郎, 『38度線の北』, p. 71.

28 한상일, 『(지식인의) 오만과 편견 : 『세카이(世界)』와 한반도』, p. 158.

29 한상일, 『(지식인의) 오만과 편견 : 『세카이(世界)』와 한반도』, p. 161.

30 한상일, 『(지식인의) 오만과 편견 : 『세카이(世界)』와 한반도』, p. 161.

31 한상일, 『(지식인의) 오만과 편견 : 『세카이(世界)』와 한반도』, p. 164.

32 Joan Robinson, "KOREAN MIRACLE", *Monthly Review*(1965).

33 진희관, "재일동포의 북송문제", 『역사비평』(서울 : 역사비평사, 2002) 참조.

34 "조선민주주의인민공화국 창건 10주년 기념 경축대회에서 한 연설"(1958.9.8),
『김일성저작집』(제12권).

35 신옥희, "이승만의 역할인식과 1950년대 후반의 한미관계" 『한국정치외교사논
총』(한국정치외교사학회, 2004), p. 51.

36 한상일, 『(지식인의) 오만과 편견 : 『세카이(世界)』와 한반도』, p. 158.

37 "재일교포 북송반대에 관한 결의의 건"(국가기록원 소장자료, 1959).

38 최근 호주 국립대학교 테사 모리스-스즈키(Tessa Morris-Suzuki) 교수는 북
　　송사업은 일본정부와 외무성, 일본적십자사가 합작한 '비인도적 사업'이었다는
　　것을 규명하였다. 테사 모리스-스즈키, 한철호 옮김, 『북한행 엑서더스』(서울 :
　　책과 함께, 2008) 참조.

39 이민호, "1959 북송저지대의 진실", 『신동아』(2010년 1월호).

40 訪朝記者団, 『北朝鮮の記録』(東京 : 新讀書社, 1960).

41 시마모토(嶋元謙朗)는 요미우리 신문 기자로서 『北朝鮮の記録』 저자 중 한 사람.

42 金元祚, 方吉榮 역, 『凍土의 共和國』(서울 : 한국방송사업단, 1984), p. 186.

43 "사회주의예술의 우월성을 온 세상에 널리 시위하자"(1959.7.1), 『김일성저작
　　집』(제13권).

44 장명수, 곽해선 역, 『배반당한 지상낙원』(서울 : 동아일보사, 1992).

45 "조선민주주의인민공화국은 재일 조선동포들의 참다운 조국이다"(1959.12.
　　21), 『김일성저작집』(제13권).

46 "조선민주주의인민공화국은 재일 조선동포들의 참다운 조국이다" 참조.

47 『로동신문』(1959년 12월 22일자).

48 "체스꼬 방송 위원장과 한 담화"(1958.8.28), 『김일성저작집』(제12권).

49 "재일 조선동포들이 조국으로 돌아오는 것은 떳떳한 민족적 권리이다"
　　(1959.1.10), 『김일성저작집』(제13권).

50 『로동신문』(1959.12.31일자).

51 사진 미술가 부성규의 글.

52 『로동신문』(1960.4.22일자).

53 "조선민족의 민족적 명절 8.15해방 15돎 경축대회에서 한 보고"(1960.8.14),
　　『김일성저작집』(제14권).

54 홍석률, "4.19시기 북한의 대남 제안과 남북경제협력" 『통일시론』(2000), pp.
　　128~129.

55 홍석률, "1953~61년 통의논의의 전개와 성격"(서울대 박사논문, 1997) 참조.

56 홍석률, "1953~61년 통의논의의 전개와 성격", p. 253.

57 홍석률, "4.19시기 북한의 대남 제안과 남북경제협력", p. 132.

58 홍석률, "1953~61년 통의논의의 전개와 성격", p. 252.

3장 박정희의 대북 경제전

1 박정희, 『국가와 혁명과 나』(서울 : 지구촌, 1997), p. 45.

2 『국가와 혁명과 나』, p. 75.

3 홍석률, "제4장 5.16 쿠데타의 원인", 『통일문제와 정치사회적 갈등』(서울 : 서
　　울대출판, 2001) ; 김세중, "5.16의 정치사회적 의미", 동아일보사(편), 『현대
　　사를 어떻게 볼 것인가』(서울 : 동아일보사, 1990) 참조.

4 『국가와 혁명과 나』, p. 277.

5 김기승, "5.16 군사정변은 왜 일어났는가", 『내일을 여는 역사』(2001), p. 34.

6 국가재건최고회의한국군사혁명사편찬위원회 편, 『한국군사혁명사』(1963).

7 김기승, "5.16 군사정변은 왜 일어났는가", p. 34.

8 홍석률, "1953-61년 통의논의의 전개와 성격", p. 250.

9 『한국군사혁명사』, p. 174.

10 『한국군사혁명사』, p. 176.

11 홍석률, "4.19시기 북한의 대남 제안과 남북경제협력", p. 131.

12 김성진, 『박정희를 말하다』(서울 : 삶과 꿈, 2006), p. 106 ; 박태균, "1961~64년 군사정부의 경제개발계획 수정", 『사회와 역사』(2000), p. 121.

13 "맥나라마 국방장관 초청 오찬회 연설(1961.11.15), 『박정희대통령연설문집』(제1집).

14 박태균, "1961~64년 군사정부의 경제개발계획 수정", p. 120.

15 『국가와 혁명과 나』, p. 53.

16 『국가와 혁명과 나』, p. 52.

17 김기승, "민주당정권의 경제정책과 장면", 『한국사학보』(1999), p. 256.

18 김기승, "민주당정권의 경제정책과 장면", p. 256.

19 유한승, 『한국재정사』(서울: 광교TNS, 2002), p. 215.

20 유한승, 『한국재정사』, p. 216.

21 "기계공업의 발전은 5개년계획의 성과적 수행을 위한 열쇠이다"(1957.9.11), 『김일성저작집』(제11권).

22 『국가와 혁명과 나』, p. 119.

23 『국가와 혁명과 나』, p. 232.

24 중앙일보특별취재팀, 『실록 박정희』(서울 : 중앙M&B, 1998), p. 118.

25 『실록 박정희』, p. 190.

26 リチャド・J・サミュエルズ, 奥田章順 譯, 『富國强兵の遺産』(東京: 三田出版會, 1997), p. 135.

27 『富國强兵の遺産』, p. 134.

28 "국가안전보장회의 훈시"(1964.3.7), 『박정희대통령연설문집』(제2집).

29 "국방대학원 졸업식 유시"(1964.8.3), 『박정희대통령연설문집』(제7집).

30 『국가와 혁명과 나』, p. 158.

31 우명숙, "한국 초기 사회복지정책의 재해석", p. 237.

32 "근로자의 날 치사"(1967.3.10), 『박정희대통령연설문집』(제4집).

33 『국가와 혁명과 나』, p. 271.

34 한국노동조합총연맹 치사(1966.10.27), 『박정희대통령연설문집』(제2집).

35 "근로자의 날 치사"(1966.3.10), 『박정희대통령연설문집』(제4집).

36 우명숙, "한국 초기 사회복지정책의 재해석", p. 237.

37 박태균, "1960년대 중반 안보위기와 제2경제론", 『역사비평』(2005) 참조.

38 이승구, "비화 제1차 5개년계획 산고", 『월간경향』(1987), p. 227.

39 박태균, "1961~64년 군사정부의 경제개발계획 수정", p. 120.

40 송성수, "한국 종합제철사업계획의 변천과정, 1958~1969", 『한국과학사학회지』(2002), p. 7.

41 김일영, "한국에서 '기획' 개념과 제도의 역사적 기원과 발전", 『한국동북아논총』(2008) 참조.

42 박희범, 『한국경제성장론』(서울 : 고려대 아세아문제연구소, 1968) 참조.

43 박태균, "1961~64년 군사정부의 경제개발계획 수정", p. 126.

44 박태균, "1961~64년 군사정부의 경제개발계획 수정", p. 126.

45 박태균, "1961~64년 군사정부의 경제개발계획 수정", p. 127.

46 기미야 다다시, 『박정희 정부의 선택』(서울 : 후마니타스, 2009), p. 120.

47 岸信介, 『二十世紀のリーダーたち』(東京 : サンケイ出版, 1982) 참조.

48 기미야 다다시, 『박정희 정부의 선택』. p. 121.

49 박태균, "1961~64년 군사정부의 경제개발계획 수정", p. 126.

50 박태균, "1961~64년 군사정부의 경제개발계획 수정", p. 128.

51 오원철, 『박정희는 어떻게 경제강국을 만들었는가?』(서울: 동서문화사, 2006), p. 65.

52 朴根好, 『韓國の經濟發展とベトナム戰爭』(東京: 御茶ノ水書房, 1993) 참조.

53 朴根好, 『韓國の經濟發展とベトナム戰爭』, p. 152. 그 외에도 3개 예비사단의 전투사단화, 베트남 철군 시 미군의 일부 최신장비 인수에 의한 유형전력의 증강, 실전경험에 의한 무형전력의 고도화 등 전력증강 효과가 있었다. 이선호, "베트남 전쟁의 재음미와 참전 한국군", 『한국동북아논총』(2001), p. 196 참조.

54 朴根好, 『韓國の經濟發展とベトナム戰爭』. p. 39.

55 朴根好, 『韓國の經濟發展とベトナム戰爭』, p. 38.

56 베트남 특수 이외에도 베트남전 관련 공공차관(미국; 5억 2,200만 달러) 및 상업차관(미국; 2억 4,000만 달러)이 대거 도입되고 이로 인해 전력, 철도, 석유화학 등 기간산업의 건설이 촉진되었다. 최동주, "베트남 파병이 한국경제의 성장과정에 미친 영향", 『동남아시아연구』(2001), pp. 223~224.

57 朴根好, 『韓國の經濟發展とベトナム戰爭』, p. 154.

58 "제1회 수출의 날 치사"(1964.12.5), 『박정희대통령연설문집』(제2집).

59 "제2회 수출의 날 치사"(1965. 11.30), 『박정희대통령연설문집』(제2집).

60 "1967도 예산안 및 추경예산안 제출 시정연설문"(1966.9.8), 『박정희대통령연설문집』(제3집).

61 朴根好, 『韓國の經濟發展とベトナム戰爭』, p. 19.

62 임종철, "60년대 무역발전에 대한 일고찰", 『무역연구』(1971), p. 13.

63 "부산조선공사 종합기공식 치사"(1966.7.6), 『박정희대통령연설문집』(제3집).

64 "부산조선공사 종합기공식 치사"(1966.7.6).

65 "부산조선공사 종합기공식 치사"(1966.7.6).

66 "부산연합철강공장 준공식 치사"(1967.9.29), 『박정희대통령연설문집』(제4집).

67 "부산조선공사 종합기공식 치사"(1966.7.6).

68 朴根好, 『韓國の経済發展とベトナム戦争』, p. 122.

69 박태균, "1960년대 중반 안보위기와 제2경제론", p. 256.

70 한홍구, "박정희 정권의 베트남 파병과 병영국가화", 『역사비평』(역사비평사, 2003), p. 120.

71 박태일, "한국 현대시와 베트남 전쟁의 경험", 『현대문학이론연구』(2000), p. 132.

4장 김일성의 경제국방 병진노선

1 "해군의 전투력을 더욱 강화하며 조국의 령해를 튼튼히 지키자"(1961.10.3), 『김일성저작집』(제15권).

2 "농업부문일군들은 혁명가적 기풍을 가지며 농촌경리 지도사업을 더욱 개선하여야 한다"(1962.2.1), 『김일성저작집』(제16권).

3 "상업부문사업을 개선강화할데 대하여"(1962.4.8), 『김일성저작집』(제16권).

4 "조선민주주의인민공화국 정부의 당면과업에 대하여"(1962.10.23), 『김일성저작집』(제16권).

5 서동만, 『북조선사회주의 체제성립사』(서울 : 선인, 2005), p. 844.

6 함택영, "경제 · 국방건설 병진노선의 문제점", 『북한사회주의건설의 정치경제』(경남대 극동문제연구소, 1993), p. 136.

7 서동만, 『북조선사회주의체제성립사』, p. 845.

8 "조국통일위업을 실현하기 위하여 혁명력량을 백방으로 강화하자"(1964.2.27), 『김일성저작집』(제18권).

9 "조선로동당 창건 스무돐에 즈음하여"(1965.10.10), 『김일성저작집』(제19권).

10 "당대표자회결정을 철저히 관철하기 위하여"(1967.6.20), 『김일성저작집』(제21권).

11 한모니까, "1960년대 경제 · 국방 병진노선의 채택과 대남정책", 『역사와 현실』(한국역사연구회, 2003), p. 145. ; 김학준, 『북한50년사』(서울 : 동아출판사, 1995), p. 245.

12 이정철, "북한의 경제발전론 재론", 『현대북한연구』(경남대 북한대학원, 2002), p. 69.

13 조진구, "중소대립, 베트남전쟁과 북한의 남조선혁명론", 『아세아연구』(2003), p. 244.

14 함택영, "경제·국방건설 병진노선의 문제점", p. 141.

15 "현정세와 우리당의 과업"(1966.10.5), 『김일성저작집』(제20권).

16 "조선로동당 제5차대회에서 한 중앙위원회 사업총화보고"(1970.11.2), 『김일성저작집』(제25권).

17 이종석, 『조선로동당 연구』, p.304.

18 한모니까, "1960년대 경제국방 병진노선의 채택과 대남정책", p. 149.

19 "조선인민군 당4기 4차 전원회의시 김일성 결론 연설"(19691.6～1.14), 『북괴군사전략자료집』(극동문제연구소, 1974) 참조.

20 "조선인민군 당4기 4차 전원회의시 김일성 결론 연설", p. 331.

21 정광민, "김일성의 유일체제와 경제시스템의 변동", 『국방정책연구』(2009) 참조.

22 "조선인민군 당4기 4차 전원회의시 김일성 결론 연설", p. 330. 참조.

23 군부숙청은 '군벌주의'가 핵심 요인이었고 대남 모험주의 등의 대남정책에서의 과오는 부차적인 것이었다. 군부가 숙청당했을 때 뒤집어씌워졌던 '모험주의'는 그것 때문에 이들이 숙청당한 것이 아니라 숙청당할 운명에 있었기 때문에 덧붙여졌던 것이다. 류길재, "1960년대 말 북한의 도발과 한미관계의 균열", p. 194.

24 함택영, "주체사상과 북한의 국방정책: 자위노선의 업적 및 한계", 양재인 외, 『북한의 정치이념』(마산: 경남대 출판부, 1990), p. 156.

25 함택영, "주체사상과 북한의 국방정책: 자위노선의 업적 및 한계", p. 175.

26 류길재, "1960년대 북한의 숙청과 술타니즘(Sultanism)의 등장", 『국제관계연구』(2004), p. 102.

27 김학준, 『북한50년사』, p. 222.

28 김학준, 『북한50년사』, p. 222.

29 북한민주화네트워크(www.nknet.org) 자료 참조.

30 김학준, 『북한50년사』, p. 222.

31 "신년사"(1963.1.1), 『김일성저작집』(제17권).

32 "조선로동당 창건 스무돐에 즈음하여"(1965.10.10).

33 김용현, "북한사회의 군사적 동원에 관한 연구", 『북한연구학회보』(2001), p. 35.

34 이항구, "북한의 후방전시체제", 『북한』(1980), p. 232.

35 "조선로동당 제5차대회에서 한 중앙위원회 사업 총화보고"(1970.11.2).

36 "우리의 인민군대는 로동계급의 군대, 혁명의 군대이다"(1963.2.8), 『김일성저작집』(제17권).

37 "우리 인민군대를 혁명군대로 만들며 국방에서 자위의 방침을 관철하자"(1963.10.5), 『김일성저작집』(제17권).

38 "조성된 정세에 대처하여 전쟁 준비를 잘할데 대하여"(1968.3.21), 『김일성

저작집』(제22권).

39 "국가활동의 모든 분야에서 자주, 자립, 자위의 혁명정신을 더욱 철저히 구현하자"(1967.12.16), 『김일성저작집』(제21권).

40 "조선인민군 창건 스무돐을 맞이하여"(1968.2.8), 『김일성저작집』(제22권).

41 "청년들은 우리 혁명의 종국적 승리를 위하여 경제건설과 국방건설의 모든 전선에서 선봉대가 되자(1968.4.18), 『김일성저작집』(제22권) ; "당사업과 경제사업에서 풀어야 할 몇가지 문제에 대하여"(1969.2.11), 『김일성저작집』(제23권).

42 "현정세와 우리 당의 과업"(1966.10.5).

43 "병기공업을 더욱 발전시키기 위하여"(1961.5.28), 『김일성저작집』(제15권).

44 "모잠비끄해방전선 위원장과 한 담화"(1975.3.5), 『김일성저작집』(제30권).

45 "병기공업을 더욱 발전시키기 위하여"(1961.5.28).

46 실제로는 군수공장이 확대됨에 따라 추가적인 노력이 배치되었다. 김일성은 후일 "군수공장을 비롯한 여러 공장들에도 많은 로력을 보내주어야 하였다"고 술회한 바 있다. "현정세와 인민군대 앞에 나서는 몇가지 정치군사과업에 대하여"(1969.10.27), 『김일성저작집』(제24권).

47 "병기공업을 더욱 발전시키기 위하여"(1961.5.28).

48 "병기공업을 더욱 발전시키기 위하여"(1961.5.28).

49 "우리나라의 정세와 몇 가지 군사과업에 대하여"(1961.12.25).

50 평천 병기수리소는 훗날의 65호공장(강계뜨락또르공장)으로 확장·발전되었으며 구 소련의 지원으로 신설된 이 공장의 병종별 전문직장들이 60년대 말부터는 포무기공장, 윤전기재공장, 자동보총공장, 광학기계공장 등 수백 개의 전문공장으로 발전하였다. 김길선, "북한의 국방산업 개관", 『북한조사연구』(2001), p. 76.

51 김길선 "북한의 국방과학연구기지: 제2자연과학원", 『북한조사연구』(1999), p. 35.

52 정유진, "북한 군수산업의 실태와 운영", 『북한조사연구』(1997), p. 85.

53 "전국기계공업부문일군회의에서한 결론"(1967.1.20), 『김일성저작집』(제21권).

54 "사회주의건설의 새로운 요구에 맞게 기술인재양성사업을 강화하자"(1968.10.2), 『김일성저작집』(제23권).

55 김병욱·김영희, "북한 전시동원공장들의 전시군수생산 자립화 과정", 『정책연구』(2008) 참조.

56 김연철, "1960년대 북한의 경제국방 병진노선에 관한 연구"(성균관대 석사논문, 1992) 참조.

57 김연철·김병욱의 위 논문 참조.

58 성채기, "북한 공표 군사비 실체에 대한 정밀 재분석", 현대북한연구학회 편,

『북한의 군사』(서울 : 경인문화사, 2006), p. 480.

59 김병욱 · 김영희, "북한 전시동원공장들의 전시 군수생산 자립화 과정" 참조.

60 "현시기 우리나라 인민경제의 발전방향에 대하여"(1963.9.5), 『김일성저작집』(제17권).

61 "조성된 정세에 대처하여 전쟁준비를 잘할데 대하여"(1968.3.21), 『김일성저작집』(제22권).

62 "사회주의경제건설의 새로운 요구에 맞게 기술인재 양성사업을 강화하자"(1968.10.2), 『김일성저작집』(제23권).

63 홍순직, "북한의 산업(Ⅲ) : 철강산업,", 『통일경제』(현대경제연구원, 2000) 참조.

64 "조선로동당 5차대회에서 한 중앙위원회 사업총화보고(1970.11.2).

65 "당사업을 강화하며 나라의 살림살이를 알뜰하게 꾸릴데 대하여"(1965.11.15-17), 『김일성저작집』(제20권).

66 "무역일군들의 당성을 단련하며 대외무역에서 자주성을 튼튼히 견지할데 대하여"(1965.1.28), 『김일성저작집』(제19권).

67 "당사업을 강화하며 나라의 살림살이를 알뜰하게 꾸릴데 대하여"(1965.11.15-17).

68 양문수, 『북한경제의 구조』(서울 : 서울대출판부, 2001), p. 256.

69 "당면한 경제사업에서 혁명적 대고조를 일으키며 로동행정사업을 개선강화할데 대하여"(1967.7.3), 『김일성저작집』(제21권).

70 "당사업을 강화하며 나라의 살림살이를 알뜰하게 꾸릴데 대하여"(1965.11.15~17).

71 "쇠돌생산에서 혁신을 일으킬데 대하여"(1965.1.22), 『김일성저작집』(제19권).

72 "현정세와 우리 당의 과업"(1966.10.5).

73 "쇠돌생산에서 혁신을 일으킬데 대하여"(1965.1.22).

74 한모니까, "1960년대 경제 · 국방 병진노선의 채택과 대남정책", p. 153.

75 "당면한 경제사업에서 혁명적 대고조를 일으키며 로동행정사업을 개선강화할데 대하여"(1967.7.3), 『김일성저작집』(제21권).

76 "조국통일위업을 실현하기 위하여 혁명력량을 백방으로 강화하자"(1964.2.27), 『김일성 저작집』(제18권).

77 "국가활동의 모든 분야에서 자주, 자립, 자위의 혁명정신을 더욱 철저히 구현하자"(1967.12.16), 『김일성 저작집』(제21집).

78 "현시기 당사상사업을 개선 강화하기 위한 몇가지 과업"(1973.6.13), 『김일성저작집』(제28권).

79 "사회주의건설의 현단계에서 평안북도 앞에 나서는 몇가지 과업에 대하여"(1958.6.23), 『김일성저작집』(제12권).

80 "우리나라에서 사회주의적 농업협동화의 승리와 농촌경리의 앞으로의 발전에

대하여"(1959.1.5), 『김일성저작집』(제13권).

81 "농업부문일군들은 혁명가적 기풍을 가지며 농촌경리지도사업을 더욱 개선하여
 야 한다"(1962.2.1), 『김일성저작집』(제16권).

82 "군의 역할을 강화하며 지방공업과 농촌경리를 더욱 발전시켜 인민생활을 훨씬
 높이자"(1962.8.8), 『김일성저작집』(제16권).

83 "비료는 곧 쌀이고 쌀은 사회주의이다"(1965.2.9), 『김일성저작집』(제19권),
 p. 167.

84 "당사업을 개선하며 당대표자회의 결정을 관철할데 대하여"(1967.3.17~24),
 『김일성 저작집』(제21권).

85 "사회주의농촌건설을 더욱 다그칠데 대하여"(1969.2.7), 『김일성 저작집』(제
 23권).

86 "당사업과 경제사업에 나서는 당면한 몇가지 과업에 대하여"(1969.10.25), 『김
 일성저작집』(제24권).

87 "황해남도 당단체들의 과업에 대하여"(1970.10.1), 『김일성저작집』(제25권).

88 정광민, 『북한기근의 정치경제학』(서울 : 시대정신, 2005), p. 109.

89 "조선로동당 제5차대회에서 한 중앙위원회 사업 총화보고"(1970.11.2).

90 조동준, "자주의 자가당착", 『국제정치논총』(2004), p. 30.

91 신종대, "5.16 쿠데타에 대한 북한의 인식과 대응", 『정신문화연구』(2010), p.
 96.

92 신종대, "5.16 쿠데타에 대한 북한의 인식과 대응", p. 96.

93 이미경 "국제환경의 변화와 북한의 자주노선 정립", 『국제정치논총』(2003), p.
 280.

94 《오이》지 보도국장 가브리엘 몰리나를 비롯한 꾸바기자들이 제기한 질문에 대
 한 대답"(1965.7.1), 『김일성저작집』(제19권).

95 "현정세와 우리당의 과업"(1966.10.5).

96 宮元悟, "朝鮮民主主義人民共和國のベトナム派兵", 『現代韓國朝鮮研究』(2003), p.
 63.

97 조진구, "중소대립, 베트남 전쟁과 북한의 남조선혁명론, 1964-68", p. 253.

98 "현정세와 우리당의 과업"(1966.10.5).

99 김석진, "북한경제의 성장과 위기"(서울대 박사논문, 2002), p. 78.

100 함택영, 『국가안보의 정치경제학』, p. 292.

101 김석진, "북한경제의 성장과 위기", p. 190.

102 김석진, "북한경제의 성장과 위기", p. 190.

103 이성봉, "1960년대 북한의 노동정책과 인민", 『현대북한연구』(경남대 북한대학
 원, 2002), p. 117.

104 정광민, 『북한기근의 정치경제학』, p. 133.

105 "사회주의 농촌경리의 정확한 운영을 위하여"(1960.2.8), 『김일성저작집』(제14

권).

106 "우리나라 사회주의 농촌문제에 관한 테제"(1964.2.25), 『김일성저작집』(제18
권).

107 "농민을 혁명화하며 농업부문에서 당대표자회의 결정을 철저히 관철할데 대하
여"(1967.2.2), 『김일성저작집』(제21권).

108 李佑泓, 『どん底の共和国: 北朝鮮不作の構造』(東京: 亜紀書房, 1989).

109 서대숙, 『현대 북한의 지도자』(서울: 을유문화사, 2000), p. 154.

110 서동만, 『북조선사회주의체제성립사(1945~1961)』(서울: 선인, 2005), p.
740.

5장 박정희의 '일면국방 일면건설' 노선

1 오원철, 『한국형 경제건설5』, p. 15.

2 박정희는 1971년에도 '일면국방 일면건설'이라는 구호를 사용하였다. '일면국
방 일면건설'의 정책, 특히 국방 중시의 경제국방 병진정책은 총력안보체제 혹
은 유신체제에서도 연속하였다.

3 용어와 관련하여 한 가지 첨언하자면 새 국정지표가 기본적으로 국방중시 노선
을 표방한 것이었고 또 박정희가 자주 사용한 표현이었다는 이유에서 본서에서
는 일면국방 일면건설로 표기하였다.

4 "경전선 개통식 치사"(1968.2.7), 『박정희대통령연설문집』(제5집).

5 김성은, 『나의 잔이 넘치나이다』(서울: 아이템플 코리아, 2008), p. 777.

6 김성은, 『나의 잔이 넘치나이다』, pp. 777~778.

7 "원주치안회의 유시"(1968.1.6), 『박정희대통령연설문집』(제5집).

8 "주민소득증대 및 반공단합 전국지방장관 · 시장군수 · 구청장 대회 유시"
(1968.3.7), 『박정희대통령연설문집』(제5집).

9 김성은, 『나의 잔이 넘치나이다』 참조.

10 "서울치안회의 유시"(1968.12.20), 『박정희대통령연설문집』(제5집).

11 "국방대학원 제13기 졸업식 및 합동참모대학 제10기 졸업식 유시"(1968.7.
23), 『박정희대통령연설문집』(제5집).

12 '오서독스'하다고 하는 것은 제2차 대전 당시의 파시스트 국가, 특히 일본 국방
국가의 이데올로그들이 언급한 총력전적 언술과 거의 흡사하기 때문이다. 이런
류의 총력전적 언술은 전면전을 앞둔 혹은 전면전을 치르는 전쟁국면에서 나올
법한 언술이었다.

13 류길재, "1960년대 말 북한의 도발과 한미관계의 균열", 『박정희시대의 한미관
계』(서울: 백산서당, 2009), p. 186.

14 류길재, "1960년대 말 북한의 도발과 한미관계의 균열", p. 216.

15 류길재, "1960년대 말 북한의 도발과 한미관계의 균열", p. 232.

16 김성호, 『우리가 지운 얼굴』(서울 : 한겨레출판, 2006), p. 300.

17 홍석률, "유신체제의 형성", 안병욱 외, 『유신과 반유신』(서울 : 민주화운동기념
　　사업회, 2005), p. 66.

18 홍석률, "유신체제의 형성", p. 69.

19 김성은, 『나의 잔이 넘치나이다』, p. 803.

20 김성호, 『우리가 지운 얼굴』, p. 305.

21 "해외공관장에게 보내는 친서"(1968.12.15), 『박정희대통령연설문집』(제5집).

22 "제11회 근로자의 날 치사"(1969.3.10), 『박정희대통령연설문집』(제6집).

23 1969년 보건사회부가 주축이 된 사회개발 정책입안의 흐름이 있었으나 복지시
　　책으로 이어지지는 않았다. 허은, "박정희정권하 사회개발전략과 쟁점", 『한국사
　　학보』(2011) 참조.

24 1970년 11월 13일 청년 노동자 전태일은 생존을 위협하는 저임, 열악하고 비
　　참한 근로조건, 그리고 정부의 억압적 노동정책에 대해 자신의 몸을 불사르면서
　　항의하였다. 전태일의 분신은 노동문제를 중심으로 하는 사회적 균열을 현재화
　　시켰을 뿐만 아니라, 학생들과 종교인들로 하여금 민주적 기본권의 수호와 정치
　　적 억압과 장기집권 비판이라는 정치적 문제에서 노동문제, 도시빈민문제와 같
　　은 사회경제적 문제를 중심으로 박정희 정권에 대한 반대를 조직하게 하는 계
　　기를 이루었다. 임혁백, "유신의 역사적 기원(上)", 『한국정치연구』(2004), p.
　　249.

25 "서울 수원 간 고속도로 기공식 치사"(1968.2.1).

26 "전국 대학 총·학장, 교육감 회의 유시"(1968.2.9), 『박정희대통령연설문집』
　　(제5집).

27 "주민 소득증대 및 반공단합 전국 지방장관·시장·군수·구청장 대회 유시"
　　(1968.3.7), 『박정희대통령연설문집』(제5집).

28 "6.25동란 제18주년에 즈음한 담화문"(1968.6.25), 『박정희대통령연설문
　　집』(제5집).

29 "서울함 명명식 유시"(1968.7.19), 『박정희대통령연설문집』(제5집).

30 신년사(1969.1.1), 『박정희대통령연설문집』(제6집).

31 "연초기자회견"(1970.1.9), 『박정희대통령연설문집』(제7집).

32 일본제국의 문부성은 본격적인 전시 총력전체제로의 개편을 앞둔 1937년 "시
　　국과 국민정신작흥", "국체의 본의"를 간행하였는데 여기에 "小我を捨てて大我に
　　就くの精神"이라는 표현이 기술되어 있다. 소아를 버리고 대아에 따른다는 것은
　　전시 일본의 국민정신총동원의 핵심적인 실천강령이었다.

33 倉田秀也, "第三章自主國防論と日米韓國條項", 小此木政·夫文正仁 編, 『市場·國
　　家·國家体制』(東京 : 慶應大學出版會, 2001), p. 159.

34 임혁백, "유신의 역사적 기원(上)", pp. 243~244.

35 임혁백, "유신의 역사적 기원(上)", p. 244.

36 홍석률, "유신체제의 형성", p. 62.

37 조갑제, 『박정희-10월의 결단』(서울 : 조갑제닷컴, 2006), p. 187.

38 김성은은 "박 대통령도 발표 때까지 향토예비군에 대해 구체적으로 가지고 있는 복안은 아무것도 없었다"고 회고하였다. 김성은, 『나의 잔이 넘치나이다』, p. 806.

39 오원철, 『내가 전쟁을 하자는 것도 아니지 않느냐』(서울 : 한국형경제정책연구소, 1999), p. 389.

40 倉田秀也, "自主國防論と日米韓國條項", p. 154.

41 倉田秀也, "自主國防論と日米韓國條項", p. 165.

42 倉田秀也, "自主國防論と日米韓國條項", p. 158.

43 『실록 박정희』, p. 190.

44 송성수, "한국 종합제철사업계획의 변천과정, 1958-1969", p. 23.

45 『실록 박정희』, p. 209.

46 송성수, "한국 종합제철사업계획의 변천과정, 1958-1969", p. 34.

47 송성수, "한국 종합제철사업계획의 변천과정, 1958-1969", p. 35.

48 박영구, "4대핵공장사업의 과정과 성격, 1969.11-1971.11", 『경제사학』(2008), p. 84.

49 박영구, "4대핵공장사업의 과정과 성격, 1969.11-1971.11", p. 83.

50 김정렴, 『한국경제정책30년사』(서울 : 랜덤하우스중앙, 2006), p. 193.

51 박영구, "4대핵공장사업의 과정과 성격, 1969.11-1971.11", p. 85.

52 "연초기자회견"(1970.1.9), 『박정희대통령연설문집』(제7집).

53 박정희대통령 · 육영수여사 기념사업회, 『겨레의 지도자』(서울 : 육영재단, 1990), p. 291.

54 "포항종합제철공장 기공식 치사"(1970.4.1), 『박정희대통령연설문집』(제7집).

55 박영구, "4대핵공장사업의 과정과 성격, 1969.11-1971.11", p. 85.

56 비밀리에 추진된 사업이었기 때문에 정부의 공식문헌에서는 이 부분에 대한 설명을 찾아보기 어렵다. 육군사관학교 전병원 교수의 논문을 참고하여 선정 배경을 정리한 것이다.

57 전병원, "우리나라 방위산업 육성의 당면문제", 『국방연구』(국방대학원, 1971), p. 52.

58 전병원, "우리나라 방위산업 육성의 당면문제", p. 52.

59 박영구, "4대핵공장사업의 과정과 성격, 1969.11-1971.11", p. 88.

60 이경서 박사의 증언. 박영구, "4대핵공장사업의 과정과 성격, 1969.11-1971.11", p. 87.

61 '4인위원회'의 멤버들은 오원철 상공부차관보, 황병태 경제기획원운영차관보, 신원식 국방부군수차관보, 심문택 KIST 부소장이었다. 김진기, "한국방위산업의 발전전략에 대한 연구", 『한국동북아논총』(2011), p. 115.

62 『겨레의 지도자』, p. 291.

63 박영구, "4대핵공장사업의 과정과 성격, 1969.11-1971.11", p. 95.

64 박영구, "4대핵공장사업의 과정과 성격, 1969.11-1971.11", p. 99.

65 전병원, "우리나라 방위산업 육성의 당면문제", p. 61.

66 박승호, "박정희 정부의 대미동맹전략"(서울대 박사논문, 2009), p. 256.

67 倉田秀也, "自主國防論と日米韓國條項", p. 155.

68 "연두기자회견"(1969.1.10), 『박정희대통령연설문집』(제6집).

69 倉田秀也, "自主國防論と日米韓國條項", p. 162.

70 倉田秀也, "自主國防論と日米韓國條項", p. 149.

71 倉田秀也, "自主國防論と日米韓國條項", p. 149.

72 倉田秀也, "自主國防論と日米韓國條項", p. 170.

73 倉田秀也, "自主國防論と日米韓國條項", p. 171.

74 이성형, "국가, 계급 및 자본축적-8.3조치를 중심으로", 최장집 편, 『한국자본주의와 국가』(서울 : 한울, 1985), p. 251.

75 박영구, "4대핵공장사업의 과정과 성격, 1969.11-1971.11", p. 96.

76 김정렴, 『한국경제정책30년사』 p. 393.

77 오원철, 『내가 전쟁을 하자는 것도 아니지 않느냐』, p. 390.

78 오원철, 『내가 전쟁을 하자는 것도 아니지 않느냐』, p. 392.

6장 김일성의 유일체제와 신국방경제체제

1 박명림, "박정희시대 민주주의와 헌정주의", p. 26.

2 『동아일보』(2009.9.24일자).

3 박명림, "박정희시대 민주주의와 헌정주의", p. 26.

4 이종석, "유신체제의 형성과 분단구조", p. 282.

5 "조선로동당 중앙위원회 제5기 제5차 전원회의에서 한 결론"(1972.10. 23~26), 『김일성저작집』(제27권).

6 "조선로동당 중앙위원회 제5기 제5차 전원회의에서 한 결론"(1972.10. 23~26).

7 최종고, "북한법의 역사적 형성과 변화", 『법학』(서울대법학연구소, 2005) 참조.

8 김운룡, "북한의 헌법과 권력구조", 『북한법률행정논총』(고려대법률행정연구소, 1982), p. 27.

9 정영태, "북한의 국방위원장 통치체제의 특성과 전망"(통일연구원, 2000) p. 140.

10 정광민, "김일성의 유일체제와 경제시스템의 변동", 『국방정책연구』(국방연구원, 2009) 참조.

11 "세금제도를 완전히 없앨데 대하여"(1974.3.21), 『김일성저작집』(제29권).

12 국가예산수입에서 98.1%가 사회주의경리로부터의 수입이었고 주민들로부터의 세금수입은 1.9%에 불과하였다. "오스트랄리아기자들이 제기한 질문에 대한 대답"(1974.11.4), 『김일성저작집』(제29권) 참조.

13 "인민군대를 강화하여 사회주의 조국을 튼튼히 보위하자"(1979.10.23), 『김일성저작집』(제34권).

14 "현시기 당 사상사업을 개선강화하기 위한 몇 가지 과업"(1973.6.13), 『김일성저작집』(제28권).

15 "재정관리사업을 잘하여 사회주의 건설을 더욱 다그치자"(1978.12.23), 『김일성저작집』(제33권).

16 "교육부문에 3대혁명소조를 파견할데 대하여"(1973.12.11), 『김일성저작집』(제28권).

17 "현시기 당사상 사업을 개선강화하기 위한 몇가지 과업"(1973.6.13).

18 "프랑스 공산주의청년운동 대표단과 한 담화"(1974.7.15), 『김일성저작집』(제29권).

19 주성하, "물거품 된 사회주의경제건설 10대 전망목표"(『자유아시아방송』, 2011).

20 정유진, "북한 군수산업의 실태와 운영", 『북한조사연구』(1997.8).

21 고청송, 『김정일의 비밀살상무기공장』(서울: 두솔, 2002).

22 정광민, "김일성의 유일체제와 경제시스템의 변동" 참조.

23 김길선, "북한의 국방산업 개관", 『북한조사연구』(2001), p. 68.

24 성채기, "북한 공표군사비 실체에 대한 정밀 재분석", 『북한의 군사』(서울: 경인문화사, 2006), p. 485.

25 성채기, "북한 공표군사비 실체에 대한 정밀 재분석", p. 483.

26 성채기, "북한 공표군사비 실체에 대한 정밀 재분석", p. 485.

27 제2경제위원회 설립과 관련된 움직임은 1968년의 군부숙청 사건이 시발점이었을 개연성이 높다. 또한 제2경제위원회는 국방위원회 산하기관이었는데 이는 1972년 신헌법 제정 이전에 이미 제2경제위원회 설립이 구체화되었음을 시사한다.

28 정유진은 군수계획국은 형식적으로는 국가계획위원회 안에 위치하고 있으나 실제 소속은 당 중앙위원회 군사위원회 소속이라고 증언하고 있다. 정유진, "북한 군수산업의 실태와 운영", p. 90.

29 정유진, "북한 군수산업의 실태와 운영", p.91.

30 정유진, "북한 군수산업의 실태와 운영", p. 91. ; 김길선, "북한의 국방산업 개관", p. 69.

31 김길선, "북한의 국방산업 개관", p. 69.

32 『북한전서』에 의하면 국방위원회는 '정책, 작전, 동원' 등을 담당하는 수 개의 주요 부서로 구성되어 있었다. 국방위원회에 동원기능이 있었다면 일용분공장

등에 대한 지도체계가 수립되었을 것으로 추정할 수 있다. 강인덕 편,『북한전서』, p. 420.

33 김길선, "북한의 국방과학연구기지 : 제2자연과학원",『북한조사연구』(1999), p. 35.

34 김길선, "북한의 국방산업 개관", pp. 66~67.

35 김길선, "북한의 국방산업 개관", p. 69.

36 "조선로동당 제5차대회에서 한 결론"(1970.11.12).

37 "강원도당 전원회의 확대회의에서 한 결론"(1972.3.23),『김일성저작집』(제27권).

38 와다 하루키, 서동만 · 남기정 역,『북조선』(서울 : 돌베개, 2002), p. 225.

39 김길선, "북한의 국방과학연구기지 : 제2자연과학원" 참조.

40 김광진, "김정일의 궁정경제와 인민경제의 파괴",『시대정신』(2008년 여름호).

41 藪內正樹 "對外貿易の步みと現狀", 伊豆見元 외,『北朝鮮その實像と軌跡』(東京 : 高文硏, 1989), p. 98.

42 "제2차 7개년계획 작성방향에 대하여"(1974.7.10~11),『김일성저작집』(제29권).

43 "제2차 7개년계획 작성방향에 대하여"(1974.7.10~11).

44 "총련조직을 더욱 튼튼히 꾸리자"(1976.5.31),『김일성저작집』(제31권).

45 김광진, "김정일의 궁정경제와 인민경제의 파괴" 참조.

46 "정무원 사업을 개선강화할데 대하여"(1976.4.30),『김일성저작집』(제31권).

47 당시 북한의 수출실적은 1974년 8억 달러에서 1975~1977년간 7억 달러 수준으로 감소하다가 1978년에 들어서 9억 달러로 다시 증가하기 시작한다. 강인덕 편,『북한전서』, p. 397.

48 정광민, "조선노동당 당경제의 성격에 관한 일고찰",『시대정신』(2008).

49 정광민, "김일성의 유일체제와 경제시스템의 변동" 참조.

50 황장엽,『황장엽 비록공개』(서울 : 월간조선사, 2001), p. 61.

51 Mikheev, V., "Reforms of the North Korean Economy: Requirement, Plans and Hopes", *The Korean Journal of Defense Analysis*, 한국국방연구원(1993) 참조.

52 황장엽,『황장엽 비록공개』, p. 269. 황장엽은 "그러나 역사적 사실이 보여 주는 바와 같이 북한에서 수령을 위하여 쓰는 돈은 적은 것이 아니며 인민들에게 주는 부담은 매우 크다"고 지적하고 있다.

53 김정일은 실권을 장악하면서 '당의 유일사상체계 확립의 10대 원칙'을 공표하였는데 여기에는 "수령(김일성)의 유일적 영도는 후계자(김정일)의 유일적 지도체계에 의하여서만 담보된다"는 것이 명기되었다. 황장엽은 이를 김정일의 '영도적 지위의 법화(法化)'로 규정하는데 그 의미에 대해 다음과 같이 설명하고 있다. "유일적 영도와 유일적 지도체제라고 표현은 좀 달리하였지만

진짜 의도는 '김일성의 유일적 영도는 김정일의 유일적 영도를 통하여서만 실현될 수 있다'는 것이다. 따라서 이때부터는 김정일을 통하지 않고는 어떠한 사소한 보고도 김일성에게 올라가지 못하게 되었고 김일성의 지시는 김정일을 통하지 않고는 아래에 내려가지도 못하고 실현될 수도 없게 되었다." 황장엽, 『황장엽 비록공개』, p. 88.

7장 박정희의 유신체제와 신국방경제체제

1   김선택, "유신헌법의 불법성 논증", 『고려법학』(고려대법학연구원, 2007) 참조.
2   김선택, "유신헌법의 불법성 논증", p. 183.
3   오원철, 『내가 전쟁을 하자는 것도 아니지 않느냐』(서울 : 한국형경제정책연구소, 1999), p. 391.
4   오원철, 『내가 전쟁을 하자는 것도 아니지 않느냐』, p. 391.
5   오원철, 『내가 전쟁을 하자는 것도 아니지 않느냐』, p. 392.
6   홍석률, "유신체제의 형성", p. 92.
7   홍석률, "유신체제의 형성", p. 84.
8   홍석률, "유신체제의 형성", p. 84.
9   오원철, 『내가 전쟁을 하자는 것도 아니지 않느냐』, p. 406.
10   『총력안보의 지도요강』(서울: 문화공보부, 1972), p. 35.
11   『총력안보의 지도요강』, p. 24.
12   윤정원, "유신체제의 총화이데올로기에 관한 연구"(서울대 석사논문, 1989), pp. 104~105.
13   『총력안보의 지도요강』, pp. 26~27.
14   『총력안보의 지도요강』, p. 16.
15   조갑제, 『박정희-10월의 결단』, (서울 : 조갑제닷컴, 2006), p. 166.
16   김성진, 『박정희를 말하다』(서울: 삶과 꿈, 2006), p. 155.
17   김정렴, 『아, 박정희』(서울 : 중앙M&B, 1997), p. 169.
18   오원철, 『내가 전쟁을 하자는 것도 아니지 않느냐』, p. 405.
19   오원철, 『내가 전쟁을 하자는 것도 아니지 않느냐』, p. 453.
20   오원철, 『내가 전쟁을 하자는 것도 아니지 않느냐』, pp. 453~454.
21   오원철, 『내가 전쟁을 하자는 것도 아니지 않느냐』, p. 454.
22   오원철, 『내가 전쟁을 하자는 것도 아니지 않느냐』, p. 463.
23   오원철, 『내가 전쟁을 하자는 것도 아니지 않느냐』, p. 463.
24   "연두기자회견"(1973.1.12), 『박정희대통령연설문집』(제10집).
25   양재진, "유신체제하 복지연금제도의 형성과 시행유보에 관한 재고찰", 『한국거버넌스학회보』(2007), p. 94.
26   오원철, 『내가 전쟁을 하자는 것도 아니지 않느냐』, p. 391.

27 오원철, 『한국형경제건설5』, p. 27.

28 박정희는 경제 제2수석실이 만들어진지 얼마 되지 않아 핵무기 개발에 관심을 표하였고 이후 비밀리에 핵개발에 착수하게 된다. 핵개발 움직임은 박정희의 군수산업 구상과 관련된 일련의 흐름에서 보면 상당히 돌출적인 것이었다. 박정희의 핵개발에 대해서는 아직 알려지지 않은 부분이 많기 때문에 본서에서는 논의 대상에서 제외하였다.

29 하태수, "유신정권 출범기의 정부조직법 개정 분석", 『한국정책연구』(2010), p. 438.

30 니시노 준야, "일본모델에서 한국적 혁신으로", 서울대 국제문제연구소 편, 『데탕트와 박정희』(서울 : 논형, 2011), p. 186.

31 니시노 준야, "일본모델에서 한국적 혁신으로", p. 180.

32 오원철, 『한국형경제건설5』, p. 239.

33 오원철, 『한국형경제건설5』, p. 240, p. 467. ; 『내가 전쟁을 하자는 것도 아니지 않느냐』, p. 407.

34 오원철, 『한국형경제건설5』, p. 35.

35 오원철, 『한국형경제건설5』, p. 120.

36 오원철, 『한국형경제건설5』, pp. 120~121.

37 오원철, 『내가 전쟁을 하자는 것도 아니지 않느냐』, p. 539.

38 오원철, 『내가 전쟁을 하자는 것도 아니지 않느냐』, p. 412.

39 오원철, 『내가 전쟁을 하자는 것도 아니지 않느냐』, p. 404.

40 오원철, 『한국형경제건설5』, p. 348.

41 오원철, 『내가 전쟁을 하자는 것도 아니지 않느냐』, p. 470.

42 100억 달러 수출계획은 목표연도인 1980년의 공산품 수출의 비율이 90.4%, 공산품 중 전자, 선박, 금속제품 등 중화학제품이 차지하는 수출비중이 60.5%가 되도록 계획되었다. 품목별로 보면 6대 중점분야와 관련이 있는 전기기기 제품, 선박, 철강제품 등의 수출이 높은 비중을 차지하였다.

43 박정희의 지시로 비밀리에 편성된 미사일 개발비 11억 달러는 포함되자 않은 액수임. 『국방일보』(2003.11.4일자, http://kookbang.dema.mil.kr).

44 1979년에 있었던 조정을 포함하면 총 7차 조정. 이성영, "율곡계획과 박정희"(2007.7.21), http://www.sungyoung.net. 참조.

45 오원철, 『한국형경제건설5』, p. 271.

46 오원철, 『한국형경제건설5』, p. 221.

47 군수산업의 이익단체인 한국방위산업진흥회조차 1970년대 중반 이후 정부의 군수산업 및 중화학공업화 전략이 과도한 것이었다는 인식을 보이고 있는 점이 흥미롭다. 『防振會史』(한국방위산업진흥회, 1988), p. 65.

48 오원철은 "한해 총수출액이 18억 달러하던 당시 100억 달러(중화학공업화 자금)에서 받은 느낌은 1400억 달러 수출하고 있는 현시점(1997)에서 7000억

달러 투자규모에 대한 충격과 같은 것이었다"고 회고하였다. 오원철, 『내가 전쟁을 하자는 것도 아니지 않느냐』, p. 37.

49 강만수 전 재경부차관은 "경제개발과 방위력 증강을 위한 재원의 확충을 위해 부가가치세의 도입을 추진하게 되었다"고 증언하고 있다. 강만수, 『현장에서 본 한국경제 30년』(삼성경제연구소, 2005), p. 21.

50 『한국재정40년사』(한국개발연구원, 1991) 참조.

51 정덕주, "일제강점기 세제의 전개과정에 관한 연구", 『세무학연구』(2006) 참조.

52 김견, "종속적 발전사회에서의 국가의 역할 및 성격"(서울대 석사논문), p. 54.

53 김견, "종속적 발전사회에서의 국가의 역할 및 성격", p. 58.

54 김대환, "국제경제환경의 변화와 중화학공업화의 전개", 박현채 외, 『한국경제론』(서울 : 까치, 1987), p. 227.

55 김인철, "개도국 외채문제와 한국의 외채관리"(한국개발연구원, 1984), p. 45.

56 오원철, 『한국형경제건설5』, pp. 240~241.

57 오원철, 『한국형경제건설5』, p. 309.

58 백광일, "한국의 무기수출과 미국의 통제에 관한 연구", 『한국정치학회보』(1985), p. 428.

59 오원철, 『내가 전쟁을 하자는 것도 아니지 않느냐』, p. 413.

60 『防振會史』(한국방위산업진흥회, 1988), p. 62.

61 손한수, "한국의 방위산업정책 연구"(연세대 석사논문, 2002), p. 10.

62 『防振會史』, p. 64.

63 김정기, "한국 군산복합체의 생성과 변화"(연세대 석사논문, 1996), p. 46.

64 동 단체는 1979년 3월에 한국방위산업진흥회로 명칭을 변경하였다.

65 『防振會史』(한국방위산업진흥회, 1988), p. 64.

66 『防振會史』(한국방위산업진흥회, 1988), p. 62.

67 『防振會史』, p. 68.

68 백광일, "한국의 무기수출과 미국의 통제에 관한 연구", p. 423.

69 오원철, 『한국형경제건설5』, p. 532.

70 오원철, 『한국형경제건설5』, p. 532.

71 오원철, 『한국형경제건설5』, p. 536.

72 오원철, 『한국형경제건설5』, p. 534.

73 赤松要, 『國防経濟總論』(東京 : 嚴松堂, 1942), p.120.

74 박정희는 1973년, 소요 예산 약 15억~20억 달러의 핵개발계획에 사인을 하면서 1981년의 수출목표 1백억 달러의 15~20％를 핵개발에 투자한다 해도 국민경제에 큰 부담이 없을 것으로 판단했다고 한다. 홍성걸, "박정희의 핵개발과 한미관계" 정성화 편, 『박정희시대 연구의 쟁점과 과제』(서울 : 선인, 2005), p. 268.

75 오원철, 『내가 전쟁을 하자는 것도 아니지 않느냐』, p. 491.

76   朴根好, 『韓國の経濟發展とベトナム戦争』, p. 154.

77   服部民夫, 『東アジア経済の發展と日本』(東京 : 東京大學出版會, 2007), p. 17.

78   服部民夫, 『東アジア経済の發展と日本』 참조.

79   服部民夫, 『東アジア経済の發展と日本』, p. 44.

80   오원철, 『한국형경제건설5』, p. 272.

81   World Bank, *World Development Report 1983*.

82   세계은행은 국방비(defense)와 사회지출(social expenditure)을 비교하는
     데이터를 공표하고 있는데 사회지출에는 교육비(education)와 보건의료비
     (health)가 포함된다. 여기서는 보건의료비만을 가지고 국방비와 비교하였다.

83   李蓮花, "韓國と台湾の公的医療保険政策の比較"(早稲田大學博士論文, 2007), p.
     75.

84   李蓮花, "韓國と台湾の公的医療保険政策の比較" 참조.

8장 결론

1   Sen, Amartya, *Development as Freedom*, Alfred A. Knopf(New
     York : 1999).

2   Sen, Amartya, *Development as Freedom*, Alfred A. Knopf(New
     York : 1999).

3   오원철, 『한국형경제건설5』, p. 348.

4   임수생 시인은 「거대한 불꽃 부마민주항쟁」이라는 제목의 시에서 부마항쟁을
     '깨꽃혁명'이라 불렀다. 깨꽃은 Salvia라 부르기도 한다. 부마민주항쟁기념사
     업회 편, 『부마민주항쟁 10주년 기념자료집』(1989) 참조.

표/그림 목차

표

그림

────────── **참고문헌** ──────────

1. 북한문헌

김경일, "우리나라에 대한 미제의 경제제재 및 봉쇄 책동의 악랄성과 그 침략적
        성격", 『경제연구』(2007, 제1호).

최중극, 『위대한 조국해방전쟁과 전시경제(1950~1853』(평양: 사회과학출판사,
        1992).

『김일성저작집』(평양: 조선로동당출판사).

『정치용어사전』(평양: 사회과학출판사, 1970).

『경제사전』(평양: 사회과학출판사, 1970).

『로동신문』

2. 남한문헌

a. 단행본

김성진, 『박정희를 말하다』(서울: 삶과 꿈, 2006).

김수행·박승호, 『박정희 체제의 성립과 전개 및 몰락』(서울: 서울대출판부,
        2007).

김학준, 『북한50년사』(서울: 동아출판사, 1995).

강만수, 『현장에서 본 한국경제 30년』(서울: 삼성경제연구소, 2005),

강인덕 편, 『북한전서』(서울: 극동문제연구소, 1980).

고청송, 『김정일의 비밀살상무기공장』(서울: 두솔, 2002).

국가재건최고회의한국군사혁명사편찬위원회 편, 『한국군사혁명사』(1963).

기미야 다다시, 『박정희 정부의 선택』(서울: 후마니타스, 2009).

김성은, 『나의 잔이 넘치나이다』(서울: 아이템플 코리아, 2008).

김성호, 『우리가 지운 얼굴』(서울: 한겨레출판, 2006).

金元祚, 方吉榮 역, 『凍土의 共和國』(서울: 한국방송사업단, 1984).

김정렴, 『아, 박정희』(서울: 중앙M&B, 1997).

_____, 『최빈국에서 선진국 문턱까지-한국 경제정책 30년사』(서울: 랜덤하우스중앙, 2006).

박순성, 『북한경제와 한반도통일』(서울: 풀빛, 2003).

박정희, 『국가와 혁명과 나』(서울: 지구촌, 1997).

박정희대통령·육영수여사기념사업회 편, 『겨레의 지도자』(서울: 육영재단, 1990).

박희범, 『한국경제성장론』(서울: 고려대 아세아문제연구소, 1968).

백낙청, 『흔들리는 분단체제』(서울: 창작과 비평사, 1998).

_____, 『한반도식 통일, 현재진행형』(파주: 창비, 2006).

_____, 『어디가 중도이며 어째서 변혁인가』(파주: 창비, 2009).

서대숙, 『현대 북한의 지도자』(서울: 을유문화사, 2000).

서동만, 『북조선사회주의체제성립사(1945~1961)』(서울: 선인, 2005).

신용수, 『북한경제론』(서울: 답게, 2000).

안찬일, 『주체사상의 종언』(서울: 을유문화사, 1997).

양문수, 『북한경제의 구조』(서울: 서울대출판부, 2001).

오원철, 『한국형 경제건설5』(서울: 기아경제연구소, 1996).

_____, 『내가 전쟁을 하자는 것도 아니지 않느냐』(서울: 한국형경제정책연구소, 1999).

_____, 『박정희는 어떻게 경제강국을 만들었는가?』(서울: 동서문화사, 2006).

와다 하루키, 서동만·남기정 역, 『북조선』(서울: 돌베개, 2002).

유한승, 『한국재정사』(서울: 광교TNS, 2002).

이종석, 『조선로동당연구』(서울: 역사비평사, 1995).

장명수, 곽해선 역, 『배반당한 지상낙원』(서울: 동아일보사, 1992).

정광민, 『북한기근의 정치경제학』(서울: 시대정신, 2005).

조갑제, 『박정희-10월의 결단』(서울: 조갑제닷컴, 2006).

조희연, 『동원된 근대화』(서울: 후마니타스, 2010).

중앙일보특별취재팀, 『실록 박정희』(서울: 중앙M&B, 1998).

최상천, 『알몸 박정희』(서울: 인물과 사상사, 2007).

테사 모리스-스즈키, 한철호 옮김, 『북한행 엑서더스』(서울: 책과 함께, 2008).

한국재정40년사 편찬위원회 편, 『한국재정 40년사』(서울: 한국개발연구원, 1991).

한상일, 『(지식인의) 오만과 편견: 《세카이世界》와 한반도』(서울: 기파랑, 2008).

함택영, 『국가안보의 정치경제학』(서울: 법문사, 1998).

홍석률, 『통일문제와 정치 · 사회적 갈등: 1953-1961』(서울: 서울대출판부, 2001).

황의각, 『북한경제론』(서울: 나남, 1993).

황장엽, 『개인의 생명보다 귀중한 민족의 생명』(서울: 시대정신, 1999).

_____, 『황장엽 비록공개』(서울: 월간조선사, 2001).

『경제통계연보』(서울: 한국은행).

『南北韓經濟力比較(1~9권)』(서울: 중앙정보부, 1974).

『박정희대통령연설문집』(서울: 대통령비서실).

『防振會史』(서울: 한국방위산업진흥회, 1988)

부마민주항쟁기념사업회 편, 『부마민주항쟁 10주년 기념자료집』(1989).

『북괴군사전략자료집』(서울: 극동문제연구소, 1974).

『총력안보의 지도요강』(서울: 문화공보부, 1972).

b. 논문

김 견, "종속적 발전사회에서의 국가의 역할 및 성격"(서울대 석사논문, 1986).

김광수, "북한 경제계획에 대한 평가", 『북한경제의 전개과정』(서울: 극동문제연구소, 1990).

김광진, "김정일의 궁정경제와 인민경제의 파괴", 『시대정신』(2008).

김기승, "민주당정권의 경제정책과 장면", 『한국사학보』(1999).

＿＿＿, "5.16 군사정변은 왜 일어났는가", 『내일을 여는 역사』(2001).

김길선 "북한의 국방과학연구기지: 제2자연과학원", 『북한조사연구』(1999).

＿＿＿, "북한의 국방산업 개관", 『북한조사연구』(2001).

김대환, "국제경제환경의 변화와 중화학공업화의 전개", 박현채 외, 『한국경제론』(서울: 까치, 1987).

김병욱 · 김영희, "북한 전시동원공장들의 전시군수생산 자립화 과정", 『정책연구』(2008).

김상범, "한국전쟁기 조선로동당 정치조직사업의 특징에 관한 연구"(동국대 석사논문, 2005).

김석진, "북한경제의 성장과 위기"(서울대 박사논문, 2002).

김선택, "유신헌법의 불법성 논증", 『고려법학』(2007).

김세중, "5.16의 정치사회적 의미", 동아일보사(편), 『현대사를 어떻게 볼 것인가』(서울: 동아일보사, 1990).

김연철, "북한의 1960년대 '경제 · 국방 병진노선'에 관한 연구"(성균관대 석사논문, 1991).

김용현, "북한사회의 군사적 동원에 관한 연구: 1950~60년대를 중심으로", 『북한연구학회보』(2001).

김운룡, "북한의 헌법과 권력구조", 『북한법률행정논총』(1982).

김인철, "개도국 외채문제와 한국의 외채관리"(한국개발연구원, 1984).

김일영, "한국에서 '기획' 개념과 제도의 역사적 기원과 발전", 『한국동북아논총』(2008).

김일철, "총력안보와 새마을운동", 『지방행정』(1975).

김정기, "한국 군산복합체의 생성과 변화"(연세대 석사논문, 1996).

김진기, "한국방위산업의 발전전략에 대한 연구", 『한국동북아논총』(2011).

김형균, "한국 군수산업의 구조와 발전"(부산대 박사논문, 1995).

나카노 토시오, "일본의 총력전 체제 - 그 통합과 동원에 내재하는 모순", 임지현 · 김용우 편, 『대중독재』(서울: 책세상, 2004).

니시노 준야, "일본모델에서 한국적 혁신으로", 서울대 국제문제연구소 편, 『데 탕트와 박정희』(서울: 논형, 2011).

류길재, "1960년대 북한의 숙청과 술타니즘(Sultanism)의 등장", 『국제관계연 구』(2004).

_____, "1960년대 말 북한의 도발과 한미관계의 균열", 『박정희시대의 한미관 계』(서울: 백산서당, 2009).

박명림, "박정희시대 민주주의와 헌정주의", 『5.16 우리에게 무엇인가』(민주 · 평화 · 복지포럼 정책자료집, 2011).

박승호, "박정희 정부의 대미동맹전략"(서울대 박사논문, 2009).

박순성, "한반도 통일과 민족, 국민국가, 시민사회", 『북한연구학회보』(2010).

박영구, "4대핵공장사업의 과정과 성격, 1969.11-1971.11", 『경제사학』(2008).

박태균, "1961~64년 군사정부의 경제개발계획 수정", 『사회와 역사』(2000).

_____, "1960년대 중반 안보위기와 제2경제론", 『역사비평』(2005).

박태일, "한국 현대시와 베트남 전쟁의 경험", 『현대문학이론연구』(2000).

백광일, "한국의 무기수출과 미국의 통제에 관한 연구", 『한국정치학회보』 (1985).

서동만, "1950년대 북한의 정치갈등과 이데올로기 상황", 역사문제연구소 편, 『1950년대 남북한의 선택과 굴절』(서울: 역사비평사, 1998).

성채기, "북한 공표 군사비 실체에 대한 정밀 재분석", 현대북한연구학회 편, 『북한의 군사』(서울: 경인문화사, 2006).

손한수, "한국의 방위산업정책 연구"(연세대 석사논문, 2002).

송성수, "한국 종합제철사업계획의 변천과정, 1958~1969", 『한국과학사학회 지』(2002).

신옥희, "이승만의 역할인식과 1950년대 후반의 한미관계" 『한국정치외교사논 총』(2004).

신종대, "5.16 쿠데타에 대한 북한의 인식과 대응", 『정신문화연구』(2010).

심지연, "박정희정부하의 정당구도 분석(2)", 『한국정당학회보』(2002).

양재진, "유신체제하 복지연금제도의 형성과 시행유보에 관한 재고찰", 『한국거버넌스학회보』(2007).

오경섭, "북한 전체주의 사회통제와 체제 내구성",『세종정책연구』(2009).

오귀성,『帳幕 속의 失樂園』(서울 : 동지문화사, 1969).

우명숙, "한국초기 사회복지정책의 재해석",『경제와 사회』(2005).

윤정원, "유신체제의 총화이데올로기에 관한 연구"(서울대 석사논문, 1989).

윤해동, "국체와 국민의 거리",『역사문제연구』(2005.12).

이귀원, "북한의 군사력 증강과 경제발전의 병진정책 분석"(국토통일원, 1977).

이미경, "국제환경의 변화와 북한의 자주노선 정립",『국제정치논총』(2003).

이선호, "베트남 전쟁의 재음미와 참전 한국군",『한국동북아논총』(2001).

이성봉, "1960년대 북한의 노동정책과 인민",『현대북한연구』(2002).

_____, "1960년대 북한의 국방력 강화노선과 정치체제의 변화",『국제정치논
　　총』(2004).

이성형 "국가, 계급 및 자본축적-8.3조치를 중심으로", 최장집 편,『한국자본주
　　의와 국가』(서울: 한울, 1985).

이정철, "북한의 경제발전론 재론",『현대북한연구』(2002).

이종석, "유신체제의 형성과 분단구조", 이병천 편,『개발독재와 박정희시대』
　　(서울: 창비, 2003).

이항구, "북한의 후방전시체제",『북한』(1980).

임종철, "60년대 무역발전에 대한 일고찰",『무역연구』(1971).

임혁백, "유신의 역사적 기원(上)",『한국정치연구』(2004).

전병원, "우리나라 방위산업 육성의 당면문제",『국방연구』(1971).

전창원, "북한 무역구조의 분석",『안보연구』(1979).

정광민, "조선노동당 당경제의 성격에 관한 일고찰",『시대정신』(2008).

_____, "김일성의 유일체제와 경제시스템의 변동",『국방정책연구』(2009).

정덕주, "일제강점기 세제의 전개과정에 관한 연구",『세무학연구』(2006).

정영태, "북한의 국방위원장 통치체제의 특성과 전망"(통일연구원, 2000).

정유진, "북한 군수산업의 실태와 운영",『북한조사연구』(1997).

조　국, "한국 근현대사에서의 사상통제법"『역사비평』(1988).

조동준, "자주의 자가당착", 『국제정치논총』(2004).

조진구, "중소대립, 베트남전쟁과 북한의 남조선혁명론", 『아세아연구』(2003).

진희관, "재일동포의 북송문제", 『역사비평』(2002).

최동주, "베트남 파병이 한국경제의 성장과정에 미친 영향", 『동남아시아연구』
　　　(2001).

최종고, "북한법의 역사적 형성과 변화", 『법학』(2005).

하태수, "유신정권 출범기의 정부조직법 개정 분석", 『한국정책연구』(2010).

한모니까, "1960년대 경제 · 국방 병진노선의 채택과 대남정책", 『역사와 현실』
　　　(2003).

한홍구, "박정희 정권의 베트남 파병과 병영국가화", 『역사비평』(2003).

함택영, "주체사상과 북한의 국방정책: 자위노선의 업적 및 한계", 양재인 외,
　　　『북한의 정치이념』(마산: 경남대 출판부, 1990).

＿＿＿, "경제 · 국방건설 병진노선의 문제점", 『북한사회주의건설의 정치경제』
　　　(서울: 극동문제연구소, 1993).

허　은, "박정희정권하 사회개발 전략과 쟁점", 『한국사학보』(2010).

홍석률, "1953-61년 통의논의의 전개와 성격"(서울대 박사논문, 1997).

＿＿＿, "4.19시기 북한의 대남 제안과 남북경제협력"『통일시론』(2000).

＿＿＿, "유신체제의 형성", 안병욱 외, 『유신과 반유신』(서울: 민주화운동기념사
　　　업회, 2005).

홍성걸, "박정희의 핵개발과 한미관계" 정성화 편, 『박정희시대 연구의 쟁점과
　　　과제』(서울: 선인, 2005).

홍순직, "북한의 산업(Ⅲ): 철강산업", 『통일경제』(2000).

c. 기타

"율곡사업의 어제와 오늘, 그리고 내일"(서울: 국방부, 1994).

이민호, "1959 북송저지대의 진실", 『신동아』(2010).

이성영, "율곡계획과 박정희"(2007.7.21), http://www.sungyoung.net 참조.

이승구, "비화 제1차 5개년계획 산고", 『월간경향』(1987).

조성용, "통일보다 더 중요한 건 박정희 · 김일성 청산", (http://www.ohmynews. com).

주성하, "물거품 된 사회주의경제건설 10대 전망목표" (자유아시아방송, 2011).

『국방일보』

『동아일보』(2009.9.24).

3. 일본문헌

a. 단행본

赤松要, 『国防経済総論』(東京: 巖松堂, 1942).

岸信介, 『二十世紀のリーダーたち』(東京: サンケイ出版, 1982).

木村光彦, 『北朝鮮の経済』(東京: 創文社, 1999).

高岡裕之 『総力戦体制と福祉国家』(東京: 岩波書店, 2011).

武田鼎一, 『国防国家と新経済体制』(東京: 高山書院, 1940).

寺尾五郎, 『38度線の北』(東京: 新日本出版社, 1959).

野口悠紀雄, 『1940年体制』(東京: 東洋経済新聞社, 1995).

訪朝記者団, 『北朝鮮の記録』(東京:新読書社, 1960).

朴根好, 『韓国の経済発展とベトナム戦争』(東京: 御茶ノ水書房, 1993).

山口定, 『ファシズム』(東京: 岩波書店, 2006).

李佑泓, 『どん底の共和国—北朝鮮不作の構造—』(東京: 亜紀書房, 1989).

リチャード・J・サミュエルズ, 奥田章順 역, 『富国強兵の遺産』(東京: 三田出版会, 1997).

畑野勇, 『近代日本の軍産學複合體: 海軍・重工業界・大學』(東京: 創文社, 2005).

服部民夫, 『東アジア経済の発展と日本』(東京: 東京大学出版会, 2007).

平川均, 『NIES-世界システムと開発』(東京: 同文舘, 1992).

b. 논문

倉田秀也, "第三章自主国防論と日米韓国条項", 小此木政夫・文正仁 編, 『市
　　場・国家・国家体制』(東京: 慶應大学出版会, 2001).

薮内正樹, "対外貿易の歩みと現状", 『北朝鮮その実像と軌跡』(東京:高文研,
　　1989).

宮元悟, "朝鮮民主主義人民共和国のベトナム派兵", 『現代韓国朝鮮研究』
　　(2003).

吉田裕, "国防国家の構築と日中戦争", 『一橋論叢』(1984).

李蓮花, "韓国と台湾の公的医療保険政策の比較"(早稲田大学博士論文, 2007).

4. 영어문헌

Amartya Sen, *Development as Freedom*, Alfred A. Knopf(New York: 1999).

Joan Robinson, "KOREAN MIRACLE", *Monthly Review* (1965)

Mikheev, V., "Reforms of the North Korean Economy: Requirement, Plans and
　　Hopes", *The Korean Journal of Defense Analysis*, 한국국방연구원(1993)

World Bank, *World Development Report 1981*; *World Development Report
　　1983*.